Heide Schütz

Leber, Lachs und Lippenstift

Als Outfitterin in der kanadischen Wildnis

Impressum

Herausgeber:
© cw Nordwest Media Verlagsgesellschaft mbH
Am Lustgarten 1 • 23936 Grevesmühlen
Tel.: 03881/2339 • Fax: 03881/79 143
info@nwm-verlag.de • www.nwm-verlag.de

Autor:
Heide Schütz/BC

1. Auflage 2015

Das Werk ist urheberrechtlich geschützt.
Jede Verwertung außerhalb der engen Grenzen
des Urheberrechtsgesetzes ist ohne Zustimmung des Verlages unzulässig und strafbar.
Das gilt insbesondere für Vervielfältigungen, Übersetzungen, Mikroverfilmungen
und deren Einspeicherung und Verarbeitung in elektronischen Systemen.

Umschlaggestaltung/Titelbild:
UP Schwarz

Preis: 19,90 €

ISBN: 978-3-946324-03-4

Widmung

Diese Geschichten aus meiner neuen Heimat möchte ich besonders
meinen wunderbaren Kindern widmen, auf die ich sehr stolz bin.

Barbara, Christoph, Veronika und Joachim,

für eure bedingungslose Liebe und euer Verständnis
für meinen ungewöhnlichen, wagemutigen Schritt
werde ich euch immer dankbar sein und lieben.

Heinrich,

auch Dir ein Dankeschön aus tiefstem Herzen.
Du bist mir nicht nur ein treuer Wegbegleiter
im Herbst meines Lebens, Du bist mir auch ein geduldiger
und rücksichtsvoller Lehrherr in Sachen Jagd gewesen.
Auf dass wir noch viele gemeinsame Saisonen
hier mit der „Jagarei" verbringen können.

Waidmanns Dank
für die vielen gemeinsamen Erlebnisse im kanadischen Busch.

Burns Lake, Indian Summer 2015

Autorin mit Beute, das Essen ist gesichert

Inhaltsverzeichnis

Prolog	6
Fast Privat … ein Vorwort	12
Nedaa – mit meinen Augen durch Kanada	15
Und jetzt zur Jagd, auf geht's!	19
Gefehlt ist auch vorbei	27
In letzter Minute	31
Traumtrophäe	37
Grizzly im Frühling	47
Glück muss der Mensch haben	55
Hunting sience	59
Für Abkürzungen muss man Zeit haben	67
Lachse im Pazifik	73
Der erste Fisch am Haken	77
Mosquitos nennen wir sie hier	83
Work channal – Tidenhub	87
Seltsame Wachposten	91
Keno City, Yukon	95
Zur Jagd mit dem Riverboot	101
Am Donjek River, Yukon	107
23 Jahre und kein Elch	113
Wölfe	121
Das Auge des Gesetzes	127
Der Uber Guide	133
Waldbrände	139
Blitze im Boot	144
Jagen in Österreich	147
Schnee, viel zu viel Schnee	153
Freunde zu Besuch	159
Wo bist Du geblieben?	165
Pfui, so grauslich	171
Der Alte vom Helen Lake	177
9/11	181
Wie ich nach 23 Jahren endlich meinen Elch bekam	189
Drei auf einen Streich	195
Und über allem Natur pur	201
Das Medizinrad	209
Ein Nachwort	218

Prolog

Der Neuanfang begann eigentlich mit einem schmerzhaften Ende. Das Ende einer 23-jährigen Ehe an die ich glaubte, in der ich glücklich war, aus der vier wunderbare Kinder hervorgingen.
Als Ehefrau erfährt man's ja sowieso ganz zu letzt, dass er mich schon lange betrogen hat, dass er nicht so glücklich war wie ich mir dachte, dass er sich eine Junge nahm, die fast unsere Tochter hätte sein können, dass der Schwur in der Kirche „bis dass der Tod Euch scheidet" für ihn nicht wirklich wahr sein musste, dass er die Scheidung wollte.
Und dann steht man da, als „Scheintote", vor einem riesigen Haufen Scherben, der einmal Lebensinhalt und Welt und Heim und Glaube war. Man versucht aus diesen Scherben noch Brauchbares heraus zu holen, schneidet sich aber immer wieder die Finger blutig. Herz und Seele bluten noch mehr, selbst beim Kehren gibt's Kratzer und Schrammen. Die Aufarbeitung, das Wegkehren des Scherbenhaufens hat einige Jahre gedauert, in denen die Nächte schwarz und schlaflos waren, die Tränen flossen und ich die geliebten Kinder mit meinem Gejammer und Geheule mehr aus dem Haus trieb, als ich sie an mich binden und hereinholen konnte.
Langsam aber wurde die schritthafte Bewältigung der Trauer, die jeder Mensch ja anders erlebt, aufgearbeitet. Aus dem tiefen Fall ins noch tiefere Loch kommt man langsam wieder an die Oberfläche, sieht da ein Licht am Ende des Tunnels. Aus Trauer, Unverständnis, gekränkter Eitelkeit wird schließlich Wut und Hass und das mobilisiert. Mich vor allem - und WIE!
Das kleine Ich packt sich am eigenen Haarschopf und zieht sich aus diesem Scherbenhaufen, in dem es steckt, heraus. 42, das kann doch noch nicht alles im Leben gewesen sein, da muss es doch noch mehr geben. Was aber – und vielleicht auch wo? Hier in diesem riesigen Haus, das jetzt kalt und abweisend auf mich wirkt, obwohl ich es mit meinem Herzblut mit aufgebaut habe, das einmal warm und wohlig, ein Heim war, hier in dieser Ruine meines Glückes wird es nicht gelingen.
Da wandern dann die Gedanken weit zurück in die Jugend, in die Schulzeit. In den Geographieunterricht vor allem, und Länder- und Städtenamen kommen einem in den Sinn, die schon damals sehr magisch geklungen haben. Ich war schon immer eine Wald- und Wiesenliese, wenn alle anderen Nachbarskinder ins Schwimmbad oder auf den Fußballplatz gingen, dann nahm ich eine Milchkanne und marschierte in den Wald, um Himbeeren, Heidelbeeren oder Pilze zu sammeln. Vom geliebten Großvater habe ich die essbaren Pflanzen und Kräuter kennengelernt und so war mir damals schon, als kleines Schulkind, die Stille und der Friede im Wald lieber, als der Wirbel auf den Spielplätzen.
Dann kamen Länder wie Tibet, Nepal, Buthan, Kalifornien, Kanada! in den Sinn und das alles elektrisierende Wort Yukon! Dorthin, ja dorthin könnte ich mich aufmachen und

einen zweiten Teil meines arbeitsreichen Lebens beginnen. Faul war ich nie, gearbeitet habe ich immer viel, viel zu viel für meine kleine Person, aber es war befriedigend und herrlich, wenn man abends hundemüde auf das getane Werk schauen konnte.

So fing ich an, noch mehr Bücher, über das nordwestliche Kanada vor allem, zu lesen, wie z.B. Hans Otto Meissners „Bezaubernde Wildnis" oder A. E. Johann, „Die Wälder hinter den Wäldern", Engels „Nördlich von nirgendwo" und dann kam der Gedanke an die Jagd. Wie hasste mein Exmann das Jagen, aus Protest vielleicht und auch als „Erlösung" habe ich mich für einen Jagdkurs in Oberösterreich angemeldet und meine Prüfung auch auf Anhieb bestanden. Dann war es aber gar nicht so leicht auf Jagd zu gehen, wenn man arm ist, eine Frau ist, keine Einladung bekommt. Also um so mehr war Kanada die Heimat meiner Träume geworden. Ich ging auf Jagdmessen, lernte Outfitter und Auslandsjäger kennen, und langsam wuchs die Sehnsucht, der dringende Wunsch, es dort drüben, auf der anderen Seite der Welt, nochmals zu versuchen ein Leben aufzubauen.

Das Glück war mir hold und ich bekam im Yukon eine Stelle bei einem österreichischen Outfitter angeboten und durch dieses Arbeitsangebot war es mir dann auch möglich, meine staatliche Daueraufenthaltsgenehmigung für Kanada zu bekommen. Vorher gab es aber noch tage- und nächtelange Gespräche mit den Kindern, fast erwachsen aber zum Teil doch noch im Studium, ob sie sich vorstellen könnten, dass ich in diese raue Wildnis auswandere, dort versuche, mir ein neues Leben zu organisieren. Meiner Heulerei und Jammerei ohnehin schon müde, waren natürlich alle gleich einverstanden, dass die „Muttergans das Nest verlässt" und ihrem Nachwuchs das Fliegen lehrte.

Ja, und so bin ich vor nunmehr 26 Jahren mit Rucksack und meinen alten Gummistiefeln ins Flugzeug gestiegen und ins nördliche Kanada geflogen. Vorerst waren es zehn Jahre im Yukon, The Magic and the Mysterie, auch Lager Than Life, benannt, die bis heute noch tief unter der Haut sitzen.

Die Einsamkeit, die Weite, die Stille, das muss man erlebt haben, dass kann man sich in Europa wahrscheinlich gar nicht vorstellen. Viel Arbeit war's, viele abenteuerliche Einsätze, ja, oft haarsträubend unvernünftige Abenteuer zu Boot oder mit einem kleinen Flugzeug, was mich dort erwartete, aber ich habe alles überlebt. Es war nicht die Liebe, die mich in dieses Land holte, es war der Verlust einer großen Liebe, die mich motivierte und stark machte … und von Männern hatte ich vorerst sowieso die Nase voll. Dabei war ich in der Arbeit, draußen in den Jagdlagern ja ständig von einer Meute rauer Männer umgeben, stand aber selbst als kleine Frau hier meinen Mann.

Während der Jagdsaison, die hier im Yukon vom 1. August bis in den Oktober hinein dauert, war ich vorerst als Köchin und Lagerleiterin in der „Cove" am Kluane Lake beschäftigt, flog aber immer wieder auch in sehr abgelegene, primitive und einfache Jagdcamps, wenn es dort Gäste aus Europa gab, die kein Englisch verstanden, dann spielte ich „Feuerwehr". Die Tage waren endlos lang, der Wecker läutete zwischen 2 und 3 Uhr morgens, anheizen, Frühstück kochen, spätestens um 5 mussten alle aus dem Camp sein, denn die Tage nehmen kein Ende und es kann gejagt werden bis zum Umfallen. Vor elf Uhr abends kam keiner nach Hause, da stand dann immer ein mehrgängiges Menü auf dem Tisch, denn die Jagd macht auch hungrig, die viele frische Luft sowieso. Das wurde allerdings dann im Laufe der Wochen, wenn die Tage immer kürzer wurden, besser und die Stunden waren nicht gar so endlos lange. Es gab oft nur das Wasser aus dem See oder Fluss, das man in großen Eimern in die Küche schleppte, auf einem alten Holzofen heiß machte. Auf und in diesen uralten Holzöfen kochte ich auch und backte mein Brot, wie zu Urgroßmutterszeiten, aber ich liebte das einfache Leben mehr als dann später meine Überstellung nach Whitehorse, wo ich als Expeditor eingesetzt wurde. Also die Gäste vom Flugzeug abholte, ins Hotel brachte, dann wieder in ein kleiners Flugzeug setzte, damit sie in ihre Jagdcamps einfliegen konnten.

Dann gab's tagelang Einkäufe von Lebensmitteln und privaten Dingen, die ordentlich verpackt in die einzelnen, verschiedenen Camps geflogen oder gefahren werden mussten. Immer musste ich ein Auge auf der tickenden Armbanduhr haben, ja kein Treffen mit den Behörden versäumen, wenn es galt, Lizenzen zu besorgen oder Trophäen zum Begutachten zu bringen. Keine Flugzeugankunft oder den Abflug versäumen, alle „Schäfchen" immer in meinen Minibus packen und auf die Fahrt mitnehmen, sie in die richtige Maschine setzen.

Das war's eigentlich nicht, was ich mir in Europa vom Leben in der kanadischen Wildnis erträumt hatte, ich wollte weg aus der Stadt, weg von den strikten, genauen Terminen, ich wollte wieder zurück in den Wald, in ein einsames Lager in den Bergen oder an einem See und mich dort um die Gäste kümmern.

Dann schlich sich die „große deutsche Eiche" in mein Herz, der Heinrich, der ein ähnliches Schicksal hatte wie ich. Auch eine schwere Scheidung hinter sich, baute er sich als Outfitter ein neues Leben in British Columbien auf. So begann ich halt zwischen den Arbeitseinsätzen im Yukon immer nach B.C. zu pendeln und verbrachte meine Freizeit an der Seite dieses neuen Mannes in meinem Leben. Herrlich ist es, soviel Gemeinsamkeit, soviel gleiche Hobbys, das Jagen und Fischen, vor allem die Natur.

Nach 10 Jahren Yukon war es Zeit für einen „Tapetenwechsel, sprach die Birke" und ich konnte eine herrliche Anstellung als Lagerleiterin und Hauptköchin in einem Revier in den nördlichen Rocky Mountains finden, in der Muskwa, am Fuße des Berges „Sleeping Chief", also schlafender Häuptling.

Zu Saisonbeginn bringt mich der kleine Flieger tief in die Berge und dann bleibe ich dort für sechs bis acht Wochen, je nach Winterbeginn, und betreue meine Gäste aus aller Welt. Das war nun wieder genau die richtige Anstellung für mich, fernab der Zivilisation, diesmal aber doch bequemer mit laufendem Warm- und Kaltwasser in der Küche und in den Duschen, das war mehr nach meinem Geschmack. Die Tage waren auch hier lang, sehr lang, aber der Kontakt wieder mit den Jägern und Führern, die von ihren herrlichen Jagderlebnissen draußen im Busch berichteten, ja, das war mehr das Meine!

Heinrich, mit seinem großen Herzen, der betreut in dieser Zeit das Haus, die Katzen und den Hund und gießt mir meine Blumen und Gemüsebeete, dass alles noch prächtig blüht, wenn ich hundemüde am Ende der Saison nach Hause komme. Ja, nach Hause, das ist jetzt Burns Lake in British Columbien. Abseits des Dorfes haben wir ein Haus und gleich dahinter beginnt die Wildnis, das Paradies, in dem wir beide dann gemeinsam jagen, wandern und fischen gehen. Wir erkunden die nähere und weitere Umgebung unseres Zuhause, schneiden Trails durch die Wälder, die wir im Herbst bei der Jagd mit unseren ATV-Maschinen befahren können, im Winter mit den Motorschlitten oder Langlaufschiern. Wir gehen Eisfischen, stellen uns im Frühling schon verborgene Leitern auf, an Plätze, die uns vielversprechend für die Herbstjagd erscheinen, das alles wird erkundet, das macht Freude, ist gesunde Arbeit an der frischen Luft und hält uns jung. Jede freie Minute zwischen Arbeitseinsätzen wird zum Reisen verwendet. Ach, diese unendlich herrlichen Fahrten, alleine durch das einsame, leere Land. Keiner will was, keiner braucht was, keiner fragt was, man ist mit Gott und der Natur allein. Und doch nie so allein und einsam wie ich nach der Scheidung in der Großstadt unter hunderttausenden Menschen war. Es gibt keinen Straßenkilometer im Yukon, den ich nicht mit meinem uralten Golf Diesel gefahren wäre. Den Dempster Highway hinauf bis Inuvik, ich hab's geschafft, wollte dann weiter nach Tuktoyaktuk, in den nordwestlichsten bewohnten Ort des Kontinents, das habe ich wegen zu viel Eis auf dem Mackenzie Fluss nicht geschafft, die Boote fuhren noch nicht. Nun soll eine Straße dorthin gebaut werden, 2017 soll sie fertig sein, vielleicht mache ich mich dann nochmals auf, um dorthin zu kommen, auch so ein magischer Kraftort aus der alten Schulzeit. Die Fahrt zum „Top of the World", am Gipfel der Welt zu stehen, drüben am Highway in Alaska, um drei Uhr morgens, die Sonne schon strahlend am Himmel, denn es ist Juli und da geht sie hier, so hoch im Norden, fast nicht mehr unter, und man meint wirklich die Krümmung der Erde zu sehen, dort am fernen nördlichen Horizont, da sieht man dann in die Unendlichkeit und es wird einem klar, welch unwichtiger, kleiner Mückenschiss man eigentlich ist.

Und die vielen Begegnungen mit den wilden Tieren hier, alle gut ausgegangen ... der Grizzly am Swan Lake, der mich den ganzen Tag von meiner Vorratsplattform (5m über der Erde, zwischen drei Bäumen gebaut) nicht herunterließ und erst verschwand, als die Männer abends mit den Motorbooten von der Jagd ins Camp kamen – der andere am Einarson Lake im Yukon, der da vor meiner Küchentür stand und ich zwischen Gewehr oder Fotoapparat entscheiden musste – die Elchkuh mit dem Kalb, die sich im Wald hinter dem Haus einstellte und mich täglich mit angelegten Ohren und wild schlagenden Vorderhufen vertreiben wollte, wenn ich mit dem Hund meinen Spaziergang machte – die vielen, vielen Maultierhirsche, die im Winter ans Haus kommen, um Heu und Sonnenblumenkerne, und sich hier sicher fühlen vor den Wölfen – die Schwarzbären, die sich im Frühling den ersten Löwenzahn entlang des Gartenzaunes zupfen, um nach dem langen Winterschlaf ihre Verdauung wieder in Schwung zu bringen. Das alles sind

Edelsteine von Erinnerungen und Erlebnissen, die ich mir auffädle zu einer wertvollen Kette, die ich mir dann in Europa umhänge, wenn ich mit den Kindern, der Familie oder neuen Jagdinteressierten über mein doch nicht ganz normals Leben hier in der Kanadischen Wildnis rede.

So kam es eben, dass aus mir Hausfrau, Mutter, Sekretärin, Industriekauffrau, Reiseleiterin mit Lippensift, roten Fingernägeln und sehr hohen Stöckelschuhen, die „Yukon-Heide" und jetzt die „ heidebc" wurde, die bekannt ist für ihre Gastfreundschaft.
Die alten Gummistiefel, die trage ich immer noch, die Arbeit kann nicht zu schwer, zu dreckig oder zu stinkig sein. Alles, was mit Natur zusammenhängt, ist gut und richtig für mich, ich möchte es nicht anders haben wollen.
Jetzt, nach einem Vierteljahrhundert, weiß ich, wo ich hingehöre, wo ich Ruhe finde und in die Unendlichkeit schauen kann….

> *„Und meine Seele spannte weit ihre Flügel aus*
> *und flog durch die stillen Lande*
> *als flöge sie nach Haus!"*

Die Sehnsucht hat sich gestillt, das Hoffen ist geblieben, denn alle Wunder sollte man nicht kennen lernen, alle Geheimnisse nicht lösen können. Gefunden habe ich auf meinem Weg durch die Wildnis des nördlichen Kanadas jede Menge, den Kindern habe ich auch fliegen gelehrt, die kommen nun schon mit den Enkelkindern für Wochen hierher und ab und zu, da fliegt dann die Muttergans zurück in ihr altes Nest in Österreich, das die Kinder schön warm für sie gehalten haben.
Bei uns war es halt umgekehrt als „normal", normalerweise verlassen die Kinder das Nest und erobern sich die Welt, bei uns ist eben die Mutter in die Welt hinausgezogen, holt die „Kinder" aber immer wieder nach. Ich kann ihnen nicht genug dafür danken und auch Heinrich nicht, der so viel Verständnis für meine „Ur-Umtriebigkeit" aufbringt, wenn ich wieder zu Beginn der Jagdsaison in den Wäldern verschwinde.

In der Muskwa, der „Sleeping Chief" im Hintergrund

Fast privat ... ein Vorwort

Als unsere Mutter vor 24 Jahren ihren Rucksack (..und einen kleinen Container) packte. um nach Kanada auszuwandern, da hatten wir uns vorher lange und ausführlich über unser aller Leben und unsere Erwartungen unterhalten.
Die Scheidung hatte unsere Muttl schon sehr mitgenommen. Nach 23 gemeinsamen Jahren, in denen wir vier Kinder „großgezogen" wurden und sie eifrig beim Hausbau werkelte, hat ihr das plötzliche Alleinsein gar nicht gut getan. Wir Kinder waren bereits außer Haus, hatten unsere eigenen Leben, studierten oder hatten eine Arbeit und wollten „die Welt selber erobern". Natürlich versuchten wir sie zu unterstützen, merkten aber schon bald, dass wir ihr nicht wirklich helfen konnten. Einen neuen Sinn im Leben musste sie selber finden (und für Enkelkinder war es uns damals noch deutlich zu früh!) Daher waren wir alle ziemlich froh und dankbar, als sie endlich nach fast drei Jahren „aufwachte" und ihr eigenes Leben wieder in die Hand nahm.
Sie hatte bei einem Urlaub in Kanada etwas in sich wieder entdeckt, das sie schon als Kind geprägt hatte – die Liebe zur Natur („Hannerl in der Pilzstadt" war ihr Lieblingsbuch und oft gab es die halben Sommerferien lang nur Schwammerlgerichte!!) Natürlich hat sie uns auch alles gelehrt, was sie über Essbares, Ungenießbares, Brauchbares aus der Natur wusste, inzwischen lernen's schon die Enkel. Jagen war dann der nächste Schritt, dazu kam sie dann im Laufe der Zeit, nachdem wir Kinder „aus dem Gröbsten" raus waren.
Mit ihrer Übersiedlung auf einen anderen Kontinent, in eine andere Kultur, in einen anderen Lebenskreis, hat sie auch für uns die Welt weiter und größer gemacht. Sie hat uns quasi fliegen gelehrt. Wann wären wir sonst schon nach Kanada gekommen?! Inzwischen ist schon eins von uns „Kindern" auch fix in Kanada gelandet und ein Enkel „erobert" Südamerika .
Nichtsdestotrotz gibt es fast immer gemeinsame Weihnachten in Österreich, diese Tradition hat sie für uns alle aufrecht gehalten, das war immer etwas ganz Besonderes. Nicht nur gibt es dann die „guten alten "Kekse (also frische Kekse nach alten Rezepten), sondern auch neue Bräuche mit kanadischem Einfluss, wie zum Beispiel viel, sehr viel!! Weihnachtsschmuck und Lichter und „jingle bells" im Ohr!
Sie war auch immer nahe, wenn einer von uns sie dringend brauchte, da saß sie schon mal im nächsten Flugzeug. Ob Wien, Linz oder Barcelona, sie kam!
In den Sommermonaten packen dann oft wir unseren Rucksack und auf geht es nach Kanada, um Muttl zu besuchen. Und wir unternahmen viele Reisen und Ausflüge, lebten in und von der Natur, so gut wir's eben konnten, sie hat uns das alles nahe gebracht und wir werden versuchen, es an unsere Kinder weiter zu geben.
Wir sind froh und glücklich für sie – und auch für uns, dass sie so ein erfülltes Leben gefunden hat; das gab uns die Möglichkeit, unser eigenes Leben frei und unabhängig zu

gestalten. Und sie hat uns vorgelebt, dass es aus jeder Krise einen Weg gibt, auch wenn er schwierig und weit ist.

Apropos weit – räumliche Distanz bedeutet bei uns mehr emotionale Nähe, die gemeinsame Zeit ist wertvoll und wir verbringen sie tatsächlich gemeinsam, also miteinander! Darum wünschen wir ihr aus tiefstens Herzen noch viele glückliche, gesunde und unbeschwerte Jahre in ihrem geliebten Kanada, damit wir sie noch oft mit Kind und Kegel besuchen können und sie noch viel erlebt, um spannende und unterhaltsame Bücher schreiben zu können.

Ihre Kinder
Barbara, Christoph, Veronika, Joachim
und Enkelkinder
Hannah, Patrick, Leni, Max und Paul

Leben mit und von der Natur

NEDAA – mit meinen Augen durch Kanada

Nedaa – mit meinen Augen … das ist ein Wort aus der Sprache der Indianer im hohen Norden von Kanada, dem Yukon vor allem. Und ich versuchte in meiner Zeit im Yukon, aber auch jetzt im nördlichen British Columbien, die Landschaft, die Wildnis, die Menschen, eben mit meinen eigenen Augen zu sehen und mich nicht von der Umwelt beeinflussen zu lassen.

Ich selbst sehe mich nicht als Pionier oder Eroberer, aber vielleicht ein bisschen doch als Abenteurer, als unruhiger Geist, der weg wollte von den Zwängen und Vorschriften, den Gesetzen, von der Enge und Abhängigkeit in den modernen Städten von heute. Weg von allem, was mein freies Denken, meine Sehnsucht nach Stille und Frieden eingeschränkt hat. Das war wohl mit der entscheidende Grund, warum ich in reifen Jahren alle Sicherheiten eines bequemen Lebens in Europa hinter mir gelassen habe und mich aufmachte, neue Grenzen zu finden … und meine Seele spannte weit ihre Flügel aus und flog durch die fremden Lande, als flöge sie nach Hause …
Grenzen – vor allen in mir selbst, weil ich fühlte, dass da mehr in mir steckte, als nur eine gesicherte Existenz in Österreich, ein 45-Stunden-Beruf (damals noch) und ein Leben voller Annehmlichkeiten. Die Dinge, die man im Leben wirklich braucht, die werden nicht in Großkaufhäusern angeboten, hängen nicht von den verschiedenen Fernsehwerbungen ab.

Die Menschen arbeiten heute mehr und härter als vor vielen Jahren, um sich Dinge kaufen zu können, die sie eigentlich gar nicht brauchen, ohne die ihre Vorfahren herrlich und unbeschwerter leben konnten. Das ist für mich der Fluch der Zivilisation. Alle, wir alle müssten wieder mehr zurück zu den Wurzeln, zu den wichtigen Dingen im Leben. Ohne dass ich irgendeiner Religion angehöre oder einer Sekte oder einem Verein, der das hautnahe Leben an der Wurzel predigt oder auf seine Flagge geschrieben hat, ohne all diese Einflüsse fühlte ich ein tiefes Sehnen, ein Ziehen rund ums Herz, einen nagenden Gedanken im Hinterkopf. Da ist noch mehr für Dich, das war nicht alles im Leben! Heute, nach mehr als 20 Jahren hier, in Kanada, weiß ich das nun mit Sicherheit.
Hier in Kanada lebe ich nicht in totaler Abgeschiedenheit, habe mir selbst keine kleine Hütte am Ende der Welt gebaut. Ich muss auch hier arbeiten, in der Hauptsaison der Jagd schwerer und mehr, als je in Europa, und doch, doch ist endlich das Verlangen gestillt, die Sehnsucht hat sich ausgelebt. Ich weiß, wohin ich gehen muss, um in die Unendlichkeit dieser herrlichen Welt blicken zu können, weiß, wo ich Natur pur finde und wo die Welt noch so unberührt ist, wie am ersten Tag. Dafür bin ich dankbar, unsagbar dankbar, aber es war nicht einfach, zu diesem Punkt zu kommen.

Wenn ich gefragt werde, wann und wo es am Schönsten ist, hier in meiner neuen Heimat, dann sind es immer die Winter im Yukon, die zuerst ins Bewusstsein kommen. Was ist das Besondere? Die unendliche Stille, die absolute Stille, die Klarheit der Luft, das unberührte Weiß der endlosen Schneelandschaft, die unwahrscheinliche Intensität des blauen Himmels, das gespenstische Mondlicht auf diesen hellen, weißen Flächen, so hell, dass man noch nachts Zeitungen ohne künstliches Licht lesen kann. Und wieder ist es die Stille, die nur hin und wieder durch das Heulen eines einsamen Wolfes unterbrochen wird.

Ich verlasse die Hütte und gehe die wenigen Schritte hinunter zum See, an dessen Rändern sich die ersten Eisschichten bilden. Jeder Stein ist eingefroren in ein Ornament aus Eis, zart und filigran wie eine feine Häkelspitze umschließt es die Steine und Felsen, hat sich aber noch nicht weiter auf das offene Wasser hinausgeschoben. Es ist erst Anfang Oktober hier, aber der Winter steht schon vor der Haustür am Kluane Lake. Die Nacht senkt sich langsam herab, eine große Schar von Gänsen fliegt laut rufend in den Süden, es ist Zeit, die Sommerplätze zu verlassen. Es ist bereits dunkel geworden und ich muss Acht geben, wo ich hintrete, während in den Wipfeln der Pappeln und Birken noch das letzte Licht des Tages hängt, der Himmel hell über mir steht und auch draußen auf dem großen See noch ein Leuchten vorhanden ist, wie es eben nur diese Stunde des Tages möglich macht … the magic hour! Die Zauberstunde! Langsam gehe ich in Richtung Hütte zurück und dann fallen die ersten Flocken, es beginnt zu schneien. Lautlos, absolute Stille herrscht rund um mich, aus einem noch hellen Himmel fallen diese weichen, feuchten Kristalle, wie weiche kleine Federn setzen sie sich auf die Wangen, die Nase. Ich bleibe stehen und drehe meinen Kopf dem Firmament zu und heiße die ersten Schneeflocken des Jahres willkommen. Wie schön, mein Gott wie schön, hier in dieser andächtigen Stille zu stehen und die ersten Schneeflocken zur Erde tanzen zu sehen. Man wird zum Kind, weit strecke ich meine Zunge heraus, um mit all meinen Sinnen dieses Wunder erleben zu können. Ich sehe sie, ich rieche sie, ich höre sie (fast nicht) und ich schmecke sie, die feinen Kristalle in ihren unzähligen wunderschönen Formen, die da vom Himmel schweben. Das ist das Wunder des Winters für mich!

Am nächsten Morgen bedeckt eine dicke, weiße Decke die Landschaft, unberührt und unbefleckt, wie man sie in Europa fast nicht mehr finden kann, da die Luft dort wesentlich verschmutzter ist als hier. Es wird von Minute zu Minute kälter, ein frischer nordwestlicher Wind ist aufgekommen, die Schneeflocken werden immer kleiner und kleiner. Es ist zu kalt da oben in den Höhen und es können sich keine großen Flocken mehr bilden. Ein „Regen" von winzigen, eisigen Kristallen fällt zur Erde. Keine feuchten Federn mehr, keine zarten Schmetterlingsflügel, die die Wangen streicheln. Harte, beißende Kristalle, die wie Nadeln ins Fleisch stechen, das schüttelt Frau Holle nun aus ihren Bettdecken. Die Luft ist voll mit Eiskristallen, so voll, dass es einem vorkommt wie in einer Nebelschicht zu wandern. Und wir nennen es auch Eisnebel hier in Whitehorse, und diese Glocke hängt oft tagelang über der Stadt. Kommt dann gegen mittags doch die Sonne hervor und kämpft sich durch diese Kristallsuppe, dann entstehen die Wunder, die magischen Sonnenbilder, die man hier „sun dogs", also Sonnenhunde nennt.

Während sich im Sommer bei Regen der herrliche Regenbogen bildet, lösen sich hier die Farbprismen der Eiskristalle in der winterlichen Sonne in farbige Strahlen links und rechts der milchig weißen, kalt wirkenden Sonnenscheibe auf. Himmelsleitern in Regenbogenfarben, ein Naturwunder, das man nicht so schnell vergessen kann. Und nachts der Mond, der gute alte Mond, der wie eine Riesenscheibe vom nachtblauen Himmel strahlt, auch er lässt die Schneekristalle auf der Erde funkeln und glitzern wie Millionen von Diamanten. Lange, tiefviolette Schatten wachsen zwischen den Bäumen, aber stockdunkel, so richtig finster, dass man seine Hand nicht vor den Augen sieht, so finster wird es nicht. Dann fühle ich ein Summen und Surren in der Luft, dass es mir meine wenigen Haare im Nacken einzeln aufstellt … Nordlichter kommen! Ich habe die Gabe, diese schon viel eher zu fühlen, als man sie dann wirklich sehen kann. Die Luft vibriert und zittert, so als ob man unter einer Starkstromleitung stehen würde. Ich höre dieses Summen und fühle die enorme Elektrizität, die von ihnen ausgeht. Dann wird es höchste Zeit, die Hütte zu verlassen, eine Decke unter dem Arm und in Richtung See zu laufen, damit man freien Blick in den Himmel bekommt, um dieses einmalige Lichterspektakel in seiner ganzen mystischen Pracht genießen zu können.

Noch viel gewaltiger ist die Farbenpracht der Aurora Borealis natürlich im Yukon und in Alaska als hier im nördlichen British Columbien. Zuerst schießen grüne, giftige Pfeile von Ost nach West oder von Nord nach Süd, diese lösen sich dann auf und werden zu Schleiern, die am Himmel tanzen und sich drehen, sich zu einem Knäuel einrollen, wieder auflösen, Rosa, Rot und Orange mischen sich zu diesem Grün und der ganze Himmel brennt, das ganze Universum hält den Atem an bei diesem Schauspiel, die Zeit steht still! Nedaa! Nach Sekunden, Minuten, Stunden lösen sich die Farben dann in Nichts auf, noch liegt ein schwacher hellgrüner Schimmer im Osten über den Bergen, dann herrscht wieder Dunkelheit und Stille, jene absolute Stille des Nordens, die mir immer wieder bewusst macht, wie klein und unbedeutende Menschlein wir hier eigentlich sind. Größeres, viel Größeres wirkt da draußen, was wir mit unseren kleinen Gehirnen und Gedanken nicht fassen können, was manches Mal das Herz und die Seele schon eher begreifen. Ja, und wenn man nicht gläubig war, jetzt, in solchen Momenten wird man es und versteht, dass wohl wirklich eine höhere Kraft über uns wacht !

Auf das Erleben immer,
Auf die Gnade und den
Geist des Erlebens
Kommt es an.
(Friedrich v. Gagern)

Zum 25. Jubiläum, erster Bär am 5.5.1988

Und jetzt zur Jagd, auf gehts!

Wenn man hier in Europa von einer Jagd in Kanada träumt, dann meint man mit dieser Jagd sicherlich auch gleich die gewünschte Trophäe „gekauft und mitgebucht" zu haben. Das ist natürlich unmöglich und es wird auch keinen kanadischen Jagdanbieter geben, der eine Garantiejagd auf Elch oder Karibu, Steinschaf oder Schneeziege anbieten wird, wenn er ehrlich ist und etwas von seinem Handwerk versteht. Schwarzbären im Osten des Landes, wo es erlaubt ist diese anzufüttern und so genannte Luderstellen einzurichten, sind da schon ein wenig sicherer. Aber auch hier ist keiner dieser Petze irgendwo an einem Baum angebunden und wartet auf den Abschuss.
Ich lebe nun schon über 24 Jahre in diesem herrlichen Jagdparadies, also mitten, ganz mitten im Geschehen und trotzdem ist es mir bis heute nicht gelungen, einen Elch auf die Decke zu legen. Die Gründe sind so zahlreich und vielfältig, wie die Natur nur eben sein kann. Aber ich bin nicht traurig darüber oder gar verzweifelt, irgendwann, irgendwann wenn er mir bestimmt ist, dieser Gigant der Wildnis, dann werde ich ihn vor meiner Büchse haben und dann wird's schon passen! Der letzte Herbst war ein ganz besonders schwieriger zum Jagen. Darüber will ich ein wenig erzählen, weil halt bei der Jagd die Natur und das Wetter eine fast so große Rolle spielen, wie die richtige Waffe und zur rechten Zeit am richtigen Ort zu sein.

Nach einem wirklich wunderschönen, regenreichen Frühling, in dem alles nur so wuchs und gedieh, die Blätter an den verschiedenen Bäumen fast doppelt so groß wurden wie in normalen Monaten, bekamen wir einen heißen, trockenen Sommer. Die sonst so üppig grünen Wiesen waren bald vertrocknet und nur noch Heu am Halm, die Blätter an den Büschen und Bäumen entlang der Felder und Wiesen rollten sich ein und wurden dürr und spitz. Nur drinnen, tief drinnen in den Wäldern, wo die Sonne den Boden nicht erreicht, da blieb alles saftig grün und ein reichlicher Tisch war gedeckt. Kein Grund also für das Wild, sich aus diesem Schlemmerparadies heraus auf die abendlichen Wiesen und Felder zu begeben, wie sie es sonst tun und wo man sich dann beim Ansitz an deren Anblick erfreuen kann, den einen oder anderen Hirsch auch erlegen würde. Nichts war zu sehen, sie steckten alle im Wald, ob Bär, ob Hirsch oder Elch, keiner machte Anstalten, sich zu viel zu bewegen. Ab und zu am Bach oder am Seeufer konnte man ein Geweih erspähen, aber das auch nur für einen kurzen Augenblick. Das kann schon recht frustrierend sein, vor allem für einen europäischen Jäger, der da tagein tagaus unterwegs ist und nichts sieht, nicht einmal ein „paar Bemmerl" am Straßenrand, weil sich das ganze Leben, auch das des Lösens, eben im dichten Wald abspielt. Und nur wenige der Führer haben den Mut oder machen sich die Mühe, stunden- ja tagelang durch die dicksten Dickungen zu wühlen, um auf eine noch frische Fährte zu kommen. Das Jagdjahr 2009 war also ein eher mageres und etliche Gäste mussten mit leeren Händen nach Hause fahren.

Ob es jetzt wirklich mit der globalen Erderwärmung zusammenhängt oder einfach nur wieder so ein Zyklus war, wie wir ihn z.B. bereits vor 10 Jahren hatten – damals saßen die Gäste auch in den Badehosen im Oktober noch schwitzend im Lager herum – das weiß ich nicht zu sagen, aber so etwas gibt es meiner bescheidenen Meinung nach immer wieder, wie Jahre mit viel Regen, dann wieder weniger, Jahre, in denen wir im Schnee fast ersticken und dann wieder welche, in denen fast keiner fällt. Die Wissenschaftler zerbrechen sich eh ihre Köpfe darüber, da brauch' ich mir den meinen nicht auch noch zu zerbrechen.

Und als die Jagd für die Ausländer vorüber war, dann durften wir Einheimische endlich losziehen auf den Elch. Eine Woche, Ende Oktober, das ist alles was uns unsere Regierung genehmigt, hier in dieser Ecke von British Columbien, in der ich lebe. Das Wetter ist dann oft schlechter, die Brunft vorbei, die Bullen wollen nur noch in Ruhe fressen und sich noch einen dicken Kern für den Winter anlegen. Zu dieser Zeit ist es noch viel schwieriger, etwas zu erwischen. Aber es ist auch eine größere Herausforderung, der wir uns gerne stellen. So einen „brunftdepperten" Bullen am See heran rufen, das kann ja eh fast jeder, sagen wir etwas überheblich, aber auch da muss das Wetter stimmen, der Wind richtig sein, der Bulle Lust haben, auf den Ruf zu reagieren, viel Können steckt auch hier dahinter. Aber einen finden, der irgendwo heimlich seine Speisekammer hat und nicht viel unterwegs ist, das ist die wahre Herausforderung. Und so packen wir, der Heinrich und ich, schon seit zwei Tagen unser Gefährt, um uns auf die Fahrt in eine heimliche Ecke, an einen verträumten See zu machen. Dort wollen wir unser Glück versuchen.

Da wir auch im Sommer viel unterwegs sind, um herrliche Beeren und Pilze zu sammeln, finden wir schon ab und zu die Wintereinstände dieses Großwildes in Form von Abwurfstangen, abgeschälten Baumrinden, stark verbissenen Sträuchern. Dann nehmen wir uns vor, in der Jagdzeit wieder dorthin zu fahren. Fahren muss man schon, denn die Gebiete sind riesig groß, zu Fuß kommt man nicht weit und auch die Elche ziehen sich immer weiter von den menschlichen Ansiedlungen fort in die Einsamkeit der Berge. Also wird gefahren … auf den ½ Tonnen Pick-up kommt der Camper, unsere Wohnung in Schneckenhausform, in die jedoch alle Bequemlichkeiten eingebaut sind, die man sich nur vorstellen kann. Von Ofen über Dusche und WC, Heizung und Kühlschrank, alles ist da, was man sich nur wünschen kann. Aus dem Alter, lieber auf dem Boden in einem Zelt zu hausen, was natürlich noch uriger wäre, aus diesem Alter sind wir heraus! Also gilt es: Vorkochen sowie Lebensmittel und Spritvorrat für ca. eine Woche mitnehmen. Hinter diesen Pick-up kommt ein offener Anhänger, auf dem die zwei Quads = „all-terrain vehicles" geschnallt werden, obenauf noch ein Anhänger zur Bergung des Wildes, dann haben wir eigentlich alles, oder?

Der Hund darf mit und bekommt auch sein warmes Federbett = eine feste Liegematte auf den Anhänger gezurrt – und morgen noch in stockdunkler Nacht werden wir aufbrechen.

Obwohl wir schon seit über 22 Jahren solche Aktionen starten, stellt sich bei uns jedoch immer noch ein gewisses Jagdfieber, eine Reiseaufregung ein und die Nacht vor dem Aufbruch ist meistens eine sehr unruhige und kurze. Um drei Uhr klingelt der Wecker. Kurz darauf wird noch einmal ausgiebig geduscht, denn damit wird in den nächsten Tagen etwas gespart werden. Dann genießen wir voller Vorfreude unser herrliches Frühstück, von dem wir den restlichen Tag zehren werden und los geht's.
Die Fahrt nach Nordosten in unser auserwähltes Jagdrevier dauert etwa zwei Stunden. Am liebsten starten wir am Samstagmorgen, denn während der Woche behindern sonst immer wieder schwerst beladene Holzfuhrwerke die Straße. Logging trucks, auf den nur einspurigen, engen Schotterstraßen ist das Ausweichen oft unmöglich und da wir selber ein ziemlich langes Gefährt hinter uns her schleppen, ist Vorsicht oberstes Gebot.
Es hat geschneit in der Nacht und unser Pick-up zieht seine Spuren im jungfräulichen, herrlichen Schnee, der im matten Mondlicht glitzert wie tausend Diamanten, na, wenn das kein guter Anfang ist, dann weiß ich nichts mehr! Und innerlich juble ich dem Tag entgegen, während Heinrich sich durch den Flockenwirbel und die Finsternis kämpft. Ihm scheint gar nicht zum Jubeln zu Mute zu sein, denn die Anspannung treibt Schweißperlen auf seine Stirn. So ganz kann man eben nicht immer ein Herz und eine Seele sein, das versteht man schon.
Der Schnee wird immer tiefer, hätten wir doch an der letzten Ausweiche die Ketten aufziehen sollen, aber nein, meint der große Meister, mit dem vielen Gewicht am Wagen schaffen wir das schon so. Und recht hatte er. Nach dem Morgengrauen sehen wir schon den See vor uns liegen. Leider hat eine Eisschicht die Ufer eingesäumt, das Schneetreiben wird wieder stärker und wir fühlen einen elendig kalten Wind aus dem Osten. Da fällt mir dann die alte Indianerweisheit wieder ein, die so wirklich wahr ist und noch immer gestimmt hat.

Wind from the North, fishermen does not go forth. Wind from the East, does not fit men nor beast. Wind from the West, fishing is best. Wind from the South blows the bait in the fishes mouth.
Kurz übersetzt: *Wind vom Norden, da geht der Fischer gar nicht fort. Wind vom Osten, behagt weder Mensch noch Tier. Wind vom Westen, das Fischen ist sehr gut und Südwind bläst den Köder direkt in das Maul des Fisches.*

Aber nicht nur für die Fischer gelten die Windregeln, auch beim Jagen haben sie sich bewährt. Wir beim Jagen haben immer festgestellt, dass man bei starkem Wind sowieso nicht los soll. Wenn der Wind jagt, braucht der Jäger nicht jagen, heißt es doch, aber genauso haben wir festgestellt, dass sich bei Ostwind einfach nichts bewegt. Das Wild steckt irgendwo in einer Dickung, hinter dem Wind, das Hinterteil zum Wind gedreht und rührt sich tagelang nicht … nur wir Menschen, wir haben es immer eilig. Wir befürchten etwas zu versäumen, wir wollen immer draußen sein und jagen. Gerade heute könnte einem ja der Lebenselch über den Weg laufen, egal welcher Wind *„waht über die Gstätten"* … (denkt die Wienerin in mir).

So kämpfen wir uns langsam durch den immer tiefer werdenden Schnee dem alten Kahlschlag zu, an dessen Rand wir unser Lager aufschlagen wollen. Im Herbst gab es dort in einem kleinen Waldschopf eine Unmenge von herrlichen, zuckersüßen Blaubeeren, die im Schatten der kleinen Bäume herrlich saftig blieben, während die Unmengen von Beeren draußen, mitten auf der kahlen Pläne längst vertrocknet waren. Dort hatten wir einen sehr stark belaufenen Wechsel gefunden, von diesem Schopf hinunter zum See, sowohl von Elch und Bär als auch von Hirschen. Hier wollten wir unser Glück versuchen. Das Eis am Seeufer hat unsere Begeisterung allerdings schon ziemlich herunter geholt, die Tiere werden sich andere Wasserstellen suchen, denn keines will sich die Läufe am scharfkantigen Eis aufschneiden und dann den Wölfen eine frische Spur durch den Schnee zeichnen. Trotzdem stellen wir unser Gefährt rasch in Position, weg von der Straße, denn sicherlich werden im Laufe der nächsten Tage einige andere einheimische Jäger auch an diesem See ihr Glück versuchen wollen.

Der Schnee fällt immer dichter, der Wind wird stärker und gleicht schon bald einem Blizzard. Von Auspacken und auf die Pirsch gehen kann vorerst keine Rede sein. Wir kochen uns eine heiße Suppe und gemeinsam mit dem Hund rollen wir uns in unserem „Schneckenhaus" zu einem wohlverdienten Mittagsschläfchen ein. Bei so einem Wetter jagt man auch keinen Hund vor die Türe. Aber auch nach zwei Stunden scheint sich das Wetter nicht zu beruhigen. Jetzt werde ich aber langsam zappelig. *„Komm"* dränge ich, *„wenn wir schon so weit gefahren sind, alles eingepackt und mitgeschleppt haben, dann lass' uns wenigstens eine kleine Erkundigungsfahrt mit den Quads machen, vielleicht sehen wir ja frische Fährten irgendwo!"* Heinrich ist alles andere als begeistert und der Hund verkriecht sich auch unterm Auto, sie sagen Streik an. Aber wahrscheinlich war ich doch ein Eisbär in einem früheren Leben. Ich möchte das ganze Unternehmen nicht schon absagen, bevor wir es überhaupt gestartet haben. Also fange ich an, die ganzen Gurte von den Quads zu lösen, die hintere Klappe zu öffnen, damit wir sie herunterfahren können. Dieser Eifer (bzw. diese Sturheit) ist Heinrich dann doch zu viel. Knurrend gesellt er sich zu mir und wir laden unsere vierrädrigen Helferlein ab.

Für ältere Menschen wie wir es mittlerweile ja sind, ist die Erfindung dieser kleinen Allradfahrzeuge ein wahrer Segen. Sie bringen uns überall, fast überall hin, wo wir zu Fuß nicht mehr vorwärts kämen. Sie bocken und mucken nicht wie ein Pferd, man dreht einfach den Schlüssel um und sie bleiben stehen, wo man will und hauen nicht im Rodeostil ab. Einfach praktisch!

Also gut, fahren wir halt eine Runde Richtung See und schauen, was sich an Fährten, Losung etc. getan hat in den letzten Tagen. Wir finden so gut wie keine neue Fährte, auch im Wald nicht, wo der Schnee schon mehrere Tage liegt und sich Bewegung hätte abspielen können. Langsam schwindet meine ganze Lust und Freude. Mein Gott, so ein Aufwand, so viel Vorbereitungen, so weit gefahren und wir sehen nicht einmal den Trittsiegel einer Elchkuh oder eines Hirsches, die Bären sind auch schon in den Höhlen verschwunden. Da kann ich dann schon sehr mitfühlen mit den Gästen aus der alten Heimat, die noch den langen, teuren Flug dazu rechnen müssen, wenn man dann so gar nichts sieht.

Wie ausgestorben liegt die Landschaft da, nicht einmal eine Krähe findet es der Mühe wert mit unserem Fahrzeug und dem Hund zu wettern und zu zettern. Die sind doch immer die ersten, die einen anmelden, ob man will oder nicht. Also wieder alles einpacken, der Schneesturm legt sich nicht und weil auch die Wolken immer tiefer kommen, haben wir keine Hoffnung, dass sich in den nächsten Stunden, ja vielleicht Tagen, etwas an der Wetterfront ändern könnte. Dabei hat der Wettermensch im Fernsehen so ein herrliches Herbstwochenende vorausgesagt. *„Alles wieder einpacken, wir fahren nach Hause, ich will doch nicht gleich zu Beginn der Saison krank werden"*, kommt das Kommando und ich muss ihm ja recht geben. Mit Gewalt geht beim Jagen sowieso nichts. Daher werden die Quads wieder auf den Hänger gefahren und angegurtet, die Lebensmittel fest verstaut, damit sie im Camper nicht hin und her fliegen. Während Heinrich das lange Gefährt vorsichtig wieder auf die Waldstraße manövriert, eile ich doch noch schnell in den Waldschopf und kratze mir unter dem Schnee ein paar Hände voll gefrorener Blaubeeren heraus, … mhmh, die schmecken immer noch! Ganz umsonst sollte diese Fahrt dann doch nicht gewesen sein. Und so kommen wir unglücklich aber gesund und munter nach 13 Stunden wieder zu Hause am Hof an. Auspacken freut uns heute aber sicherlich nicht mehr, das kann und muss bis morgen warten.

Hier in Burns war das Wetter wesentlich besser, es scheint noch immer eine späte Abendsonne und nach einem herrlichen Schaumbad setze ich mich im Bademantel noch ein wenig auf die Terrasse, um die untergehende Sonne zu genießen. Da kommen aber auch schon die ersten Maultierhirsche aus dem Wald auf den Hang hinter dem Haus, wo es im Augenblick eine Unmenge von herrlich reifen, dunkelblauen Felsenbirnen zu ernten gibt. Zwei Hirschkühe mit drei Kälbern, ein einzelnes Alttier, aber was ist denn das? Da hinten an der 200 m Scheibe, da kommt ja der junge Bock daher, wenn schon kein Elch, dann krieg ich heute vielleicht noch meinen Hirsch. Ich eile ins Haus und hole meine 7 mm 08 Remington, lade, sichere und setze mich wieder sehr gemütlich in meinen Korbsessel auf die Terrasse und harre der Dinge die da auf mich zukommen. Langsam, eher vorsichtiger als die Damenwelt, nähert sich der Hirsch unserem Haus. Weil aber die „Weiber und Kinder" so ganz ungezwungen und vertraut auf dem Hof herumspazieren, die letzten Blumen abknabbern, an den Beerenbüschen zupfen, da kommt auch der Herr der Schöpfung immer näher und näher. Mittlerweile hab ich das Gewehr hochgenommen und zwischen den Blumen am Blumenkistel eine Auflage gefunden, die Geranien und Petunien sind dank der ausdauernden und liebevollen Pflege wirklich üppig gediehen und ich kann den Lauf des Gewehres ruhig zwischen die Pflanzen schieben und mich selber noch dahinter verstecken …und lass ihn Schritt für Schritt näher kommen.

Bei 50 m war es mir dann genug, ein guter Schuss … sag's durch die Blume… und er lag im Feuer. Die Damenwelt ist keine drei Meter weiter gezogen, die hat das überhaupt nicht gestört oder verschreckt. Und wir haben einen herrlichen, jungen Hirsch im Fleischhaus hängen, der etliche ausgezeichnete Braten für Weihnachten und Geburtstage abgibt.

Was man im gehobeneren Alter nicht mehr mit der Kraft machen kann, dass muss man eben mit dem Hirn machen! Vor 20 Jahren hätte sich Heinrich diesen jungen Hirsch „auf den Ast" genommen, also über die Schulter geschmissen und hätte ihn im Fleischhaus auf einen Haken gehängt. Heute haben wir an all unseren Allradfahrzeugen elektrische Winden montiert, an der Decke des Fleischhauses wurde auch eine starke Winde angebracht und so können wir nun mit einem Knopfdruck unser Wildbret versorgen, ohne dass uns das Kreuz bricht und die Arme abfallen.

Ja, so kann das auch gehen, man hat einen langen, langen Tag in Schnee und Sturm geschuftet und sich abgerackert, Finger und Nasen halb erfroren, und nichts war's, und dann will man sich frisch gebadet von diesen Anstrengungen im letzten Sonnenstrahl erholen und da steht er 50 m vor einem und man kann sein Glück gar nicht verstehen, wie einfach und sauber und schnell die Jagd vorüber war.

Kapitale Beute

Nahanni-Berge – in Cariboucountry

Beim Eisfischen

Gefehlt ist auch vorbei ...

Jagd ist Schauen
Jagd ist Sinnen
Jagd ist Ausruhen
Jagd ist Erwarten
Jagd ist Dankbarkeit!
(Friedrich v. Gagern)

Weil ich halt diesen Abend am Lagerfeuer mit sogenannten „Schneidergeschichten" begonnen habe, da gibt's gleich noch ein paar mehr davon. Wie gesagt, selbst wenn man mitten im Jagdparadies lebt und alle Zeit der Welt zum Jagen hat (die einem die Jagdgesetze eben zulassen) auch dann ist ein Erfolg nicht vorprogrammiert, auch dann gibt es Saisons, an denen eben kein frisches Wildbret in die Gefriertruhe kommt, der Finger nicht krumm geworden ist. So ist das nun einmal bei der Jagd, nichts ist garantiert.

Es war so ein wirklich kitschig schöner Herbsttag, dieser Indian Summer, mit den glühendsten Farben in Laub und Gebüsch, einem strahlend blauen Himmel und Sonnenschein, dass es in den Augen fast schmerzte. Aber es lag schon die gewisse raue, kühle Luft zwischen den Bäumen, der Hauch von sich anbahnender Kälte, vom ersten Schnee in den Bergen. Dann tritt das Wild nicht mehr nur spät abends aus, dann kann es vorkommen, dass einem mitten am helllichten Nachmittag ein braver Hirsch über den Weg läuft, der sich einen neuen Einstand für die kalte Nacht sucht, oder ein Schwarzbär noch gierig am sonnigen Hang die letzten Hagebutten in sich hineinstopft.
An so einem Traumtag bin ich wieder einmal gleich hinter unserem Anwesen unterwegs, um einen passenden Hirsch zu suchen. Von hier aus bringt mich mein Quad die ersten Kilometer und vor allem die steilen Hänge hinauf. Oben angekommen, werde ich es stehen lassen und durch die offenen, alten Kahlschläge und angrenzenden Wiesen pirschen. Langsam und vorsichtig tuckere ich auf unserem Trail, den wir im Laufe der Jahre mit viel Mühe und Schweiß aus dem Urwald geschnitten haben. Die Augen schweifen unablässig in alle Richtungen, um nicht die kleinste Bewegung im Busch zu übersehen. Die ersten Kilometer verlaufen eher mühsam. Im engen Zickzack geht es durch hohe Pappeln und Weiden, dann gibt's zwei tiefe Gräben zu durchfahren und nun erst wird's gemütlicher und man kann sich mehr auf das Rundherum als auf den Trail konzentrieren.
Als ich mit etwas mehr Gas über den letzten steilen Hang hinaufkomme, steht plötzlich ein riesiges Tier vor mir. Anfangs sehe ich nur ein rundes, braunes Hinterteil, der halbe Körper und das Haupt sind hinter Büschen versteckt. Sofort nehm ich Gas weg,

drehe den Schlüssel herum und blicke erregt durch s Fernglas. Das ist schon eine der verinnerlichten Bewegungsabläufe, das passiert wie im Schlaf. Ja, was ist denn das? Da steht doch der prachtvollste Wapiti, ein 5 x 6 Ender, vor mir! Das ist fast zu viel für mein kleines Jägerherz. Von meiner Arbeitsstelle in den nördlichen Rocky Mountains kenne ich dieses Wild sehr gut, wusste aber nicht, dass auch wir hier im südlichen British Columbien schon solches Wild haben. Die vielen, vielen neuen Kahlschläge werden es ausmachen, die bringen uns dieses wunderbare Wild aus dem Norden herunter. Aber wir haben keine offene Jagdzeit für diese Hirsche und so wird nur gestaunt und fotografiert und einfach genossen.

Welch ein prachtvolles Bild. Sein tiefrotes Fell leuchtet in der Sonne, die frisch verfegten Stangen mit den hellen, fast weißen Endenspitzen blitzen bei jeder Bewegung auf. Ja, Du wärst der Traum meiner Jäger in der Muskwa, denke ich mir und freue mich unendlich über diesen Anblick. Dann setzt er sich fast im Zeitlupentempo, ganz majestätisch in Bewegung und verschwindet im Wald. Noch immer klopft mir das Herz in den Ohren und die schweißnassen Hände können das Fernglas gar nicht mehr ruhig halten. Aber ich muss, ich will ja noch weiter, heute scheint es mich „zu mögen" sagen wir, wenn wir guten Anlauf und Anblick haben. Denn vor dieser Begegnung hatte ich schon einige Hirschtiere und Kälber auf einem Kahlschlag gesehen.

Weiter geht's, einen Kilometer, denke ich mir, fahre ich noch, dann verstecke ich mein Gefährt in den Büschen und steige auf den kleinen Felsenkopf, von dem ich einen herrlichen Rundblick haben werde. Als ich so langsam um die nächste Buschgruppe fahre und schon fast am Abschalten des Quads bin, sehe ich ca. 200 m direkt vor mir, mitten auf dem Kahlschlag einen Maultierhirsch aus seinem Bett hoch werden. Herrgott noch mal, das kann doch nicht sein, das hält mein armes Herz jetzt fast wirklich nicht mehr aus! Der Puls rast, meine Gedanken überschlagen sich. Mit Sicherheit hat er mich schon wahrgenommen, hat den Motor wahrscheinlich schon längst gehört, war aber nur zu träge zum Wegrennen. Was mache ich denn jetzt nur? Noch steht er wie eine Statue, unbeweglich äugt er in meine Richtung und muss dabei direkt in die Sonne schauen. Ob mir das hilft? Und ein Kleiner ist das auch nicht, keine „Fahrradstangeln" hat er auf seinem Haupt, ein ordentlich, gleichmäßig ausgebildetes, hohes Geweih ziert dieses Prachtexemplar! Auf keinen Fall getraue ich mich jetzt den Motor abzustellen oder abzusteigen, denn sobald sich an dem derzeitigen „Ist-Zustand", den er bisher gut ausgehalten hat, etwas ändert, ist er mit einigen hohen Sprüngen über die Kuppe hinweg und auf Nimmerwiedersehen verschwunden. Also bleib ich auf dem Quad, hole mein Gewehr vorsichtig aus der Halterung, lade und versuche zu zielen. Im Sitzen geht's nicht, da sind doch zu viele Büsche davor, also visiere ich ihn im Stehen an. Der Motor läuft und schuckelt das Fahrzeug so ein wenig hin und her, die Sonne blendet von hinten auch ein wenig im Zielfernrohr, aber irgendwie „rühre" ich mich hinein, bin auf dem Blatt und drücke ab. Nichts, keinen Mucker macht er, total daneben also, schnell repetieren und noch einmal das schöne Spiel. Jetzt versuche ich, ein bisschen höher zu halten, weil ich die Entfernung nicht so genau einschätzen kann.

Wumm, der nächste Schuss ist draußen und der edle Hirsch bewegt sich immer noch nicht. Der langen Rede kurzer Sinn, er, der Herrscher aller Maultierhirschkühe hier um Burns Lake hat mich sage und schreibe drei Mal schießen lassen, ich konnte sogar nachladen und dann nochmals auf ihn draufhalten, bis er sich endlich, endlich verzog. Alle Schüsse total daneben, kerngesund und munter ist er hinter den Weiden verschwunden, stundenlanges, sorgfältiges Nachsuchen haben es mir bewiesen. Wenn er lachen hätte können, ich glaube seine Schadenfreude hätte man im ganzen Tal gehört. Ja, so kann es einem auch ergehen. Es war einer der herrlichsten Jagdtage die ich erleben durfte, ich habe gefehlt, so schlimm, wie es schlimmer gar nicht gehen kann, wie wenn ich auf beiden Augen blind wäre, aber ich bin glücklich und zufrieden ob des herrlichen Anblicks dann nach Hause gefahren. Genug ist genug, pirschen oder ansitzen und dann vielleicht noch einmal was fehlen, das kommt nach so einem wunderbaren Erlebnis für mich nicht in Frage.

Ich weiß nicht wie es ihnen geht, liebe Jagdkameradinnen und Jagdkameraden, aber nach so einem wirklich groben Schnitzer, da denkt man dann stundenlang darüber nach, was man falsch gemacht hat, wie man anders hätte handeln sollen. Und hinterher, ja hinterher ist man bekanntlich ja immer schlauer, oder? Hätte er, der Hirsch, es ausgehalten, wenn ich abgestiegen wäre und den Motor abgeschaltet hätte, dann hätte ich eine wunderbare Auflage auf der Lenkstange gehabt und hätte viel ruhiger zielen können. Hat er mich so im Gegenlicht wirklich als Feind erkannt oder wusste er gar nicht, was eigentlich los war.

Sicher bin ich mir, dass er das Motorengeräusch schon viele Male gehört hat, weil er dort in dieser Ecke seinen Einstand hat. Oftmals hat er wahrscheinlich nur sein Haupt tief ins Gras gesteckt und mich vorbeifahren lassen, sicherlich ist er einige Male auch schon lange vor meinem Auftauchen aufgesprungen und verschwunden.

Wildtiere, die nicht mehr so ganz in der Abgeschiedenheit der Bergwelt aufwachsen, die den Lärm der Autos von der nahen Straße hören, das Bellen der Nachbarhunde, die sind nicht mehr ganz so empfindlich auf Geräusche und weil ich schon viele Jahre mit diesem kleinen Quad durch diese Gegend kurve, da kennt er sicherlich das Tucktucktuck meiner „kleinen gelben Hummel" und je nach Lust und Laune verdrückt er sich beizeiten oder macht sich unsichtbar. An diesem Nachmittag muss ich ihn aus seinem Nickerchen geweckt und doch überrascht haben, aber geholfen hat es mir auch nichts, gut für ihn!

Heinrich hat dann mein Gewehr total zerlegt und überprüft, denn es hätte ja sein können, dass es irgendwann einen Schlag abbekommen hat, aber nein, die Waffe war in Ordnung. Es war nur mein kleines Ich, das mit soviel herrlichem Anblick und Freud nicht fertig geworden ist und dem die Nerven nicht gehalten haben. Aber wartet nur, nächstes Jahr, da weiß ich schon wo ich hin muss!

Das typische Elchbiotop

In letzter Minute … und wieder nicht meiner

In letzter Minute

Die sieben Tage der Elchjagd für die einheimischen Jäger in diesem Abschnitt von British Columbien, in dem ich lebe, sind vorbei, fast vorbei. Drei Stunden haben wir noch, bis die Sonne hinter den Bergen verschwunden ist, das Büchsenlicht erloschen und Halali die Jagd aus ist. Aber, so sagt man auch, das Spiel dauert zweimal 45 Minuten und bis zur letzten Sekunde kann sich noch etwas ändern. Wir haben hart gejagt und viel gejagt, sind hunderte von Kilometern auf den alten Forststraßen unterwegs gewesen, stundenlang mit dem Boot die Seeufer abgefahren, haben die Quads durch die dicksten Sumpflöcher gequält und die steilsten Hänge hinauf, alles auf der Suche nach einem Elch, dem urigsten Vertreter der Hirschfamilie, dessen Fleisch ich am allerliebsten in meiner Küche verwende, dessen Geweihgröße uns so egal ist wie nur irgendwas, wenn es nur ein *„Bulle mit ein paar Hörndln drauf ist"* sage ich mir immer vor, dann ist alles andere unwichtig.

Das Wetter Ende Oktober war, wie erwartet, wieder einmal sehr bescheiden, erst zu warm und regnerisch, dann kam der erste Schnee, der schmolz wieder ein wenig weg, dann kam der Frost, der das bisschen Schnee knirschen ließ, wie wenn man mit einem Panzer durch den Wald brechen würde, von wegen leise pirschen … das gab es nur in den Träumen. Und geträumt hab ich viel in dieser Elchsaison, mein Gott, wie schön geträumt, wie herrlich gejagt und gepirscht und was ich alles an Prachtbullen vor der Büchse hatte, naja, wenigstens geträumt hab ich schön!

Und heute ist der letzte Tag und wie es ausschaut, bleiben wir Schneider in diesem Jahr. Die wenigen Zentimeter Neuschnee in dieser Nacht machen das Kraut auch nicht mehr fett und wir können wieder nicht leise wie die Indianer schleichen und uns anpirschen. Also packen wir die Quads noch einmal aus der Garage und fahren die Kahlschläge hinter unserem Hof ab. Da geht's für viele Kilometer in die Wildnis und keine alten Forststraßen mit öffentlichem Zugang locken ungebetene „Konkurrenz". Das ist unser heimliches Paradies, direkt hinter der Haustüre. Und wenn wir es langsam leid werden, nur im Auto zu sitzen um in eine besonders gute Ecke zum Jagen zu kommen, dann sind wir am glücklichsten gleich nahe zu Hause, denn wenn es gar nicht mehr will, dann sind wir schnell am warmen Ofen und aus den nassen Sachen in der gemütlichen Stube. Bis in die hinterste Ecke dieser alten Schläge fahren wir. Wenige Spuren sind zu sehen. Wölfe, Luchs und Kojoten waren unterwegs. Der Patrick Lake ist schon völlig zugefroren. Also werden die Elche nicht mehr ans Wasser und in die Sümpfe kommen und werden lieber auf den alten Kahlschlägen bleiben, die man vor ungefähr acht bis zehn Jahren aufgeforstet hat. In diesen halbhohen Bäumen und dem Dickicht, dort vermuten wir sie. Wir versuchen eine kleine „Zweimann-Treibjagd", Heinrich stellt sich auf den Weg und ich pirsche kreuz und quer durch eine solche Dickung, vielleicht müde ich ja einen auf, werde ihm lästig genug, dass er sich umstellt und dem Heinrich vors

Gewehr läuft. Aber da ist nichts zum Aufmüden. Nur meine Beine werden müde und ein deutsches „Hussasa" wie beim Sauenaustreiben bringe ich auch nicht mehr heraus. Das funktioniert also auch nicht. So fahren wir weiter, tuckern langsam dahin und hoffen, dass wir irgendwo in den „Blüsen" so ein Riesenvieh zu Gesicht bekommen. Langsam wird es dämmerig, wir sind sicherlich an die fünf bis sechs Kilometer von zu Hause weg. Es ist an der Zeit, Einsicht zu haben – wir kehren um und fahren langsam in Richtung Heimat. Halali, heute war es halt nicht möglich etwas zu strecken. Man muss sich vorstellen, dass so eine Pirsch mit dem Quad ja auch keine reine Spazierfahrt ist. Unsere selbst gefahrenen Schneisen sind keine gepflegten Wege, bei Matsch und Schlamm haben wir tiefe Spurrillen gefahren und uns oft zwischen den Baumwurzen und Büschen festgefahren. Dann kommen wieder tiefe Wasserlöcher, durch die man am besten mit angezogenen Beinen hindurchfährt, wenn man nicht den restlichen Tag mit nassen Schuhen und Hosenbeinen unterwegs sein will. In engen Kurven und Windungen geht es um halbverfaulte oder umgebrochene Stämme herum und je dunkler es im Wald wird, um so vorsichtiger muss man manövrieren, um nicht etwa auf einem zu hoch abgesägten Baumstrunk aufzusitzen. So wird jeder dieser Ausflüge zu einer Rallye mit Hindernissen und zur Herausforderung für Mensch und Maschine, Aber es ist immer „supergeil" sagen die Kinder, wenn sie zu Besuch sind und wir mit ihnen so eine Tour machen.

Heinrich mit seiner schweren, stärkeren Maschine fährt vor, natürlich, ich schleiche, wie so oft, in seinem Windschatten hinterher. Mein Gefährt hat wesentlich weniger PS und auch eine wesentlich schmalere Spur. Wo er hindurch kann, kann ich das schon lange! Vielleicht vier Kilometer vom Haus weg geht's noch einmal über einen total verwilderten Kahlschlag. Hier wurde nichts von dem Abfall entsorgt oder ordentlich auf einen Haufen geschoben, hier liegt alles kreuz und quer und drunter und drüber. Unsere Spur ist im wenigen Schnee recht gut zu sehen, sodass wir unsere Augen schweifen lassen können. Links und rechts und wieder links, ob da nicht in den Weidenbüschen oder an den Pappelstämmen doch „wer" seinen Hunger stillt? Doch ganz plötzlich hält der Heinrich direkt vor mir und ich fahre fast auf, weil alles so schnell und ohne Vorwarnung geht. Wendig schwingt er sich von seinem Quad, zieht das Gewehr aus der Halterung, lädt und „kabumm" schon hat es gekracht.
Einmal, zweimal, mit seiner guten alten Doppelbüchse muss er ja nur abziehen. Keine Ahnung hab' ich, wohin und auf was er geschossen hat, aber ich weiß eines seit 23 Jahren, wenn er hinschießt, dann liegt etwas. Da bin ich mir auch jetzt ganz sicher, wenn ich auch nicht genau weiß, was. Manches Mal ärgert er mich ein wenig, indem er einfach nur auf eine Krähe oder einen Kojoten schießt, wo doch der Hirsch, Bär oder Elch „angesagt" gewesen wäre. Aber heute ist nicht die Zeit für solche Späße und so lasse ich meine Maschine neben die seine rollen und frage, *„Na, was war's?"*
„Ja, hast denn du den Elch da oben nicht gesehen?"

„Einen Elch, wo oben, nein, nix hab ich gesehen, nur deine roten Rücklichter haben mich dauernd geblendet!" (Jägerinnen, wenn sie echt hundemüde sind, meckern auch schon ab und zu!). Also, jetzt nicht mehr lange reden, schnell absteigen und nichts wie hin. Da Heinrich seit der Jugend ein verletztes Bein hat und im Dunklen nun nicht mehr kreuz und quer über die Stämme klettern soll, bleibt mir, „dem Suchhund vom Dienst", diese Arbeit. Ich nehme das geladene, gesicherte Gewehr auf die Schulter, das Fernglas brauche ich nicht mehr, aber meinen langen Bergstock, damit ich mich stützen kann, wenn es rutschig wird und arbeite mich mühsam in Richtung des gefallenen Elches. Zwei, drei tiefe Gräben liegen dazwischen. Dort oben, am Horizont hat er im letzten Licht den Bullen noch an den Pappeln schälen gesehen, so genau Richtung Süden, sagt er. Also gehe ich einmal genau nach Süden, da kommt aber ein Sumpfloch, das muss ich umgehen, dann bin ich ein wenig zu weit östlich. *„Also hinter dem Loch wieder mehr nach rechts, ja und jetzt ein bisschen mehr nach links"*, kommt die Anweisung vom Schützen, der mit seinem Quad genau am Anschuss stehen geblieben ist. So quäle ich mich unter Baumstämmen durch, über Baumstämme hinweg und durch ein kleines Fichtendickicht. Jetzt kann es aber nicht mehr weit sein, oder, nein, nein, gleich musst ihn eigentlich sehen. *„Mach dich schussbereit, falls er noch einmal hoch will, ja."* Wie ein alter, echter Indianer nehme ich meine geladene Waffe an die Hüfte und arbeite mich langsam Schritt für Schritt weiter … und dann sehe ich schon den massigen, fast schwarzen Körper in einer Senke vor mir liegen.
„Da rührt sich nix mehr", schrei ich dem glücklichen Schützen zu, stoße zur Sicherheit den Elch aber mit dem Gewehrlauf noch einmal am Nacken an, dann kriegt er eine in die Rippen, aber keine Reaktion.
„Waidmanns Heil, Waidmanns Heil" hallt es durch die aufsteigende Nacht! Wie war das mit dem Spiel und zweimal 45 Minuten? Fünf Minuten vor 12 hat es beim Heinrich doch noch geklappt! *„So a Freid, na so a Freid"* … die Österreicherin in mir verfällt total in ihren Dialekt und ich kann heulen vor Freude!

Nun muss aber schnell ein Schlachtplan gemacht werden, die Nacht kommt mit Riesenschritten und wir haben noch so viel Arbeit vor uns. Hierher kannst Du auf gar keinen Fall kommen, sag ich dem Heinrich, da brichst Dir alle Knochen und was mach ich dann mit dir?
Also beschließen wir, dass ich den Elch einfach nur notdürftig aufbreche, damit die Luft und Hitze entweichen kann. Das ist für mich kleine Frau eine Schwerarbeit, aber ich habe das vorher schon etliche Male gemacht und wo der Wille, da ist auch ein Weg. Also schlitz ich ihn auf, so gut es geht, hole heraus was ich im Schein der Taschenlampe greifen kann, dann spreize ich alles mit einigen dicken Ästen auf, um die kalte Nachtluft eindringen zu lassen. Meine schweißdurchtränkte Jacke werfe ich über das Tier, damit auch mein herrlicher Gestank einen Wolf oder eine Wolverine abhält. Vorsichtig tappe ich zurück zu meinem Gefährt und im Scheinwerferlicht geht es nach Hause.

Dieses Waidmanns Heil haben wir beide natürlich auch besonders gut begossen und das Dankesopfer an St. Hubertus oder Diana war kein Kleines.
Meine Mutter Erde hat ihren Pfeiffentabak bekommen, weil sie uns eines ihrer Kinder gegeben hat, denn sie liebt Tabak besonders, haben mir die Indianer im Yukon erklärt.

Die Nacht war kurz, wir müssen so schnell wie möglich raus und unseren Elch nach Hause bringen, denn eigentlich ist ja heute schon kein offener Jagdtag mehr und das Fleisch muss so schnell wie möglich ins Fleischhaus. Noch in der Dunkelheit fahren wir wieder an den Kahlschlag heran und müssen uns erst einmal einen brauchbaren Trail zu unserem Wild suchen und ausschneiden. Damit verbringen wir schon den halben Vormittag. Keines der Raubtiere hat sich an unserer Beute vergriffen und weil wir uns nicht zu lange im Wald aufhalten wollen, beschließen wir, den ganzen Elch mittels Elektrowinde auf den Hänger hinter Heinrichs Quad zu ziehen und erst zu Hause mit dem Zerwirken und Verarbeiten zu beginnen. Viel Schweiß, Hauruck, vor und zurück sind nötig, bis wir das Tier auf dem Hänger haben. Mit den Gurten zurren wir ihn fest, damit er uns nicht irgendwo in einem Graben wieder vom Gefährt rutscht. Und dann fahren wir langsam los. Dieses Mal darf ich voran fahren, ha, so eine Sondererlaubnis, weil ich wendiger bin mit meiner kleineren Maschine und auch die besseren Augen habe, wenn es darum geht einen fahrbaren Trail zu finden. Das ist doch das alte Training aus den österreichischen Bergen, wo man sich noch Weg und Steg oft selber suchen hat müssen. Anfangs geht es recht gut, wenn auch im Schneckentempo, aber Geschwindigkeitsrekord wollen wir ja eh keinen aufstellen. Dann kommt die tiefe Senke, runter geht's ja noch manierlich, aber hinauf? Der Gegenhang ist steil, sehr steil und rutschig, sehr rutschig. Eis und Schnee haben sich mit den alten vermoderten Blättern vermischt und bilden eine herrliche Rutschpartie. Obwohl Heinrich auf allen vier Rädern Schneeketten aufgezogen hat, schafft seine Maschine diese Steigung nicht, der schwere Anhänger bewegt sich keinen Zentimeter. Die Zugmaschine stellt sich vorne auf, wie ein Pferd, das sich aufbäumt und mit den Vorderhufen ausschlagen will. Gott sei Dank hat es sie nicht ganz umgedreht und Heinrich ist noch rechzeitig abgesprungen.
Die Angst, die ich da immer in mir habe, wenn ihm etwas passiert im Wald, wie bekomme ich diesen „Riesenlackl" (knapp 1.90 m groß) dann nach Hause? Neben ihm wirke ich wirklich wie ein Zwergerl (stolze 1,56 m!), darum kann ich immer nur beten, dass alles gut geht! Aber jetzt sind wir scheinbar am Ende unserer Weisheiten angelangt. Es geht nicht vor und nicht zurück, auf gar keinen Fall wollen wir aber den so mühsam verladenen Elch wieder abladen, irgendetwas muss uns doch noch einfallen. Die Winde auf meinem Quad, diese Winde muss jetzt einfach aktiviert werden und damit wollen wir versuchen, das doppelt, ja dreimal so schwere Gefährt vom Heinrich den steilen Hang hochzuziehen. Ich fahre los, bis ich umdrehen kann und stelle ich mich mit der „Schnauze" meines Quads an die Kante des Hanges. Wir lösen das Drahtseil, befestigen es vorne an Heinrichs Quad und die kleine Batterie fängt an die Winde zu bewegen.

Doch mein Quad stellt sich vorne auf, denn solche eine Last, die kann er nicht bewältigen. Aber noch ist es mit der Schlauheit meines Oberjägers nicht vorbei.

„Wir müssen deine Maschine so stellen, dass sie nicht abrutschen kann und sich nicht hochstellt. Fahr sie doch genau dort zwischen diese beiden Bäume, verkeilen wir sie hinter den Stämmen und versuchen es dann noch einmal". Gesagt getan, ich fahre meine Hummel ganz, ganz knapp zwischen zwei stabile Pappeln, wir ziehen das Drahtseil der Winde zwischen den Stämmen hindurch und befestigen es wieder an Heinrichs Quad. Einschalten, mit Ächzen und Stöhnen, Aufheulen und Protestieren bewegt nun die Seilwinde an meinem Maschinchen das fast tonnenschwere Gefährt des Partners. Millimeter, Zentimeter arbeiten wir uns den Hang herauf. Heinrich muss sich nun vorne auf seine Maschine stellen, damit der schwere Anhänger diese nicht eine Rolle nach hinten machen lässt, und wieder ein paar Zentimeter. Mein Quad bäumt sich richtig auf und will durch die Absperrung der beiden Stämme hindurch, das geht aber nicht. Einen halben Meter, noch ein Stückchen und noch eins und dann … dann greifen die Vorderräder des großen Quads den festen Waldboden am Ende des Hanges, langsam folgt der Hänger mit dem Elch, meine kleine Maschine braucht sich nicht mehr so aufzubäumen zwischen den Stämmen und schnurrt auch schon wieder etwas zufriedener. Geschafft, ja, ja, wir haben es wirklich wieder einmal geschafft!

Fragt sich nun der werte Leser, ob das nicht einfacher gegangen wäre? Na ja, vielleicht, wir hätten Nachbarn holen können, die uns helfen, wir hätten das Tier an Ort und Stelle zerlegen und stückchenweise nach Hause fahren können. Wir hätten … haben aber nicht, weil es uns ungemeinen Spaß macht, gewisse Situationen ganz alleine zu lösen, auch wenn wir einen komplizierteren Weg dafür einschlagen müssen. Im Gegenteil, das hält unsere grauen Zellen in Schwung und wir können richtig stolz auf uns sein. Auf diese Weise konnte dann der herrliche Elch in einem Stück wochenlang im kühlen Fleischhaus hängen, das Wildbret zart und fein und reif werden, sauber und ohne Schmutz zum Genussbraten heranreifen … Herz, was willst du mehr.

Wo sind die Karibus?

Traumtrophäe im Bast

Traumtrophäe … Traum von einer Trophäe

Seit meinem ersten Arbeitseinsatz im Yukon, vor vielen, vielen Jahren ist meine Traumtrophäe die eines Karibubullen in vollem Bast. Für mich gibt es nichts Edleres, Schöneres als so ein samtweiches, schokoladenbraunes, herrlich geformtes Geweih. Wenn es möglich wäre, noch mit zwei Vorschaufeln und vielen Enden an beiden Stangen, dann wäre ich im siebten Himmel. Und jahrelang wusste ich auch, dass ich an einem ersten August dort oben tief in den Bergen mit meiner Jagd beginnen müsste, denn dann sind die Geweihstangen schon voll ausgebildet und der Bast noch makellos erhalten. Aber wie das Leben einem eben so spielt, von manchen Dingen träumt man halt nur, oder noch ein wenig länger!

Am ersten August begann im Yukon die allgemeine Jagdzeit und damit für mich die arbeitsreichste Zeit im Jahr, für persönliches Vergnügen war da keine Minute mehr übrig. Und das bezog sich auf den gesamten Zeitraum, den ich im Yukon weilte. Natürlich ergab sich einmal die Möglichkeit spät im September auf eine Pirsch zu gehen, wenn der schlimmste Druck vorüber war, aber dann waren die Geweihe schon nicht mehr so makellos, die Bullen hatten längst mit dem Verfegen begonnen. Dann war das Interesse nur noch halb so groß und von meinem jagdlichen Ehrgeiz nicht mehr viel übrig.
Gemeinsam mit Heinrich sind wir einmal vor Jahren ganz hinauf in die North-west Territories gefahren, dort wo tausende und abertausende von Karibus in die Wintereinstände wandern, entlang des Dempster Highways und dann in die Berge rund um den Macmillan Pass. Hunderte Meilen einsamer Straßen ohne Versorgung, ohne menschliche Ansiedlung lagen vor uns. Wir hatten uns bestens ausgerüstet für diese dreiwöchige Safari, aber wie das Schicksal so spielte, außer traumhaftem Herbst und Winterwetter, atemberaubender Landschaft hatten wir nichts gesehen, aber auch gar nichts. Die Karibus, so hatte man uns dann in der Zivilisation erzählt, seien in diesem Herbst um zwei Wochen früher durch diese Gebirgstäler gezogen und würden sich alle bereits hinter der Yukon Grenze in den Täler der Nordwest Territorien befinden, wofür wir natürlich keine Jagdlizenzen hatten und die mit dem Wagen auch nicht mehr erreichbar waren. Dorthin hätte man sich einfliegen lassen müssen, was wir aber nicht wollten. Also blieb der Traum ein Traum, wurde aber nie so wirklich vergessen. Wann immer ich so eine Trophäe in die Hand bekam, um sie z.B. für den Abtransport in die Stadt zu verpacken, dann konnte ich nicht umhin. Ich streichelte gedankenverloren, fast zärtlich über das weiche, samt- und seidenweiche Fell des Bastes. Ich hatte mir die Ecke im Haus schon ausgedacht, wo ich sie hinhängen würde und nur schweren Herzen ließ ich so manches Prachtstück dann mehr oder weniger brutal an die Schwimmer des Wasserflugzeuges zurren, denn keiner der europäischen Jagdgäste legte Wert auf eine Trophäe im Bast und wenn sie noch so schön ist. Das entspricht nicht der jagdlichen Ethik in Europa, leider.

Vor drei Jahren ungefähr haben wir wieder einmal einen Anlauf genommen, um mir doch noch den Traum zu erfüllen. In British Columbien geht die Jagd auf Karibus entlang des Cassiar Highways mit dem 15. August auf und wenn ich Glück habe, dann kann ich vielleicht dort noch zu einem Bastgeweih kommen. Wieder wurde der Camper und Pick-up für eine kleine Expedition gepackt und ab ging es in den Norden. Diesmal blieben jedoch die Quads zu Hause, denn wir wollten uns vom Cassiar Highway zu Fuß in die Berge, in Richtug Spazzizi Nationalpark arbeiten und im Park ist das Fahren mit diesen Geländefahrzeugen verboten. Also, für unsere alten Tage eine ganz schön anstrengende Tour, die wir uns da vorgenommen hatten. Aber ohne Schweiß kein Preis! Die Fahrt über Smithers und die Hazeltons ging etwas langsam voran, denn Mitte August ist noch voller Touristenverkehr und die vielen riesigen Wohnwagen und Autos mit Bootsanhängern sind schwer zu überholen, wenn sie im Schneckentempo durch die Bergwelt kriegen. Aber auch wir sind auf Urlaub, auch wir sollen einen Gang zurückschalten und genießen, was das herrliche Land uns zu bieten hat. An jedem kleinen See, den wir uns als Rastplatz ausgesucht haben, stehen schon einige andere Fahrzeuge vor uns, stehen Zelte und schippern Boote auf dem Wasser. Ja, Kanada im Sommer ist ein beliebtes Ausflugsziel für viele Menschen aus allen Ecken dieser Welt, aber vor allem Europäer und auch viele Amerikaner, die „rubber tourists" wie wir sie nennen, also die „Gummi Touristen", weil sie sich eigentlich nirgendwo lange aufhalten, sondern nur den Gummi ihrer Autoreifen abfahren, um durchs herrliche British Columbien hinauf nach Alaska zu kommen.

Wir sind froh, als wir in der Nähe von Iskut dann von der Hauptstraße abzweigen und uns in Richtung Berge drehen. Die Straße entlang des Klappan Rivers ist eigentlich keine richtige Straße, es ist der befestigte Unterbau für eine Eisenbahnlinie, die man vor vielen Jahren von Prince George quer durch die Berge an die Küste bauen wollte, um alle Bergbaumineralien, sei es Kohle, Kupfer, Silber oder Eisen, weg von der Straße auf den Schienen billiger transportieren zu können. Aber der Regierung ging das Geld aus, oder sie wurde abgewählt und die Nächsten am Zuge hatten kein Interesse mehr. Wie dem auch sei, die Bahn wurde nie fertig gestellt und der alte Bahndamm ist eine beliebte Straße zum Jagen. In jüngster Zeit allerdings dürfen wir Weißen uns dort nicht mehr sehen lassen, denn seit es den Cassiar Highway gibt, ist diese alte Bahntrasse reines Indianerland. Vorher lebten die Indianer meistens an der Küste und nur wenige im Landesinneren.

Im Sommer 2009 war es besonders schlimm, da wurden Straßenbarrikaden errichtet, niemand konnte durch Iskut fahren, Autos wurden alle Reifen aufgeschlitzt, Wohnwagen und Campern wurden die Fensterscheiben eingeschlagen, eine fürchterliche Situation besonders für alle Nichtjäger, die einfach nur Urlaub machen wollten in dieser herrlichen Ecke des Landes. Die Polizei und Regierung hat sich von vornherein nicht eingemischt, mit der banalen Bemerkung, in einigen Wochen sei die Saison ohnehin schon wieder vorüber und dann kehrt ganz von selber wieder Ruhe ein. Ich möchte nicht wissen, wie die Weißen behandelt und bestraft worden wären, wenn sie sich ähnlich benommen und aufgeführt hätten, aber hier wird sicherlich nicht mit einem Maß gemessen und was die Indianer alles dürfen, darf ein junger weißer Kanadier noch lange nicht!

Aber in diesem herrlichen August war alles noch eher friedlich um Iskut und entlang des Klappan Rivers und wir wollten versuchen, soweit es eben ging, auf dieser Trasse in die Berge zu kommen und dann dort unser Hauptlager aufzuschlagen, um von dort in die Berge zu steigen. Wir waren noch nie in dieser Gegend des Landes gewesen, hatten wohl sehr gute Karten besorgt, aber als wir dann die Realität sahen und wie weit die Berge wirklich weg waren, wie schwierig der Marsch durch die morastigen Wiesen bis an den Fuß der Hänge alleine schon sein würde, geschweige denn dann der Aufstieg, da drehten wir auf der Stelle wieder um und wollten schon das Handtuch werfen. Zurück also nach Iskut, dann wieder Richtung Süden und weil uns eine ausgiebige Dusche gut tun würde, haben wir uns eine kleine Hütte am Campingplatz von Willow Creek gemietet. Die Vermieter, selber begeisterte Jäger, außerordentlich freundlich und sauber, wollten natürlich alles genau wissen. Woher wir kamen, was wir taten und was wir vor hatten. Einige Bierchen zischten an diesem Abend die Kehle hinunter und ein super Plan war geboren. Marc und Lisa waren selbst schon einige male hinter einem Karibu her gewesen, hatten auch schon ihr Jagdglück gehabt und verrieten uns jetzt, wie man es angehen müsste! Dankbar nahmen wir natürlich ihre Ratschläge an, brüteten gemeinsam über den Karten und machten unseren Schlachtplan.
Gleich hinter dem Campingplatz, aber von der Straße aus nicht einsehbar, geht ein alter Trapperpfad direkt steil in die Berge. Wahrscheinlich wird er ziemlich verwachsen und verwuchert sein, meinte Marc, aber so etwas konnte uns nicht abschrecken. Die Rucksäcke nur mit den notwendigsten Dingen bepackt, Lebensmittel auch nur auf Notration beschränkt, denn mehr als eine Nacht wollten wir nicht draußen bleiben. Und los ging's!

Rund um unser Anwesen sind die „Pirschpfade" auch alles andere als gemütliche Wanderwege, so kamen wir auf dem sehr gut ausgetretenen Trapperpfad recht zügig voran. Die Sonne war noch nicht aufgegangen, die Moskitos schliefen noch im nassen Gras und wir waren innerlich in einer totalen Hochstimmung, in menschenleeren Bergen endlich nach einer Traumtrophäe für mich zu suchen. Recht flott ging es also bergauf, die ersten Sonnenstrahlen streichelten zärtlich über die Gipfel, dass diese wie schamvoll erröteten, ein herrlicher, traumhaft schöner Tag kündigte sich an. In regelmäßigen Abständen machten wir Rast, um wieder voll und tief durchzuatmen, denn in den Bergen sind wir doch schon längere Zeit nicht mit Rucksack und Gewehr herum gestiegen. Aber es ging viel besser als ich dachte, unsere Grundkondition von der täglich doch schweren Arbeit half uns dabei ungemein. Die ersten Meilen führten uns entlang eines munter dahin rauschenden Baches. Unzählige, tiefe Wildwechsel zeigten uns, dass sich hier viele verschiedene Arten von Tieren ihren Durst zu löschen schienen. Wir sahen Elchfährten, Hirschsiegel und auch einige ganz dicke Bärentatzen waren dabei. Plötzlich brach auch vor uns etwas Schweres, Großes weg. Wir sahen nur einen riesigen, dunklen „Hintern", von dem wir annahmen, dass er einem Bären gehört. Die eher frecheren Maultierhirsche hoben nur die Äser aus dem Wasser, bestaunten uns mit ihren riesigen dunkelbraunen Augen und ließen uns ruhig vorbeiwandern. Dann kamen wir durch ein Stück Hochwald mit den herrlichsten Föhren und dicken Fichten. Der Boden war mit tiefem Moos bedeckt und eine Unmenge von Pilzen der verschiedensten Art wuchsen darin. Für deren Bestimmung an Genießbarkeit und dem eifrigen Sammeln für ein delikates Abendessen hatte ich aber im Augenblick keine Zeit. Jetzt galt es, so schnell und so hoch wie möglich in die Berge zu kommen und dann nach Karibus Ausschau zu halten. Unter den vielen verschiedenen Abdrücken entlang des Baches hatten wir auch etliche Trittsiegel dieser Wildart erkannt und wenn wir Glück hatten und ein durstiger Bulle unseren Weg kreuzte, dann wäre das Paradies perfekt.

Der kühle Schatten im Hochwald tat uns sehr gut, denn die Temperaturen steigen auch in den Bergen Mitte August noch auf 20 bis 25 Grad plus und wenn kein kühles Lüftchen weht, dann kann es schweißtreibend werden. Eine ausgedehntere Rast machten wir kurz vor Verlassen des Waldes. Noch in guter Deckung konnten wir die weiten, freien Almhänge nach Wild ableuchten, bis hoch hinauf in die Felsrinnen, wo die Schneeziegen leben und liegen, Ausschau halten, nach allem was da vom Tal her so herankommt.

Nun ging es in gemütlichem Zickzack den steilen Hang hinauf, aber wir wurden immer langsamer, immer öfter mussten wir stehen bleiben. Nein, nicht weil unsere Kondition nicht mehr mitmachte, nein, diese herrlichen Almmatten waren mit Blaubeeren und Preiselbeeren nur so übersät. Man konnte keinen Schritt machen, ohne nicht hunderte dieser herrlichen Früchte zu zertreten und so mussten wir uns ununterbrochen bücken und zupfen und naschen und wieder zupfen. Es war einfach kein zügiges Weiterkommen mehr! Ach, dieser unsagbar herrliche Geschmack dieser wild wachsenden Früchte! Keine Dünge- oder Spritzmittel, alles Natur pur. Man kann sich überfressen daran! Und doch sind wir ständig weitergewandert immer gegen Norden, hinauf in Richtung Kamm, von dort wollten wir dann eine genaue Erkundung des Geländes mit dem Fernglas machen und einen Plan für den nächsten Tag schmieden. Seltsam, dachte ich mir, wie ich so herrlich Schritt für Schritt durch die Büsche steigen kann und jetzt kaum noch auf Beeren trete, obwohl die Hänge bis hoch hinauf noch mit Sträuchern übersät sind und der Weg von Beeren „eingesäumt" ist. *„Schau mal, Heinrich, ich glaube wir sind wieder auf einem alten Trapperpfad oder Wandersteig, denn hier geht's wieder sehr bequem voran"*, sagte ich zu meinem Partner.

Bei näherem Hinsehen meinte der: *„Nein, weißt du was, wir sind auf einer „Grizzly Road"*, schau genau hin. Man kann jeden Fußtritt einzeln erkennen, es ist nicht wie ein

Steig, es sind die Abdrücke der tausend und abertausenden von Pranten, die immer auf dem gleichen Weg von den Bergen ans Wasser gewandert sind, immer in die selbe Spur tretend, seit Generationen, immer wieder der gleiche Pfad."

Wir beobachten nun den vor uns liegenden offenen Hang genauer und sehen ganz deutlich, wie sich ein Pfad durch das Gelände schlängelt, ein großer Fußabdruck vor und neben dem anderen, parallele Abdrücke, den Spuren eines Karrenweges gleichend. Und da vorne, über 300 m weiter oben am Grat, sehen wir einen blonden, silbrig schimmernden Bären auf diesem Pfad gemächlich über die Kuppe ins nächste Tal ziehen. Wir halten an, um das Schauspiel mit all unseren Sinnen aufnehmen und genießen zu können.
Den alten Trapperpfad, auf dem wir unsere Wanderung begonnen hatten, haben wir irgendwo im Hochwald verlassen, denn getrappt wird im Winter ja nur im Wald. Oberhalb der Baumgrenze findet sich kein Raubwild mehr, dem man eine Falle stellen könnte. Und das dicke braune Hinterteil, das vor uns am Bachufer wegbrach und durch die Büsche krachte, bergwärts, das war vielleicht das „beste Stück" von jenem Bären, den wir dort oben am Grat noch beobachten konnten. In seinen und den Spuren seiner Vorfahren sind wir also in die Berge gestiegen auf der Suche nach einem Karibubullen. Welch eine Geschichte, welch eine Tradition und Mystik sich rund um uns entfaltet. Oft nimmt es mir regelrecht den Atem, wenn ich so etwas erleben darf, bzw. nach Monaten wieder daran denke oder darüber schreibe. Das waren ja auch die wahren Gründe, warum ich meine Sicherheit in Europa aufgab, um diese stark emotionalen Momente als Mensch und diese unbeschreiblichen Sternstunden als Jägerin erleben zu können. In diesen Augenblicken erwacht das Kind in mir und ich würde am liebsten versuchen, auf allen Vieren in diesen ausgetretenen Prantenspuren zu wandern, mir ab und zu mit dem Mund eine Ladung köstlicher Blaubeeren zupfen, mich mit dem Wild auf eine Stufe zu stellen, um auszuprobieren, wie sie das machen und schaffen.
Den Heinrich darauf angesprochen, schüttelt der natürlich nur den Kopf und fragt nach meinem Alter.
„Haha, … wenn Ihr nicht werdet wie die Kinder …", geht es mir da durch den Kopf. Aber der schwere Rucksack, das Gewehr auf der Schulter, da vergehen dann solche Schnapsideen ganz, ganz schnell von selber wieder.

An diesem Abend schaffen wir es nicht mehr bis ganz zum Grat, schlagen unser Lager in einer windgeschützten Mulde einige hunderte Meter unterhalb auf und steigen nur mit Gewehr und Fernglas bewaffnet einige Meter zu einem einsamen Felsvorsprung. Von hier aus haben wir einen herrlichen Blick in die uns umgebende Bergwelt, zum kleinen See im Tal hinunter, ja bis hinunter zum Cassiar Highway können wir sehen. Aber vor allem liegt im Osten eine wunderbare Mulde und in dieser Mulde haben sich an die 25 Stück Karibus eingefunden und äsen friedlich. Unter ihnen erkennen wir drei

Bullen. Wie gut sie sind, können wir mit den Ferngläsern nicht so genau ansprechen, auf diese Entfernung ist das nur mit dem Spektiv möglich. Da die Sonne ohnehin gleich untergehen wird, verwerfen wir den Jagdgedanken umgehend. So spät noch eine Nachsuche auf ein beschossenes Stück Wild zu machen, kommt auf keinen Fall in Frage, das haben wir uns zum Gesetz gemacht. Also genießen wir den traumhaften Sonnenuntergang auf unserem Aussichtspunkt.

Die Tiere tun sich eines nach dem anderen nieder, um wiederzukauen, also werden wir sie ganz früh morgens auch noch in diesem Kar finden. Ich halte mir heimlich schon selbst die Daumen. Gekocht wird nichts, kein Feuer, kein Rauch hier oben, wir wollen „niemanden" auf uns aufmerksam machen. Ein paar mitgebrachte Müsliriegel und Tee aus der Kanne, das muss heute reichen. Schnell huschen wir in die Schlafsäcke und hoffen, dass einen die ach so müden Glieder auch wirklich einschlafen lassen.

Mitte August sind die Nächte so hoch im Norden noch relativ kurz. Gegen drei Uhr morgens ist es wieder hell genug, dass wir unsere Sachen einpacken und weitermarschieren können. Die Nacht war kalt und ungemütlich, weil halt so eine sich selbst entfaltende Matte für ältere Semester auf hartem Gestein nicht so ganz bequem ist wie vor 40 Jahren! Das Lager bleibt wie es ist, wir nehmen wieder nur die Waffen, Ferngläser und diesmal das Spektiv mit, damit wir genau sehen, was wir auch sehen wollen und zu sehen hoffen! Schnell sind wir auf unserem Aussichtsfelsen und bei leichten Minusgraden steht der Atem wie eine kleine Wolke vor dem Mund. Der Himmel ist wolkenlos und in wenigen Stunden wird uns wieder der Schweiß von der Stirne rinnen! Das Rudel Karibus hat sich über Nacht keinen Meter bewegt, faul und verschlafen liegen sie noch in diesem stillen Kar und haben keine Ahnung von unserer Anwesenheit.

Heinrich baut das Spektiv auf und wir beginnen die Häupter der würdigen „Herren" da unten genauer unter die Lupe zu nehmen. Zwei werden gleich einmal abgehakt, die sind wirklich zu klein, selbst für mich. Diese jungen Tiere sollen die Zeit haben, ein stärkeres Geweih zu schieben. Einer ist dabei, der ist recht interessant, er hat zwar keine Doppelschaufel nach vorne, was diese Woodlandkaribus auch sehr selten haben, ist auch nicht sehr weit ausgelegt, was meinem Platzmangel in der Wohnung zu Gute kommen würde, hat aber viele, viele lange Enden und eine dicke, imposante Vorschaufel. Die Stangen stehen eng, sind aber hoch und der Bast ist noch fast unverletzt, nur an zwei Enden und an der Vorschaufel hängen schon ein paar blutige Lappen nach unten, wenn der Präparator das „flicken" kann und so wie es sich darstellt, müsste er es können, dann wäre hier der Traum und es liegt nun an mir, diesen lange gehegten Wunschtraum in Wahrheit umzusetzen. Wie gesagt, noch liegen sie alle, noch haben sie keinen Wind von uns, noch sind wir im Vorteil.

Wir besprechen die Entfernung, die Position und ich richte mir eine gute, solide Auflage von der aus ich auf dem Bauch liegend, „wie in einem Schraubstock" meinen Schuss abgeben könnte, wenn alles funktioniert wie geplant. Geladen, gesichert ist das Gewehr, immer wieder mache ich Zielübungen auf das majestätische Tier, aber ich will, ich muss warten, nach waidmännischem, ethischem Verhalten, bis sich der Herr da unten bequemt aufzustehen, doch damit scheint er wirklich keine Eile zu haben. Die Damenwelt und die Kälber kommen einzeln hoch, lösen sich und beginnen dann genau in unsere Richtung mit dem Äsen. Gemütlich, Schritt für Schritt, zwischendurch halten sie inne, um die Kälber zu säugen und dann wird weiter gebummelt. Die zwei jüngeren Bullen schließen sich bald an, der „Halbstarke" auch, nur er, er hat alle Zeit der Welt. Ich fange schon langsam zu schwitzen an, aber vor Aufregung. Ich suche mein Wild immer wieder im Zielrohr, hab das Kreuz genau dort wo ich es haben will. Wenn er doch nur ENDLICH auf die Läufe käme. Die Sekunden werden wie Stunden, wenn man so einen großen Augenblick vor sich hat. Wie viele Jahre wünsche ich mir eigentlich diese Trophäe schon? Seit dem ersten Sommer im Yukon, das sind, man mag es gar nicht glauben, 16 Jahre her! Wirklich schon so lange? Manches Mal kommt es mir vor, als wäre ich vor wenigen Tagen erst eingewandert, weil eben so unendlich viel geschehen ist in diesen Jahren. So viel Abwechslung in der Arbeit, die vielen verschiedenen Menschen denen ich begegnen durfte, die Landschaft, die vor allem in all ihrer Pracht und Schönheit und vor allem Einsamkeit, tief, sehr, sehr tief unter die Haut gegangen ist. Ja, die Entscheidung war richtig und ich habe in der zweiten Hälfte meines Lebens mehr erlebt, als so manch anderer nicht einmal träumen kann.

Und jetzt hören wir ein Flugzeug starten, gleich unter uns, da am Tatogga Lake, am Rande des Cassiar Highways. Ein Wasserflugzeug, das mit Vollgas in die Höhe geht und in unsere Richtung fliegt? Wirklich in unsere Richtung ? Mensch, steh auf, du alter Faulsack, beeil dich und heb deinen Hintern! Oder soll ich doch versuchen auf das liegende Stück zu halten? Wo sind die Vorderläufe? Wie hat er sie unter sich verbogen? Wo ist der Nacken? In welche Richtung äugt er denn? Nein, und noch einmal nein, das mache ich wirklich nicht, steh auf, du Miesling, ich warte doch schon 16 Jahre auf dein Geweih! Die Maschine kommt wie eine lästige Hornisse immer näher. Es werden Biologen sein, die wieder einmal auf Zählung von Wildschafen und Karibus sind, oder einheimische Jäger, die sich einen Flug in die Berge leisten können oder der benachbarte Outfitter im Spatsizi bekommt eine Ladung neuer Gäste? Was solls, die Maschine kommt näher über den Wald, über die Matten und der Bulle liegt noch immer. Heinrich, was mach ich denn jetzt? Aber bevor da noch eine schlaue Antwort kommt, saust das Flugzeug über unsere Köpfe weg, im Tiefflug, wie eine Stukker aus dem Weltkrieg, der Pilot erspäht die Karibus in der Mulde, dreht eine Runde, alle Tiere springen hoch, in Windeseile rasen sie in verzweifelter Angst eine Runde durch das Kar, über den Grat und weg sind sie! Und mitten drinnen auch ER, verdammter, dreimal verdammter Mist!
Ja, so kann es einem auch ergehen, im Paradies der Jäger. Das Wild ist zum Greifen nahe für fast eine Stunde, und dann? Husch, weg ist der Spuk, die Wände, die Mulden, die Kare leer gefegt, als ob es kein einziges Stück mehr in den Bergen gäbe. Alles totge-

schossen, nichts mehr übrig, alles vertrieben, das sind dann oftmals die Kommentare der enttäuschten Auslandsjäger, wenn sie als Schneider nach Hause fliegen müssen. Aber glauben Sie mir, wir haben wirklich noch genügend Wild in British Columbien, es gilt eben es zu finden, und wenn man das getan hat, unter Aufwendung aller Kräfte, dann muss auch noch der rechte Schuss hinaus, dann sollte kein Flugzeug unterwegs sein, oder ein Motorboot oder ein Holzabfuhrfahrzeug. Dann sollte der Schuss so schnell wie möglich draußen sein und auch sitzen!

Habe ich mir alles selber verbockt? Wahrscheinlich, sicherlich sogar, weil ich eben doch noch zu viel Europäerin bin. Ein Einheimischer, der hätte hingehalten, mitten drauf auf den braunen Fleck, der da so an die 300 Meter halb verschlafen in der Grube lag. Irgendwann, dann werde ich mich auch ändern müssen. Jetzt kann ich mich an meine gute Erziehung aus Europa an diesem Morgen allerdings nicht mehr so gut erinnern, schüttle die Fäuste und sende dem „Brummer" etliche saftige Flüche nach, aber ändern tut das natürlich auch nichts, aber mir ist die Seele ein wenig leichter. Nach 16 Jahren war der Traum zum Greifen nahe und dann doch wieder nicht!

Wir packen unsere Siebensachen ein und schauen uns Abschied nehmend nochmals um. Dies ist schon ein ganz paradiesisches Stückchen Erde, da in den Bergen rund um den Nationalpark Spatsizi, und weil es sich hier um einen Park handelt, wird sich auch in Zukunft hoffentlich nicht viel ändern. Ob wir es noch einmal schaffen werden, hier herauf zu kommen, so zwischen Himmel und Erde eine Weile zu verbringen? Das steht in den Sternen.

Trotz allem fahren wir nicht leer nach Hause. Wir nehmen die unglaublich schöne Natur, die wunderbaren Momente in den Bergen, die sagenhaft schöne Landschaft tief in unserem Herzen, in unserer Seele mit. Diese Augenblicke, diese Schönheiten, die Einsamkeit in der riesigen Bergwelt, das hat sich tief in uns eingebrannt. Davon werden wir noch lange, lange zehren, uns daran erinnern und immer wieder darüber erzählen. Die Erinnerung ist unsere Trophäe aus diesem Abenteuer, wenn auch kein Geweih an der Wand hängen wird. Die Bilder, die Stimmung, sie haben sich unauslöschlich in unser Gehirn eingebrannt.

Vielleicht aber kommen wir schon im nächsten Jahr wieder her, vielleicht auch nie wieder, was soll es. Es war gut so wie es war. Es war wunderbar, so wie es war. „Der letzte Tupfen auf dem I" hat halt noch nicht sein wollen. So sehe ich eben meine „Schneiderausflüge" im Jagdparadies Kanada!

Traumtrophäe

Grizzly auf der Suche nach frischem Grün

Grizzly im Frühling

Und weil es da oben in den Bergen entlang des Cassiar Highways wirklich wunderschön war, einsame Ecken, noch einsamer als sonst wo zu finden sind, fuhren wir im kommenden Frühling gleich noch einmal in dieses Gebiet. Wer hätte davon geträumt, man meint für immer Abschied nehmen zu müssen von einer herrlichen Landschaft, führt einen das Glück doch nach wenigen Monaten wieder dort hin. Das kam so: Heinrich hatte im Losverfahren „Limited Entree" ein Los für den Abschuss eines Grizzlybären im Frühling gewonnen. Wir hatten uns das Gebiet entlang des Cassiar Highway ausgesucht, denn die Erfolgsrate dort gezogen zu werden, war sehr hoch. Hubertus oder Diana, oder beide, waren uns hold und so fuhren wir Mitte Mai wieder los. Dieses Mal ließen wir allerdings den Camper zu Hause, denn wir wollten uns wieder eine kleine Hütte am Campingplatz von Willow Creek mieten. Dort hatte es uns sehr gut gefallen. Alles war sauber und gemütlich und Marc und Lisa waren uns als nette Gastgeber ebenso vertraut wie das Gebiet. Es lag noch viel Schnee in den Bergen, aber entlang der Bäche und Flüsse zeigte sich das erste Grün und auch die Gänse waren schon in den Norden aufgebrochen. Einer alten Sage nach sollen diese den Grizzly mit ihren Rufen aus dem Winterschlaf aufwecken, so waren wir voller Hoffnung. Die Fahrt verlief zügig und problemlos, weil wir Einheimischen zu dieser Zeit fast die Einzigen waren, die diese Straße befuhren. Außer ein paar schweren Lastzügen mit Gütern nach Stuart und Hyder Alaska oder auch direkt in den Yukon war kein Tourist unterwegs – auf Hunderten von Kilometern nur wir und die unendlich weite Natur.

Immer wieder machten wir unterwegs Halt, um die ersten aperen Südhänge abzuleuchten, ob da nicht irgendwo ein Bär die ersten Triebe von Löwenzahn oder Weidenröschen erntet. Nicht selten findet er entlang der alten Lawinenkegel auch Überreste von toten Hirschen, Schneeziegen oder Elchen, die der plötzlich abgehenden Lawine nicht entkommen waren. Auf so einem Kegel fanden wir dann auch wirklich unseren ersten Grizzly, faul auf dem Bauch in der Sonne liegend. Zuerst glaubten wir, es sei ein Baumstamm, aber bei längerem genauen Hinsehen mit dem Spektiv konnten wir feststellen, dass es sich um einen stattlichen „Silbertip" handelt. Er war jedoch zu hoch oben, zu weit weg, unmöglich an den heranzukommen. Er lag da oben wie auf einer Aussichtswarte und hatte sicherlich jede Bewegung unten im Tal beobachtet. Die Faulheit trügt. Alle seine Sinne sind zwar noch ein bisschen langsam nach dem Winterschlaf, aber dennoch vorhanden! Von Zeit zu Zeit setzt er sich auf und reibt sich den Rücken am Baumstamm, dann wieder rollt er sich wie ein kleiner Hund, alle Viere in die Höhe gestreckt, über den Schnee. Wahrscheinlich sind die Flöhe in seinem Pelz schon aufgewacht und das lästige Ungeziefer sucht er loszuwerden. Stundenlang hätten wir ihm zusehen können, aber wir wollten noch vor Dunkelheit in unserer kleinen Hütte sein und vielleicht noch eine kurze Abendpirsch einlegen.

Wenige Kilometer vor Willow Creek hatten wir dann nochmals Anblick. Wir sahen einen Grizzly gemütlich entlang des Flussufers wandern, auf der Suche nach dem ersten Grün und vielleicht Resten von verendeten Lachsen, die im Spätherbst in den Seitenarmen des Stikin Rivers ablaichen und dann verenden. Auch er hatte alle Zeit der Welt, nur ich nicht.

Ich murre: *"Mensch Heinrich, den solltest Du doch gleich schießen, du weißt doch, wie selten man einen Graubären zu Gesicht bekommt."*

Morgen kann das Wetter ganz anders sein, die ganze Woche kann es total schlecht sein und wir sehen nichts mehr. Manchmal geht das Jagdfieber mit mir durch, und dann denke ich mir, was ich hab', das hab' ich, wer weiß wie es morgen ausschaut.

Heinrich aber hat die Ruhe weg. Gott sei Dank, ist ja auch seine Jagd und er sagt: *"Kommt gar nicht in Frage, so in Stadtkleidung und vom Straßenrand aus, da erlegt man kein so edles Tier, wir werden schon noch Glück haben."*

Ja, diese Ruhe, diese „Gestandenheit", die möchte ich manches Mal haben, ich hoffe ja, dass sie mit dem Alter kommt, aber bis dahin hab' ich noch eine Weile, wie es scheint. Aber wir schießen viele Fotos, denn es ist so ein herrliches Licht zwischen den Büschen mit ihrem neuen, zarten Grün und dem ersten gelben Löwenzahn, da schaut der Bär schon sehr, sehr fotogen aus.

Die kurze Strecke zum Campingplatz war dann auch schnell zurückgelegt, obwohl die seinerzeit noch nicht asphaltierte Straße vom Winter her riesige Schlaglöcher aufwies und man sich wie auf einer Geländefahrt vorkam. Marc und Lisa begrüßten uns herzlich. Da wir die einzigen Gäste waren, bekamen wir auch die einzige Hütte mit Fensterscheiben, die obendrein mit einem Ofen ausgestattet war. Die anderen Hütten sind alles nur sogenannte „Sommer cabins", die Fenster ohne Scheiben sind nur mit einem Fliegengitter versehen und ohne Holzöfen. Außer einem stabilen Dach und vier Wänden haben diese Cabins nicht viel zu bieten. Die Betten sind ohne Matrazen und sehr spartanisch ausgestattet. Aber vielen sind sie doch lieber, als ein dünnes Zelt, das durch Pranten und lange Klauen schnell Risse bekommt.

Wir quartieren uns gemütlich ein, tauschen unsere Reisekleidung gegen die Jagdklamotten und machen die ersten Pläne. Heute gehen wir nicht mehr hinaus, oder aber doch, oder nicht?

Ich drängle: *"Ja, bitte schon noch."*

"Lass' mich erst einmal verschnaufen und eine halbe Stunde ausruhen."

"Das kann man aber auf einem Felsen über dem Flussufer doch auch, ausruhen, während man mit dem Fernglas schaut und schaut und schaut, oder ist das nicht ausruhen?"

Ich werde ein wenig zappelig, weiß ich doch, wie schwierig es so mancher Gast aus Europa hat, zu einem Grizzly zu kommen. Das gilt nicht nur für die Ausländer, nein, für alle ist es schwierig, weil es ein so schlaues Tier und ein Meister des Versteckspiels ist. Er hasst unseren Geruch wie wir die Pest und hält sich so weit von den Menschen fern wie es nur möglich ist. Er ist ein Zivilisationsflüchter, im Gegensatz zu seinem schwarzen Bruder, der sich immer mehr und mehr an die Menschen gewöhnt und es herrlich praktisch findet, so einen gedeckten Tisch wie zum Beispiel eine übervolle Mülltonne zu finden und zu zerlegen. Der wird immer frecher und wandert sogar schon in die Vororte von Vancouver, plündert nicht nur Mülltonnen, sondern greift auch Menschen in den Vorgärten an, die da friedlich ihre Radieschen pflanzen. Einfangen und Ausfliegen probiert man schon, hilft aber nicht so gut wie eine gut platzierte Kugel! Ruhe ist!

„Vielleicht sollten wir das herrliche Wetter doch noch nutzen und eine kleine Runde fahren und gehen, Heinrich, ja, bitte!" Er kann eh nicht nein sagen, weiß er doch selber, worum es geht! Also bewaffnen wir uns und fahren endlich in unserer Alltagskleidung eine kurze Strecke zurück in Richtung Spectrum Range. Dort geht der alte Telegraph Trail ab, der sich durch die Berge hinunter nach Telegraph Creek und Glenora schlängelt. Jetzt ist er allerdings schon längst verwachsen und wird nur von Jägern und wenigen Wanderern benutzt. Er quert den Nationalpark des Mount Edziza mit seinen alten Lavakegeln und Lavafeldern, aber im Park kann nicht gejagt werden. Wir wollen auch nur bis an die Kante von der aus man einen herrlichen Blick auf den kleinen Fluss hat und von dort ins nächste Tal. Das erste Grün des Jahres zeigt sich ja bekanntlich immer entlang von Bächen und Flüssen und hier findet man dann auch die Bären, die nach dem Winterschlaf ihre Verdauung mit allerhand Grünzeug wieder in Gange bringen müssen.

Der Burrage Creek mündet hier kurz unterhalb in den Iskut River. Die Straße ist an dieser Stelle besonders breit ausgebaut, weil sie auch als Landebahn für kleinere Flugzeuge zum Beispiel bei Unfällen verwendet wird. Wir stellen unseren Wagen ab, gehen die wenigen Meter in den Busch hinein und sind auch schon verschwunden, die Wildnis hat uns verschlungen. Der Trail ist so stark zugewuchert und verwachsen, dass wir nur sehr mühsam vorwärts kommen. Uns jedoch ist es recht, zeigt es uns doch, dass kaum Menschen vor uns hier waren. Ein flacher, noch sonnenwarmer Felsen bietet einen herrlichen Aussichtssitz und dann versinke ich in die Natur, diese bezaubernde Landschaft und die Zeit bleibt stehen. Das ist für mich das Schönste am Jagen. Jetzt kann aller Stress abfallen, jetzt kann die Zeit wirklich stehen bleiben. Das wäre zu diesem Zeitpunkt auch gut so, denn die Sonne taucht schon langsam hinter den Bergen ab.

In diesem Moment sehen wir eine Bewegung unten am Fluss. Zwei, nein drei dicke Bären bummeln gemütlich das Ufer entlang. Vor allem haben es ihnen die vollaufgeblühten, süßen Weidenkätzchen „Pussywillows" angetan. Sie biegen sich die höheren Äste herunter und ernten eines nach dem anderen. Eine Grizzlymutter mit zwei sicherlich bereits dreijährigen Jungen ist dort unten unterwegs. Die lässt wahrscheinlich keinen anderen Bären in ihre Nähe und wir werden uns eine andere Ecke suchen müssen. Begeistert von diesem herrlichen Anblick machen wir uns auf den Heimweg und nun kann endlich Ruhe einkehren. Ich habe meine Schaulust, meine Gier nach Erlebnissen, nach Anblick von edlem Wild, gestillt. Dafür stelle ich dann in Windeseile ein leckeres Abendessen auf den Tisch und bald wird das Licht in unserer Hütte ausgedreht.

Man muss nicht zu den großen Frühaufstehern gehören, wenn man zur Frühjahrsbärenjagd geht. Die Bären selber haben nicht viel Energie zu verschenken, der Winter war lange und sie haben sicherlich mehr als ein Drittel ihres Körpergewichtes verloren. Die Nächte sind kalt und zehren an den wenigen Fettreserven die sie noch haben, daher stehen sie auch später auf, wenn die Sonne schon hoch am Himmel steht und ihnen den Pelz aufgewärmt hat.
Aaaaaaahhhhhhhh, das tut auch einem alten Bären gut !

Der nächste Tag kam mit dicken Wolken und etwas Nebel herauf, so hatten wir keine Eile uns in Aktion zu werfen. Bis mittags wird sich die Sonne durchgesetzt haben und die Nebelschwaden werden verschwunden sein. Wenn uns die Wolken keinen Regen von der Küste bringen, dann kann es ein recht angenehmer Jagdtag werden. Diesmal wollen wir uns südlich von Iskut und den etwas aggressiven Indianern halten. Warum sollten wir Ärger heraufbeschwören, wenn es anders auch geht. Rund um Willow Creek und von dort nach Süden, Richtung Bob Quinn ist die Landschaft genauso schön und einsam, vielleicht ist sie noch einsamer, weil nur wenige staatliche Straßenarbeiter dort leben. Der alte Telegraph Trail, wie gesagt bereits sehr verwachsen und stellenweise kaum noch wahrnehmbar, bietet immer wieder gute Möglichkeit zu pirschen. Unterhalb des Burrage Creek zieht sich die riesige Fläche des Iskut Burn. Dort hat vor vielen Jahren ein riesiger Waldbrand gewütet und mittlerweile sind die kahlen Flächen von unzähligen Büschen bewachsen. Im Herbst ist es der beste Sammelplatz für köstliche Blaubeeren, jetzt im saftigen Grün der frischen Triebe der Weidenröschen, Schachtelhalme und des Löwenzahns. Weidenbüsche mit ihren Kätzchen laden zum Festschmaus ein und dort werden wir uns in den nächsten Stunden einmal ansetzen und schauen, wer da so zum Mittagessen kommt.

Schwarzbären gibt es entlang des Cassiar Highway in unglaublich großer Zahl, wie Schafe weiden sie die Straßenränder ab und lassen sich auch von den riesigen Lastwagen, die lautstark große Staubwolken hinter sich herziehen, nicht stören. Wir beobachten eine Mutter mit drei Kleinen und dann sind da jede Menge Jungbären, die zum ersten Mal jetzt ihre Futterplätze suchen müssen, weil die Frau Mama auf Liebespranten unterwegs ist und sie nicht mehr brauchen kann. Nach so ca. 20 Stück geben wir das Zählen und Fotografieren auf, wir wollen uns ja diesmal auf einen Grizzly konzentrieren, obwohl ich auch einen Zimtbären – die schokoladenbraune Abart des Schwarzen – mitgenommen hätte, wäre einer auf der Bildfläche erschienen. Grizzly haben wir auf dem Burn keinen gesehen, wahrscheinlich ist der viel zu offen und bietet zu wenig Schutz für diese vorsichtigen Tiere, Schwarze waren zur Genüge da, aber keiner, den man hätte haben „müssen". Das wohlverdiente Mittagsschläfchen konnten wir dann doch im warmen Sonnenschein am Rande des Kahlschlages verbringen und gegen Abend zog es uns wieder mehr in Richtung der Flüsse. Aber auch hier war nichts zu finden, so fuhren wir gemütlich entlang der Seenkette, Kinaskan Lake, Tatogga Lake und Eddontenajon gegen 40 Mile Flats. Hier gibt es eine gut ausgerüstete Werkstätte, man kann tanken und es gibt einen Abschleppservice, gut zu wissen, wenn man so weit von zu Hause entfernt ist.

In der gemütlichen Blockhütte am Tatogga Lake gab es ein uriges Abendessen und kurz nach Sonnenuntergang waren wir wieder zu Hause. Jeder Mensch erzählte uns Geschichten von den vielen Grizzlybären, die sie heute schon gesehen hatten, dort und da, da wäre es besonders interessant, aber wie genau man dort dann auch hinkäme, dass wüssten sie auch nicht. Also was macht das fremde Weißgesicht? Es sucht sich seinen eigenen Weg und macht es auf seine altbewährte, gute europäische Methode. Jetzt und hier, da kann man nicht herumpirschen und nachschauen wo ein Bär rennt, da hat man das Nachsehen. In Zeiten wie diesen muss man ein geduldiges Sitzfleisch haben, sich eine besonders einladende Stelle aussuchen und dann sitzen, und warten und beobachten und sitzen bleiben, bis er, es sollte, müsste schon ein ER sein, vorbeikommt. Unser Kalender hatte keine anderen Termine für die nächsten 10 Tage vorgesehen, also wollten wir diese voll ausnutzen. Das Wetter hatte halt mitzuspielen, denn im zeitigen Frühling können noch Schneestürme und die ersten Regengüsse vom Meer über die Berge kommen. Dann bleiben in diesem Tal die Wolken hängen und nur ein starker Wind kann alles wieder ausfegen. Das wollen wir aber nicht heraufbeschwören, daher wurde vom Wetter gar nicht geredet – aus, punktum!

Auf vielen alten Forststraßen durchfuhren wir die Landschaft, einige Male sahen wir hoch oben am Rande der Schneefelder Grizzlys, die sich sonnten oder nach Fallwild gruben, aber das war alles außer unserer Reichweite. Stark besucht war ein kleines Sumpfloch, in dem der Stinkkohl bereits zu treiben und blühen begann. Diese saftigen Blätter werden von den Bären beider Arten sehr gerne angenommen. Einen langen Abend saßen wir dort, starrten ins schwarze Wasserloch und nichts bewegte sich. Aber wir waren ja erst vier Tage unterwegs.
„Keine Eile, keine Hektik, wir werden schon Glück haben", hat der große weiße Hunter gesagt, als ich ihn am ersten Tag zum Schuss drängen wollte. Ich denke mir schon, Mensch, hätten wir diese Chance doch nicht vorüber gehen lassen, aber es ist nicht meine Jagd und Heinrich ist so sicher, dass es noch klappen wird, genießt die Ruhe hier und die aufregende Landschaft, also wer bin ich denn, ihm da ständig in den Ohren zu liegen.
Für einen von der Waterkant, einen Flachlandindianer aus Norddeutschland, da sind diese mächtigen Berge der Coast Moutains schon ein gewaltiger Anblick. Wir in Österreich haben ja selber die Alpen mit ihren Gletschern und Felsschrofen, für mich ist das nicht so aufregend, aber er hält schon öfter einmal seinen Atem an, wenn wir um eine Kurve biegen und da liegt ein riesiges Eisfeld vor uns und das Bewusstsein, dahinter das Meer!

Kurz unterhalb von Willow Creek geht nach Osten der Eastman Creek ab, ein kleiner Bach eigentlich nur, der nach einem sehr berühmten Großwildjäger benannt wurde, George Eastman, und dort gibt es einen kleinen Rastplatz zum Picknick machen. Diesen suchten wir gleich morgens auf und wanderten so gut es ging das Bachufer entlang. Und plötzlich dann stand er wirklich vor uns. Der Grizzly, der Gesuchte, nicht weit, gleich in den Weiden am Ufer, vielleicht 100 bis 150 m. Nun total gespannt, erstarrt schauen wir uns an. Ja, das wird es werden, der ist der Gesuchte. Auch ich nehme mein Gewehr und meinen Fotoapparat und will versuchen, alles in Bildern festzuhalten. Zur Sicherheit eine zweite Waffe schadet bei diesen Tieren nie. Langsam, ganz langsam, im Zeitlupentempo schleichen wir durch die Büsche dem Bären entgegen.

Der hat von uns noch keine Ahnung, frisst gierig am frischen Löwenzahn und vor allem an Schachtelhalmtrieben. Dann muss er aber doch etwas „gespannt" haben, nimmt das Haupt hoch und hat uns schon … Da kracht es auch schon aus der dicken 9.3 x 74 R Blazer, ich krieg den Fotoapparat nicht wirklich ans Auge, weil ich so schauen muss. Den Bären hebt es aus, er springt mit einem riesigen Satz in unsere Richtung – der Grizzly kommt immer, der Schwarzbär kommt nimmer. In der Luft macht er einen zirkusreifen Salto, in diesem Moment kracht auch schon der zweite Schuss aus der vertrauten Doppelbüchse. Volltreffer im Flug, obwohl der erste Schuss schon tödlich war, und dann stürzt der verendete Bär keine 5 Meter neben uns auf die Wiese und liegt mit seinen Pranten fast auf meinen Stiefeln. Da habe ich mir, wie man so sagt, fast in die Hose gemacht. Das war einfach zu nah, viel zu nah! Mein Gewehr hätte ich genauso gut daheim lassen können, so schnell hätte ich nicht reagieren können, um noch einen Schuss anzubringen. Die Fotos stammen dann nur von dem erlegten Bären!

Wer hätte sich das gedacht – so eine Kraft in diesem Tier. Der Satz, den es nach dem Schuss machte, war mehrere Meter weit, aus dem Stand, in die Luft, der Überschlag war zirkusreif und hätte ich nicht einen so sicheren, wunderbaren Schützen an meiner Seite gehabt, dann weiß ich nicht, wo heute mein Scheitel säße! Wenn es überhaupt noch etwas zu frisieren gäbe.

Ja, und plötzlich war es das. Aus mit dem Suchen, dem Finden, dem Anpirschen. Weg mit der Spannung, der Vorfreude, der Ungewissheit. Da liegt er nun vor uns und sieht so harmlos aus! Wir beide sinken in die Knie, weil uns die Anspannung, das Erlebnis der letzten Minuten einfach fast umhaut, und bevor es einen so richtig auf den Allerwertesten setzt, da sinkt man dann doch lieber auf die Knie und hält den Atem an. Nichts ist es mit Hurra und Horrido, mit herumschreien und sich auf die Schultern hauen. Stille, fast andächtige Stille legt sich über diese Szene. Wir beide wissen, dass wir so schnell nicht wieder so eine tolle Jagd erleben werden. Einen Grizzly zu strecken, das ist schon etwas ganz Hohes, das geschieht einem nicht jeden Tag. Und wenn ich auch nur Zuschauer bei dieser Jagd war, so war ich doch mittendrin, fast zu nahe am Geschehen, möchte ich meinen.

Nach guter deutscher Jagdtradition mit Bruch und letztem Bissen (der Gott sei Dank nicht ich war), der Danksagung, die jeder auf seine Art ausdrückt, kann die rote Arbeit beginnen. Aber vorher müssen wir noch jede Menge Bilder machen, müssen uns langsam bewusst werden, dass wir wirklich und wahrhaftig einen Grizzly da vor uns liegen haben. Ich verdrücke mich in die Büsche und lasse Heinrich mit seiner Totenwacht allein, während ich schon recht kanadisch, in Indianertradition ein paar Zigaretten zerbrösel und als Dankopfer an die Mutter Erde für ihr Kind in die Winde streue. Ja, sie hat uns eines ihrer tapfersten und härtesten, intelligentesten, ausdauerndsten und heimlichsten Kinder gegeben, für den Bruchteil einer Sekunde, waren wir Menschen schlauer und schneller.

Vor dem Fotografieren reinigen wir mit besonderer Sorgfalt das silberglänzende Fell, schlagen das Tier fast schweigend aus der Decke. Mir sitzt noch das Erlebte zu sehr in den Knochen, Mensch, so knapp neben mir ist er gelandet! Heinrich ist sich selbstverständlich auch der Situation bewusst und wahrscheinlich recht dankbar für die vielen, vielen Stunden, die er jährlich am Schussplatz verbringt, sich seine Patronen selber lädt, einfach ein Schütze höchsten Ranges ist.

Ohne seine Sicherheit und Schnelligkeit, … ich möchte gar nicht weiter denken. Der Kern darf laut Gesetz im Wald liegen bleiben, wir schlagen die Decke ordentlich zusammen und tragen das schwere Bündel an einem Ast über die Schulter hängend den Bach entlang zum Auto zurück. Langsam fahren wir in unser Camp und werden dort schon von den beiden Gastgebern erwartet.

Sie hatten die Schüsse gehört, in dieser absoluten Stille, in dieser Weite, da trägt der Schall über viele, viele Kilometer. Sie wussten, dass wir etwas mitbringen würden. Was jedoch, war die große Frage. Und als wir dann die Bärendecke auf dem Rasen ausrollen, da kommt dann erst die laute Freude auf, da klopfen sich die Männer gegenseitig auf die Schultern, da wird gelacht und umarmt, die Herzlichkeit ist groß und echt bei Marc und Lisa.

Auch in uns löst sich die Spannung und wir beginnen zu strahlen, bis über beide Ohren und können fast nicht mehr aufhören von unserem Erlebnis zu erzählen. Da wir bereits am nächsten Tag nach Hause fahren werden, brauchen wir das Fell nicht einzusalzen, die Pranten und den Schädel nicht auslösen, alles kommt nach der Inspektion bei den Wildhütern gleich zum Präperator und erspart uns viel Arbeit. Heute ziert das wunderschöne Fell unser Wohnzimmer und erinnert uns immer an diese großartige Jagd.

Der Grizzly fühlte sich offensichtlich gestört und griff an ...

Glück muss der Mensch haben

Marc und Lisa leben schon lange in dieser Ecke von British Columbien, jagen selber sehr gerne und haben viele Jäger unter ihren Gästen. Natürlich gibt es dann auch unglaubliche Geschichten zu erzählen, die ich ungerne hinterfrage, weil eine herrliche, dicke Lüge am Lagerfeuer unterhaltsamer ist, als eine langweilige Erzählung, auch wenn sie noch so wahr sein sollte.

Fährt man von Willow Creek den Cassiar Highway in Richtung Norden, dem Yukon zu, dann zweigt bei Dease Lake eine Straße nach Westen ab, die Telegraph Creek Road. Es handelt sich hier um eine unbefestigte Schotterstraße, die man im Winter besser nicht benutzen sollte und sommers nur mit einem absolut verlässlichen Auto. Denn in Telegraph Creek ist die Welt sozusagen zu Ende.
Vor einigen Jahren lebten in dieser kleinen Ansiedlung noch etwa 400 Menschen, aber nach und nach wird sie zur Geisterstadt, weil es keine Arbeit gibt. Die Straße ist unglaublich kurvenreich und steil – es wird gewarnt, mit größeren Wohnwagen oder Anhängern nach Telegraph Creek zu fahren – die 119 Kilometer sind jedoch von einer unsagbar schönen, atemberaubenden Landschaft geprägt. Der Ort entstand, als man die Telefonleitung vom Inneren des Landes an die Küste legen wollte, das Projekt wurde jedoch nie fertig gestellt.

Glenora war einst sogar eine Zeltstadt mit einer Bevölkerung von 10.000 Menschen, als Gold im Stikin Fluss gefunden wurde. Heute lebt dort niemand mehr, ein kleiner Friedhof und der Ansatz für den Bau einer Eisenbahnstrecke, das ist geblieben. Von dieser Eisenbahnstrecke, auf deren Damm man immer wieder stößt, der als Straße zum jagen benutzt wird und quer durch die Wildnis verläuft, habe ich schon öfter erzählt. Ursprünglich wollte man von Prince George an die Küste, so schüttete man im geplanten Verlauf der Trasse einen Wall auf, der den Schienen als Unterbau dienen sollte, aber fertig wurde diese Eisenbahnlinie nie. Aber immer wieder stößt man auf die Überreste entlang des Cassiar Highways und seiner wenigen Nebenstraßen.
Also erzählt uns Marc die tolle Geschichte von einem Outfitter Freund, der in der Nähe von Glenora am Stikin River ein Außencamp aufgebaut hat. Dort wurde vom Boot aus gefischt und vor allem auf Grizzlies gejagt, die ebenfalls zum Fischen an den Fluss kamen. Derek war, wie in jedem Jahr im Frühling, nach der Schneeschmelze und als der Fluss endlich eisfrei war, mit seinem Wagen unterwegs nach Telegraph Creek. Dort endet die Straße, man kann aber mit einem All-terrain-vehicle oder einem Pferdegespann die letzten Kilometer bis Glenora zurücklegen, oder per Boot den Fluss hinunterschippern. Da sich aber jeden Winter mehr oder weniger große Holzansammlungen im Fluss aufstauen, hat es sich Derek zur Regel gemacht, vorerst das Boot nicht zu Wasser zu

lassen und zu Fuß die Ufer abzuschreiten, um nach Hindernissen im Wasser zu suchen. Man kann sich kaum vorstellen, bis auf welche Höhe sich diese vom reißenden Wasser aus den Bergen mitgebrachten Baumstämme auftürmen. Kommt man an solchen Stellen in den Sog, kann das Boot umkippen oder sogar unter die Stämme gedrückt werden. Ein bisschen Sprengstoff in der Jackentasche hilft, solche Hindernisse schnell und erfolgreich aus dem Weg zu räumen.

Mit seiner Winchester .30-30 bewaffnet marschiert Derek also los, obwohl ihm schon klar ist, dass dieses Geschoss für einen ausgewachsenen Grizzlybären etwas zu schwach ist und ein eventueller Schuss schon sehr präzise sein muss. Gegen Abend kommt er über eine sumpfige Wiese an das Flussufer und sieht einen riesigen Wall aus angeschwemmten Baumstämmen vor sich. Er versucht auf das Hindernis zu klettern, um zu erkunden, wie man es am besten und einfachsten beseitigen könnte, ohne den Zug der Lachse im Herbst, die hier vorbei schwimmen, zu zerstören.
Als er sich auf seinem luftigen Ansitz umblickt, sieht er nicht einen, oder zwei oder drei, nein, fünf ausgewachsene Grizzlybären, die auf der gleichen Sumpfwiese äsen, die er gerade überquert hat. In Richtung Flussufer erblickt er weitere drei dieser gewaltigen Monsterbären. Acht, acht ausgewachsene Bären im Umkreis von nicht einmal 120 Metern von ihm! Und seine schwache .30-30 enthält nur sieben Patronen. War es Neugierde, war es Hunger, auf jeden Fall dauert es nicht lange und der erste Bär machte sich auf den Weg in Richtung Holzhaufen und wird von Derek mit einem Schuss in den Nacken gestreckt. Sofort kommen zwei weitere Bären an den Fuß des Holzstoßes. Auch diese kann Derek mit gezielten Schüssen erlegen. Er glaubt sich schon in Sicherheit, als er auf der Rückseite seines Aussichtsberges das scharfe Kratzen von Krallen hört und bemerkt, wie sich von dieser Seite ein weiterer Bär nähert. Mit einem Kopfschuss sackt das Tier zusammen und rollt auf den Boden zurück. In diesem Moment taumelt einer der angeschossenen Bären benommen hoch und versucht abermals, den Holzwall zu erklettern. Schweiß rinnt aus Nase und Maul, und abermals gelingt es Derek, ihm einen Nackenschuss zu verpassen. Dieser „Kriegslärm" hat nun die drei Bären am Flussufer aufmerksam gemacht und wie um nachzuschauen, was hier vor sich geht, kommen auch sie auf den Holzstoß zu. Zwei Patronen sind noch übrig. Mit einem Herzschuss und einem Kopfschuss erledigt er zwei der Angreifer. Nun steht Derek mit leerer Waffe hoch oben auf der Barrikade und der Bär turnt flott über die Stämme in seine Richtung. Nun ist guter Rat teuer. Zwischen den verkeilten Baumstämmen findet Derek eine größere Öffnung, in die er sich hineinzwängen könnte, um tief genug in den Blochen zu verschwinden, damit ihn der Bär nicht erreichen kann.
Schnell entschlossen setzt er den Gedanken in die Tat um und verschwindet „wie vom Erdboden verschlungen" in den Baumstämmen. Er hört den Bären an den Holzstämmen kratzen, hört sein Schnaufen und den schweren Atem, eine Gestankwolke trifft ihn im Gesicht, aber mit den Pranten kann der Bär ihn nicht erreichen. Einige Male stößt Derek

sein Gewehr in die Unterseite des Bären, aber die Stöße sind viel zu schwach, um ihn ins Wanken zu bringen. Also verhält er sich lieber ruhig, in der Hoffnung, dass das Tier irgendwann aufgibt und verschwindet. Das dauert aber die halbe Nacht!

Der Grizzly legt sich sogar in der Nähe der Öffnung zu einem kleinen Nickerchen nieder und erst gegen Morgen klettert er vom Holzhaufen und verschwindet gemächlich über die Sumpfwiese zum Fluss und ans andere Ufer. Dereks Beine sind völlig eingeschlafen und halb erfroren, nur mühsam kann er sich wieder aus seinem „Nest" herausarbeiten und die Situation überschauen. Sieben ausgewachsene Grizzlybären, in verschiedenen Farbschattierungen liegen tot rund um den „Scheiterhaufen", es war ein unglaubliches Erlebnis und ein Kampf auf Leben und Tot. Hätte Derek als Soldat nicht solche Disziplin und Schnelligkeit im Schießen gelernt, ein normaler Jäger, der hätte diese Attacken wahrscheinlich nicht überlebt. Derek schon, und er erzählt sie nur ganz wenigen, ausgesuchten Freunden, Marc ist einer davon und so hatten wir das Glück diese Geschichte zu erfahren.

Großflächiger Schaden durch den Borkenkäfer (BC)

Elchkuh mit Kalb

Hunting Science ... die Jagd zur Wissenschaft gemacht

Hunting science ist das Modewort des jungen 21. Jahrhunderts in Nordamerika und wird hier ganz, ganz groß geschrieben. Da ich in den europäischen Jagdzeitungen bisher viel weniger entsprechende Werbung sehe, möchte ich ein bisschen davon erzählen, was der Jäger des 21. Jahrhunderts dringend benötigt und unbedingt haben muss, damit er auch wirklich „in" ist und zu seinem Erfolg kommen kann.

Wie waren denn unsere Vorfahren bei der Jagd gekleidet? Nicht die Neandertaler in Fellkitteln, so weit möchte ich nicht zurück gehen. Nein, die Menschen des 20. Jahrhunderts, ich, du, er, sie, wir Jäger der älteren Generation. Loden in grau und grün, das war die „Uniform", an der wir uns alle erkannten, in der wir uns im Wald wohl und sicher und unsichtbar fühlten. Ich trag sie heute noch, diese Uniform, hier in den Wäldern von Kanada und fahre recht gut damit. Viele meiner Gäste, die älteren vor allem, die ich vom Flughafen abholen muss, die erkenne ich auch gleich an ihrer „Aufmachung" und gemeinsam geht es dann auf zur Jagd.

Anders die „Neuen", vor allem die mit viel Geld. Die haben ihre „Camouflage"-Muster in allen Variationen, Farben und Aufmachungen, von der Unterhose über die Socken bis Hemd, Pullover und Hosen, alles muss harmonisch zusammen passen und der „Letzte Schrei" sein.

Ich muss die Bezeichnung „Camouflage" dem eventuell Unwissenden erklären. Das Wort bedeutet sinngemäß „Tarnung, Irreführung" und ist eine auf die Jagdkleidung gedruckte perfekte Nachbildung der Natur in all ihren Facetten.

Für Jagden im Tann- oder im Laubwald, in der Steppe, in der Wüste, Frühling, Sommer, Herbst und Winter, für alle Jahreszeiten und alle Gegenden der Welt muss es ein eigenes Muster der Blätter, Bäume, Büsche und Gräser geben. Der Enten- und Gänsejäger braucht andere Camouflage als ein Hirsch- oder Elchjäger. Und natürlich muss man für Eisbären oder Moschusochsen in der hohen Tundra ganz andere Muster auf der Kleidung haben, als zum Beispiel zur Jagd in den Florida Keys auf Krokodil.

Aber braucht man's denn wirklich? Heißt es denn nicht immer, vor allem auch schon beim alten Dr. Brehm, dass die Wildtiere so gut wie farbenblind sind und nur rasche, abrupte Bewegungen unsere Anwesenheit draußen in der Natur verraten? Und unser Gestank natürlich! Aber der Rubel muss rollen für die Konzerne, und so redet uns deren Werbung schon ein, was für uns Jäger gut ist.

Ganz neu am Markt sind die 3-D-Cover-Anzüge aus mehreren Camouflageschichten mit verschiedenen Mustern, versehen mit abstehenden und herabhängenden Fransen und Blättern. In diesem Outfit kann man nun endlich wie ein zerfranster, alter Baumstamm in der Gegend herumstehen. Wie viel Bewegungsfreiheit man darin hat, das habe ich noch nicht ausprobiert, aber alleine der Gedanke, dass ich mich wie ein Wurzelmännchen durch die Lande schleiche, das widerstrebt mir doch sehr.

Wenn man sich dann so richtig in Camouflage eingepackt hat, dann bietet der florierende Jagdhandel noch jede Menge passender Utensilien. Rucksäcke, Decken, Waffenüberzüge, Tarnnetze, Tücher, Schirme – alles hilft phantastisch, um sich im Wald und auf der Heide zu verstecken. Nicht nur der gute alte Hochsitz hilft uns aus dem Wind zu kommen und quasi „über den Dingen" zu stehen oder zu sitzen. Nein, heute brauch' ich schon ein Tarnzelt auf dem Baum, unter dem Baum in den Weiden, in den Uferböschungen, auf dem Boot, in den Felsen, in den Bergen. Alles mit speziell dafür vorgesehenem Muster. Man schleppt die kleine „Hundehütte" passend zur geplanten Jagd auf seinem Rücken mit. Stellt dann an gegebenem Ort seine Tarnvorrichtung auf, setzt sich hinein und harrt der Dinge die da kommen sollen.

Für Wasserwildjagden werden tiefe Gruben in die Uferböschungen gegraben, dahin legt man eine Art Sarg mit Deckel, der sich rasch öffnen lässt. Muster und Farbschattierungen müssen unbedingt abgestimmt sein! Oder man schleppt ein schlittenähnliches Gebilde mitten aufs Feld, auf dem sich die Gänse niederlassen werden. In diesem Schlitten liegt man dann unter einer Tarnplane, den treuen Hund zu Füßen und wartet auf den Abendstrich der Kanadagänse. Plastiklockvögel sind im weiten Umkreis aufgestellt, um die echten Vögel anzulocken. Kommen sie dann angesegelt, dann Plane auf, Schuss, Schuss, Schuss, und der Hund raus aus dem Schlitten und schön apport mit den Gänsen. Es ist eine wahre Freude!

Aber all der Aufwand mit den verschiedenen Camouflages würde nichts nützen, wenn wir nicht endlich was wirklich Wirksames gegen unseren menschlichen Gestank entwickeln. Und das haben wir. Oh ja, da waren die Wissenschaftler auch fest am Werke. Der „Scent-Eater", also Geruchsfresser wurde erfunden, und Jägersfrau und Jägersmann, wenn du wirklich erfolgreich sein willst, dann musst du nicht nur dich selbst und all deine Klamotten satt einsprühen, dann muss auch dein Auto, die Trittbretter des Hochsitzes, der Rucksack, einfach alles muss deodoriert werden. Sonst hilft es nichts. Dann aber kann der Wind wehen, soviel er will, dann riecht man nicht nach Mensch, sondern nach sumpfigem Gras, oder Tannennadeln oder Heubüscheln – je nach Laune.

Für die geplagte Jägersgattin gibt es schon neue Waschmittel, die des Mannes Schweiß schon bei der Wäsche auf Jagdduft umfunktionieren und sehr beliebt sein sollen. Wenn man dann nach Hause kommt, empfiehlt es sich, seine Jagdklamotten gleich in eine große Plastiktüte zu stecken, damit der Duft nicht verfliegt und man sich für den nächsten Pirschgang gleich in die stinkenden Kleider werfen kann. Sehe ich einen Jagdkameraden mit einer Sprühdose durch die Büsche schleichen, dann weiß ich, dass dieser den neuesten Katalog eines Ausrüstungsladens gelesen und seine Hausaufgaben gemacht hat. Wenn ich mir nun aber diesen ganzen Aufwand nicht leisten kann oder will, dann sollte ich mir wenigstens ein paar der modernen „Elimitrax"-Sohlen kaufen und mir diese unter meine Schuhe binden. Ähnlich wie Steigeisen zum Eisklettern werden sie unter

Bergschuhe oder Gummistiefel geschnallt und sehen recht unpraktisch und unhandlich aus. Aber sie verhindern die Abdrücke menschlicher Füße, kein Hirsch oder Bär kann mich an meinen Spuren erkennen. Ha, ich bin voran und er hat das Nachsehen. Ob ich sie in meiner „Kinderschuhgröße" Nr. 35 allerdings bekommen werde, muss ich erst herausfinden. Tja, wenn ich dann eines Tages solch riesige Abdrücke im Morast oder Schnee finde, dann war da nicht der „Sasquatsch" unser riesiger, mystischer Waldmensch, unterwegs, sondern ein Jäger mit „Elimitrax".

Nun haben wir unsere eigenen, auch so unangenehmen Düfte total eliminiert, haben uns mit den verschiedensten Tarnungs- und Deckungshilfen beladen und könnten eigentlich endlich zur Jagd aufbrechen. Aber nein, sooo schnell geht das heute auch nicht mehr, die Wissenschaft, die hat noch ein paar Dinge erfunden, ohne die wir als Jäger nicht in die freie Wildbahn dürfen! Während ich auf meinem neuen „Gum-O-Flag-Kaugummi" herumkaue, der meinen Atem frisch und ohne menschlichen Mundgeruch machen soll, kommt ein Kratzen in meinen Hals und ich muss husten, husten, husten. Schnell her mit dem neuesten Spielzeug der Technik, dem „Cough-Silencer" = Hustendämpfer. Man bindet sich das dicke Rohr um den Hals und hustet in die Tröte, die wie ein Schalldämpfer an der Waffe, den Lärm abdämpfen soll. Man schaut zwar aus wie ein Marsmensch oder wie einer mit einer Gasmaske aus dem 2. Weltkrieg, aber es soll helfen! Hänge ich mir halt das Ding auch noch um den Hals, vor allem wenn ich mich auf eine Ansitzjagd begebe, denn pirschen mit all diesen Utensilien, stundenlang durch dichtes Gebüsch, das geht nicht.

Und weil ich nun selbst hoffentlich gar nicht mehr stinke, kann ich endlich damit beginnen, die herrlichen Urdüfte des Wildes zu verbreiten! Man nennt ihn in Nordamerika „Mister Pee" (Herr Urin) und er war angeblich der erste, der sich rein wissenschaftlich mit der Herstellung aller Arten von Urinproben beschäftigt hat. Auf seiner weitläufigen Farm hatte er eine riesige Herde halbzahmer Wapitis und während der Brunft sammelten seine fleißigen Helferlein die Häufchen, aber vor allem die Erdschichten ein, auf die die Hirschkühe ihren Urin abgelassen haben. Brunftkuhlen sind eine beliebte Sammelstelle! Diese Erdproben wurden wissenschaftlich aufbereitet, der Urin herausgefiltert, in Flaschen zu 250 ml abgepackt und für viel Geld als Wundermittel zur Wapitijagd angeboten. Und weil der Erfolg angeblich wirklich so urtoll war, hat man dann später das gleiche Verfahren zur Herstellung von Urin der Weißwedelhirsche, Maultierhirsche, Elchkühe und Pronghornantilopen verwendet. Allerdings gibt es keine Peeflaschen für die verschiedenen Wildschafe und Schneeziegen. Die urinieren in den Felsen und da lässt sich nichts einsammeln. Nun werden in Nordamerika tausend und abertausend Liter dieser goldgelben Flüssigkeit hergestellt und verkauft. Tausende Olympiaschwimmbecken kann man jährlich damit anfüllen. Frage ich mich nur, ist es wirklich möglich, so viel Pisse zu sammeln und damit Millionär zu werden?

Aber anscheinend reagieren die brunftigen Hirsche aller Größen bestens darauf, wenn man in die Büsche rund um den Ansitz Stoffstreifen aufhängt, die man vorher mit der entsprechenden Duftnote präpariert hat. Mittlerweile kann man allerdings schon vorgefertigte und eingesprühte Streifen kaufen, die man wie ein Tesa Klebeband von der Rolle zieht und auf die Äste klebt. Was wird ihnen noch alles einfallen?

Hat man nun seinen ausgesuchten Platz entsprechend „beduftet" und ist die Brunft im Gange, dann braucht man natürlich einen der vielen Lockrufe und Tröten die auf dem Markt sind. „Bugles" für den Wapiti, „Grants" für den Elchbullen, verschiedene Töne für die verschiedenen Wildarten. Nicht nur kampflustige Männertöne verwendet man. Nein, vor allem das liebeskranke Fiepen und Klagen der holden Damenwelt zeigt Wirkung und bringt uns das gewünschte Stück bis auf wenige Meter an unser „Matrix Double Bull"-Tarnzelt heran. Mit einem Sichtradius von 360 Grad haben wir keine Schwierigkeiten, aus allen Ecken und Enden das Wild zu beobachten und auch zu beschießen. Hier muss ich ja gestehen, dass ich einsehe, wenn man diese Vorrichtung in den Prärien von Alberta z.B. auf Jagd nach Pronghornantilope verwendet, denn dort gibt es ja absolut keine Deckung, aber viele schaffen es auch ohne dieses Ungeheuer. Caribous in Labrador, da gibt es da und dort auch nur einen mageren Felsbrocken hinter den man sich verkriechen kann, aber halt jedem das Seine.

Nun will ich mich nicht in „die unendliche Geschichte" über die neuesten Waffen und Munitionen einlassen, dazu gibt es die Fachleute, aber auch hier hat die Waffenindustrie viele Neuerungen, unglaubliche sogar, auf den Markt gebracht. Ein Zielfernrohr mit dessen Hilfe man auf 650 Meter einen Bären erlegen kann oder ein Schaf aus der Wand schießen kann. Meine Ballistik-Kenntnisse halten sich in Grenzen, ob da wirklich noch so viel Kraft ankommt, dass ein 600 kg Bär mit einem Schuss umfällt, das weiß ich nicht zu sagen. Was ich faszinierend finde, sind die Leuchtpfeile. Jeder ultramoderne Bogenjäger, und von denen gibt es in Nordamerika bekanntlich sehr viele, muss heute einen Pfeil haben, der mit einer Leuchtpatrone am Ende versehen ist, damit man erstens den Flug des Pfeiles im Dämmerlicht genau verfolgen kann und dann zweitens den Pfeil bei einbrechender Dunkelheit auch wieder finden kann. Neonrot und Neongrün zischen sie durch die Lande, der Schütze sieht genau, wie er abgekommen ist und wo der Treffer sitzt, wenn sich der dicke Keiler nicht vorher abdreht und davonsaust, weil da ein knallroter Funken auf ihn zu kommt. So gesehen in einem der Werbespots und mich freuts dann immer, dass der Dicke schlauer war als der Mensch!

Was gibt es denn noch so an neuem Spielzeug auf dem Markt der Jagdindustrie? „Jack in the box", heißt eines davon. Eine kleine Holzschachtel, in der ein Stück Hasenfell auf einer Spirale montiert ist. Der Deckel öffnet sich genau nach Uhr, heraus hüpft der „Hase", macht einen Klagelaut und soll damit vor allem Füchse und Kojoten anlocken. Nichts mehr mit stundenlangem Üben der Hasenklage, der Jack macht alles alleine.

Man braucht sich nur noch schussbereit in die Deckung setzen und auf das warten, was da vorbeikommen wird.

In Nordamerika leben mittlerweile die meisten dicksten Menschen der Welt und einige von diesen wollen trotzdem zur Jagd gehen. Was ihrer Gesundheit sehr bekömmlich ist, denn Bewegung hat auch dem Beleibten noch nie geschadet. Nun kommt es bald soweit, dass sich Menschen ab einer gewissen Größe, eines Gewichtes und Umfangs, in nächster Zukunft in den Flugzeugen zwei Sitze werden kaufen müssen, weil einer nicht ausreicht. Auch reicht ein einziges Sitzkissen unterm Hinterteil beim Ansitz nicht mehr aus und so hat sich die Wirtschaft gleich an diese Übergewichtigen mit neuen Einrichtungen und Erfindungen gewandt. Man bastelt an „fat boys", Sitzunterlagen in doppelter Breite und Dicke, damit man auch bequem sitzen kann, wenn man nicht ohnehin schon das beste „Kissen" angewachsen hätte! Überlange, überweite, ärmellose Westen werden in Pohöhe mit einer dicken, schaumstoffartigen Einlage versehen, damit man das Kissen nicht tragen muss, man hat es bereits umgehängt und braucht sich nur schnaufend darauf fallen zu lassen. Hochsitze, so vorhanden, werden mit einer richtigen Stiege versehen, mit beidseitigem Geländer, damit man seine Kilos hochwuchten kann, denn eine normale Leiter würde sich wahrscheinlich durchbiegen oder gar brechen. Die Bodenansitze müssen auch eine gewisse Höhe haben, damit man wieder aufstehen kann, denn so mancher feiste Jagdkamerad bringt seinen eigenen Korpus nicht mehr in die Höhe, wenn er sich auf den Boden setzt. Ist ja auch nicht so einfach, wenn man Übergewicht hat, aber da nur die Wenigsten es aus genetischen oder krankhaften Gründen haben, sollten sie uns nicht all zu leid tun – mehr Pirschen meine Herren, das täte gut.

Und nun komme ich schon fast an das Ende meiner wissenschaftlichen Neuheiten, da kommt ein besonderes Zuckerl. Die Infrarot-Nachtkamera, Cam Trakkers, Wildkameras, die man auf stark befahrenen Wechseln, Leckstellen oder Suhlen an die Bäume montiert und die dann genauestens anzeigen, wann - wo - was unterwegs gewesen ist. Toll, einfach toll diese Erfindung. Die allerneuesten sind sogar mit einer telefonischen Verbindung zum Handy ausgestattet und da sitzt der Manager in seinem Büro, läutet das Telefon und auf dem Smartphone erscheint der Traumbock, nachmittags um viertel vor fünf. Nun weiß der Herr Manager also, dass er morgen zu Mittag mit der Arbeit Schluss machen muss, um rechtzeitig an seiner Salzlecke zu sein und seinen Traumbock zu erlegen. Auch kann man die Kameras mit seinem Computer koppeln, so braucht man die Filme dann fast nie auswechseln, sie nehmen drei Bilder in drei Sekunden auf, mit Datum und Uhrzeit, manche rechnen sogar schon die Stärke und Größe des Geweihes in Punkten aus, nur schießen, schießen können sie noch nicht. Da muss sich der Mensch doch noch selbst in Bewegung setzen.

Der Charly, unser Nachbar, der hat so eine Kamera an einem „Minerallick", also einer Salzlecke mitten im Wald, aufgehängt und wartet auf das Foto von einem Elch. Auf meinen Pirschgängen bin ich in diese Kamera hineingelaufen, plötzlich blitzt es, einmal, zweimal, dreimal, da ging dann auch mir das Licht auf und ich habe die Baumstämme rund um diese Stelle genau abgesucht und die Kamera auch gefunden. Eine lange Nase habe ich ihm gezeigt, das konnte ich mir einfach nicht verkneifen, da gingen sie dann doch mit mir durch! Wir hatten dann einen gemütlichen Abend zusammen verbracht, als er seine Kamera vor dem Schneefall eingeholt hat. Außer meiner langen Nase waren noch vier Elche darauf.

Und ich arme Kirchenmaus, die keines dieser Wunderdinger der neuesten Jagdwissenschaft besitzt, was mache ich nun? Soll ich das Jagen aufgeben, werde ich denn überhaupt noch erfolgreich sein, da draußen, so ohne diese technischen Hilfsmittel? Was ich mache? Das will ich gern verraten! Ich ziehe mir meine alten Lodensachen an, wickle mich in meinen alten Wetterfleck aus Österreich, der mich schon 30 Jahre begleitet, so herrlich nach Waldboden, Harz, Schweiß, nassem Hund und hundert anderen Dingen stinkt, hänge mir mein altes Fernglas und das Gewehr um, nehme den Bergstock, der mir gleichzeitig als Schussstock dient und pirsche langsam, ganz langsam, gegen den Wind, durch die Wälder meiner neuen Heimat. Das ganze Jahr über kann man mich draußen in der Natur finden, der ich immer nahe sein möchte.
Ich suche und finde die Hautpwechsel der Hirsche und Bären, finde ihre Liegestellen und Wintereinstände, und die Abwurfstangen, wenn ich Glück habe. Ich brauche auch nicht immer etwas schießen. 98 % meiner Waldgänge dienen dem Suchen, Finden und Aufspüren, Beobachten des Wildes, die Schönheiten in Gottes freier Natur zu sehen und tief, tief in mich aufzunehmen, so richtig unter die Haut gehen zu lassen. Die Wälder hier sind zum Teil so unberührt und urwüchsig, wie zu Beginn aller Tage, da passt keine Jagdwissenschaft des 21. Jahrhunderts hinein.

Der Hauptsinn meines Lebens spielt sich seit zwei Jahrzehnten nun schon in und um die Jagd in der unberührten Natur Kanadas ab.
Ich bin der glücklichste Mensch auf dieser Welt. Auch wenn ich nichts von diesen ultramodernen Jagdhilfen besitze, eines habe ich im Überfluss, das wohl Wichtigste und Wertvollste auf der Welt, vor allem auch beim Jagen – ich habe ZEIT!!!

Ist der Weg zu weit, hilft eine Stärkung zwischendurch …

Für Abkürzungen muss man Zeit haben

15 Jahre lang, jeden Sommer, bereiste Heinrich vor allem den Osten von Kanada, aber auch einige Male ging seine Fahrt in den Westen, nach British Columbien, bevor er sich entschloss endgültig dorthin auszuwandern und sich als Jagdanbieter ein neues Leben aufzubauen. Viele lustigen Erinnerungen verbinden sich mit diesen zahlreichen Urlauben, die immer wieder an Lagerfeuern erzählt werden. Eines Tages wollte er uns alle zu einem kleinen, unbekannten, sehr versteckt gelegenen Bergsee bringen, an dem er vor ca. 10 Jahren einige herrliche Urlaubstage verbracht hatte und wo er so wunderbar Forellen fischte. Seinerzeit gab es noch keine genaue Karte aus dieser Ecke British Columbiens, der See hatte auch keinen eingetragenen Namen und wurde schlicht „trout lake", also Forellensee genannt. Aber es gibt fast keinen See in Kanada, wo es nicht auch Forellen drinnen gibt!

An einem wunderbaren Maimorgen machten wir uns also auf, vier Mann hoch, eigentlich zwei Mann und zwei Weiblein, bereit einen Ausflug zu diesem See zu machen und das Wochenende dort zu verbringen. Mit dem Auto ging die Fahrt zuerst in den Süden, ins Okanagan Tal, dann Richtung Kelowna, von dort dann auf einer unbefestigten Schotterstraße in die Berge, dem geheimnisvollen See entgegen. Schon bei einigen Abzweigungen war sich der Fahrer (Heinrich) nicht mehr so sicher, in welche Richtung er nun abbiegen müsste. In den letzten 10 Jahren war ein richtiges Straßennetz durch den Wald geschlagen worden und viele neue Kahlschläge veränderten das Landschaftsbild gewaltig. Aber dann gelangten wir doch an einen größeren See, wo schon ein alter Freund von Heinrich auf uns wartete. Er wollte uns mit seinem Boot übersetzen, denn der Weg zum „trout lake" war nicht so leicht zu finden. Abgeschieden und einsam eben, da war nichts mit dem Auto ans Ufer fahren oder so, das musste sich erarbeitet werden und der Pfad setzte sich auf der gegenüberliegenden Seite des Sees durch die Wälder fort. In drei Tagen wollte er uns wieder abholen, wurde vereinbart. Soweit so gut!

Wir schulterten unsere Rucksäcke und machten uns auf den Weg. Die Sonne brannte heiß, von der Stirn rann der Schweiß nur so in Strömen. Neben der Angelausrüstung mussten wir auch Zelte und Schlafsäcke mitschleppen, sowie einige Lebensmittel, denn so ganz traute ich dem Braten nicht. Sollten wir doch nicht so erfolgreich fischen, wie die Erinnerung aus der Vergangenheit es vorgegaukelt hatte, dann hätten wir wenigsten ein paar Nudeln und Reis, um unseren Hunger zu stillen. Drei Tage absolute Selbstversorger – zwei Erwachsene und zwei Kinder!

Das Genörgel und Gejammer, wenn nichts Ordentliches in den Magen kommt, das wollte ich nicht in Kauf nehmen, also schleppte und schleppte ich mehr als mir lieb war. Aber auch Hannah und Andre hatten einiges in ihren kleinen Rucksäckchen verstaut und obenauf noch den Schlafsack geschnallt. Ungewohnt für die beiden Stadtkinder aus

Europa, aber der Wunsch des Meisters, endlich wieder einmal in totaler Stille und Abgeschiedenheit seinen Traum Kanada der Jugend schmackhaft zu machen und nahe zu bringen, da gab es kein Aufgeben. Erinnerungen an Forellen, die fast von selber an die Angel sprangen und jeder Auswurf ein Biss, glasklares Wasser mit Trinkwasserqualität und außer ihm, seinen Freunden, nur Natur und ein paar Hirsche, das war der Traum den wir auszogen wieder zu suchen. Was macht es da schon aus, dass wir schon über zwei Stunden auf einem fast nicht erkennbaren Wildwechsel durch die Wälder stolperten, die ersten Moskitos des Jahres eine Festmahlzeit an uns hatten, sich an Armen und Nacken festsaugten und die Laune sich etwas nach unten bewegte, die Vorfreude langsam in die Hosen rutschte und dann die ständigen Fragen begannen, wie lange denn noch? Sind wir bald da?
Irgendwie hatte sich im Gedächtnis des Heinrich auch die Entfernung etwas verändert und bald gestand er mir heimlich, nicht genau zu wissen, wie lange das damals wirklich gedauert hat, bis sie am See ankamen. Eigentlich hatte er keine Ahnung mehr wie weit es wirklich war. Aber er versuchte tapfer, allen die gute Laune zu erhalten und sagte, vielleicht noch 30 oder 40 Minuten, durchhalten meine Lieben, Ihr seid ganz brav und tapfer und das wird ein Erlebnis, das noch keines eurer Freunde je gehabt hat.

Ein Weile war dann wieder beste Stimmung, wir sangen Wanderlieder und Pfiffen mit den Vögeln um die Wette. Bei jedem kleinen Bach mussten wir Rast machen und uns ordentlich volltrinken, die Rucksäcke wieder neu adjustieren. Hannahs Schlafsack machte sich immer wieder selbstständig und sie kehrte im wahrsten Sinne des Wortes den Waldboden damit auf. Die längste Zeit hat sie ihn schon hinter sich hergeschleppt, was zum Ergebnis hatte, das sich kleine Ästchen, Nadeln, Moos und Dreck auf dem Ende des Schlafsackes angesammelt hatten, der Wanderweg, der eigentlich keiner war, jetzt aber wie frisch mit einem Besen gefegt aussah. Es war Pflicht, dass jedes der Kinder einen kleinen Anteil der Ausrüstung übernehmen und selbst tragen musste, denn Heinrich und ich hatten schon genug zu schleppen. So gab es für jedes Kind einen Trainingsanzug, Handtuch, Zahnbürste und den ominösen Schlafsack zu bewältigen. Andre war im Vergleich zu Hannah schon ein Großer und hatte weniger Probleme, aber auch weniger Lust sich mit dem Rucksack abzumühen. Nach zwei Stunden allerdings war jegliche Lust und Laune verschwunden, da wurde nur noch gestöhnt und auch die mitgebrachte Belohnung in Form von Schokoladenplätzchen, nach jedem 100. Schritt eines, zog überhaupt nicht mehr.
Nach einer Rast auf einer herrlichen grünen, sonnenwarmen Wiese, auf der wir am liebsten gleich geblieben wären, ging es weiter in den Hochwald. Der Weg wurde etwas breiter und besser erkennbar, aber wir stolperten dennoch über die Wurzeln. Ich versank in einer tiefen Wasserpfütze und bekam nasse Füße. Aber da es nur noch 30 Minuten sein sollten, machte ich keine großen Umstände und lief mit den nassen Schuhen weiter. Quietsch und Qwatsch, bei jedem Schritt kam mir der Schlamm zwischen

den Zehen hoch, aber wenn jetzt auch ich noch zu jammern beginne, dann bringen wir die Kinder gar nicht mehr weiter.
Die quietschenden und gurgelnden Geräusche aus meinen Schuhen machten ihnen sogar Spaß und lenkten etwas von der Eintönigkeit des Unternehmens ab. Das Wandern ist des Müllers Lust … oder wie oder was, war bei uns nicht so sicher! Der Hochwald, in dem ich zu dieser frühen Jahreszeit leider keine essbaren Pilze fand, begann sich zu lichten und wir kamen an eine schöne Wiese. Der Weg, der eigentlich nie wirklich einer war, sondern nur einem Wildwechsel glich, war in den vielen Jahren, die Heinrich nicht hier war, noch mehr verwildert und verwachsen und kaum noch als solcher zu erkennen. Nur Hannahs Schlafsack hatte ein Stückchen davon freigelegt!

Und dann war es soweit, in der Ferne blitzte das Blau des Wassers auf. Wenn wir auch noch nicht ganz am See, am Ziel, waren, so konnten wir das Ende schon absehen und das gab uns wieder neuen Schwung. Wir konnten das herrliche Wasser schon riechen, fühlen, die Luft wurde kühler, der Boden feuchter und morastiger und wir konnten es hören … hören, ja was denn eigentlich? Seltsame Geräusche drangen durch die absolute Stille des Tales. Wir hielten an um genauer lauschen zu können. Waren es Kojoten? Ein Wolfsgeheul oder doch nur eine Schar zankender Krähen? Eigenartig, es klang für mich mehr wie Menschenrufen, Motorenlärm, Radiomusik, aber das konnte wohl nicht stimmen. Denn wir waren doch an diesem so absolut einsamen Bergsee. Spinne ich denn schon, habe ich einen Sonnenstich von der Hitze und der Schlepperei, sind meine lärmgeplagten Ohren schon so kaputt, dass ich höre, was es eigentlich gar nicht geben darf? Ich muss den Kopf schütteln, halte mir die Nase zu und blase meine Ohren aus, vielleicht höre ich dann genauer. Aber nein, es klingt wirklich wie Lärm von Motorbooten, Radiomusik und Gekreische einiger Kinder. Heinrich wollte immer noch nicht glauben, was er auch hörte und war sicher, irgend eine Vogelart hält hier ein Maikonzert ab … die Vögel wollten Hochzeit machen … fidirallala, fidirallala …

Wenige Schritte noch bis der wundervolle, kleine See glänzend im herrlichen Maiensonnenschein vor uns lag! Und am anderen Ufer standen eine Reihe von geparkten Autos, in deren Windschutzscheiben sich die Sonne und das Wasser herrlich spiegelten. Eine fast überfüllte Sandbucht mit schreienden Kindern, Radiomusik, Gartengrills mit rauchigen Fahnen von brutzelnden Koteletts, und zwei kleinere Motorboote kurvten über den See.
Uns fiel, wie man so sagt, alles, aber auch wirklich alles hinunter, nicht nur die Rucksäcke, die Gesichter und die Laune. Waren wir am falschen See? Wo hatte Heinrich uns denn eigentlich hingebracht? Tief seufzend ließen wir uns am Seeufer ins herrliche Gras sinken. Das kann nicht wahr sein, das darf es doch nicht geben, murmelt Heinrich ein ums andere Mal in Ungläubigkeit und schüttelt seinen Kopf. Er holt das Fernglas heraus

und leuchtet das gegenüberliegende Ufer ab. Nein, wir sind wirklich am vielgepriesenen, einsamen, wilden „trout lake", den einen oder anderen markanten Baum erkennt er noch, auch die Bucht gleich nebenan, in der er damals so erfolgreich gefischt hatte, dass sich im Laufe der Jahre eine Straße von der anderen Seite durch die Urwälder, durch die Wildnis an den See herangearbeitet hat, das hätte er nie für möglich gehalten. Ja, auch hier bleibt nicht alles wie es einmal war, die Veränderungen, die Aufschließung der Wälder in British Columbien nimmt einen rasanten Verlauf, weil man Holz braucht für die Wirtschaft, für die Regierung, die bei jeder Transportladung ordentlich absahnt und weil Holz die Nummer eins für den Markt und Handel ist. Und der liebe Freund hat auch nichts verraten, der hat sich wahrscheinlich tot gelacht über unseren Ausflug! Also gut, nun sind wir schon einmal da, also machen wir das Beste daraus. Wir schlagen die Zelte auf, die Kinder stürmen laut kreischend, wie die Konkurrenz vom anderen Ufer, in die Fluten und kühlen sich ab. Dann werden die Angeln ausgepackt und wir alle versuchen, einen Fisch zu fangen. Vorsichtig, warnt Heinrich, nicht zu viele Fische fangen, nur was wir essen können, denn den Rest müssen wir ja wieder aus der Wildnis heraustragen, zurück zum Auto, das irgendwo, drei Stunden Fußmarsch entfernt an einem anderen Seeufer stehen geblieben ist. Ja, ja, sagen wir, aber ich hab schon meinen eigenen Plan entworfen. Fische gibts wirklich genug und die Kinder haben einen Riesenspaß, sie zu fangen. Ich baue eine Feuerstelle und bald brutzeln sie in der Butter und schmecken uns ganz vorzüglich. Langsam senkt sich der Abend über den See, ein Auto nach dem anderen fährt ab, es wird ruhig, immer ruhiger und einsamer an diesem Gebirgssee, ja, so, so haben wir uns das vorgestellt. Und jetzt gehört das Gewässer wirklich uns, uns ganz allein. Das kleine Feuer leuchtet, Glühwürmchen tanzen durch die Nacht, wir nehmen noch ein erfrischendes Bad, allein, allein auf Gottes weiter Welt, fühlen wir uns jetzt. Heinrichs Erinnerung war nur kurzfristig durch den normalen Wahnsinn des neuzeitigen Alltags gestört gewesen. Ein einsamer Wolf heult durch die Nacht, eine riesige Eule schwebt lautlos über unser Lager. Die Kinder nahmen unvergessliche Erinnerungen mit, wir waren uns einig, dass unser Weg zu diesem See wirklich abenteuerlich war, unsere Kondition forderte und wir uns ein Stück Paradies erarbeiten mussten. Hinfahren bis zum Wasser, das kann ja jeder Depp, sagt der Andre, wir haben uns die Erholung wirklich verdient! Sprachs und rannte noch um Mitternacht in die silbrig glänzenden Fluten, prustet wie ein kleiner Seehund, lacht mit dem Eistaucher um die Wette. Wo kann er das noch in Europa? Ja Freiheit, die kann man hier in British Columbien noch erleben, wenn man weiß wie und wo und wenn man Zeit für kleine oder größere Umwege hat.

Übrigens habe ich mich mit einem der Bootsfahrer verständigt und gebeten, unserem Freund Bescheid zu sagen, dass er uns in drei Tagen HIER direkt vom „trout lake" abholen soll. Das war zwar gegen Heinrichs Plan, aber der hatte sein Erlebnis, ich wollte die Kinder nicht überfordern und mich auch nicht.

Sohn Joachim mit gutem Lachs

Tochter Barbara mit stattlicher Seeforelle

Lachse im Pazifik

Als Heinrich Anfang der 1980 Jahre endgültig nach Kanada auswanderte, kaufte er sich ein riesiges Jagdgebiet rund um den kleinen Ort Burns Lake, und wurde Jagdführer und Jagdanbieter. Aber die Jagdsaison hält einen nicht das ganze Jahr auf Trab. Die Frühlingsbärenjagd verspricht zwischen Ende April bis Mitte Juni den größten Erfolg, dann kommt der jagdarme Sommer. Die eigentliche Herbstjagd beginnt am 10. September. Also musste die Sommerlücke gefüllt werden und wir suchten Gäste, die zum Fischen nach British Columbien kommen – auf Lachs vor allem, der vom Pazifik herein in verschiedene Flüsse und Seen zum Laichen zieht. Sie kommen dann in riesigen Schwärmen, wobei jede Fischart ihre eigenen Zeit hat. Das musste alles gelernt und studiert werden, denn wir wollten unseren Gästen viel Erfolg garantieren. Und da wir in Europa höchstens in einem kleinen See auf Forellen, im Mühlenteich auf Karpfen gefischt hatten, war dies für uns ein völlig neuer „Berufszweig" und bevor wir wirklich Angebote für diese Urlaubsart ausschrieben, mussten wir sicher gehen, dass wir selber wissen, was wir zu tun haben, was uns alles erwarten kann.

Also fuhren wir eines schönen Morgens Anfangs Juli nach Kitimat, an den Douglas Channal. Man hatte uns gesagt, dass die Königslachse vom Meer her in den Channal und dann weiter in den Fluss ziehen und das Fischen einmalig wäre. Halb Burns Lake fährt dort hin und die meisten kommen auch mit einigen Lachsen wieder nach Hause. Da wir noch kein seetaugliches Boot hatten, mieteten wir uns in der kleinen Marina in Kitimat einen professionellen Fischer, mit Boot, Angel-Ausrüstung und dem unbezahlbaren Wissen des Fischers. Dimitri kam aus Griechenland! Herrlich, dachte ich mir, die Griechen sind in ihrer Heimat hervorragende Fischer und leben von diesem Handwerk. Etwas Besseres konnte uns gar nicht passieren. Die riesige, drei Stockwerke hohe Yacht trieben schwere Motoren an. Die schweren Angeln mit den klotzigen Bleikugeln hingen sowohl nach hinten als auch zur Seite hinaus. Mein Sohn Joachim war mitgekommen, so konnten wir bequem zu dritt fischen. Dimitri hatte eine recht nette Angewohnheit, jeder zweite Satz begann mit den Worten: *„I tell you the truth, you guys"*, was so viel heißt wie: *„Ich sage Euch die Wahrheit, Leute"*, naja, wollen wir sehen wie wahr das alles wirklich wird.

Zuerst ging es mit halbwegs hoher Geschwindigkeit Richtung Meer hinaus, fischen wollten wir dann langsam, mit den Wellen „trollend" wieder Richtung Hafen. Markrelen und sonstige Köder waren vorbereitet. Mit einem Gaff, einem Fanghaken sollten die Fische ins Boot gezogen werden. Vorerst jedoch mussten sie erst einmal anbeißen. Die Fahrt hinaus aus dem Hafen, gegen die Wellen und den Wind war mir schon etwas unangenehm, ich habe es nicht mehr so mit dem rauen Wasser und den Wellen. Das Boot erschien mir viel zu hoch, wie in einem Segel konnte sich der Wind in den Aufbauten fangen und schaukelte uns hin und her. Eigentlich werde ich nicht so schnell Grün im

Gesicht, aber der Magen rutscht dann doch auf und ab und hin und her und ich musste unendlich viel schlucken!

Endlich waren wir draußen in einer etwas windgeschützten Bucht und „I tell you the truth" erklärte uns, dass sich die Fische auf ihrer Reise aus dem Meer in ebensolchen Buchten ausruhen, bevor sie ihre Reise flussaufwärts fortsetzen. So machten wir hier unsere erste Pause, richteten die Angeln her und ließen die schweren Leinen mit den noch schwereren Bleikugeln in die tiefblauen Fluten sinken. Das Wichtigste ist, dass man die richtige Tiefe findet, was wir nun hofften, von dem erfahrenen Fischersmann herauszubekommen. Na ja, so genau weiß er auch nicht, wie tief er gehen muss, aber wir sollten nicht ungeduldig werden, wir sollten einfach anfangen langsam zu „trollen", also im Schneckentempo durch die Bucht zu fahren. Die Tiefe muss man halt ab und zu verändern. „I tell you the truth" hätte hier schon einige dicke, große Königslachse herausgeholt, also nur Ruhe bewahren es würde schon klappen. Und so schaukelten wir von einer Bucht in die nächste, und in die nächste. Halb entmutigt versuchten wir es mitten auf dem Channal, vielleicht wollte kein Lachs rasten, vielleicht ziehen sie alle mit der hereinkommenden Flut in der Mitte Richtung Hafen. Kein Biss, kein Zucken, kein Anzeichen eines Fisches. Geduld ist ja nicht unbedingt meine stärkste Seite, Heinrich und Joachim haben da schon viel, viel mehr, aber langsam wurden auch ihre Gesichter immer länger, weil so gar nichts beißen wollte. Heinrich holte sogar seinen berühmten grünen Gummifrosch heraus, um ihn als Köder zu verwenden. Der hatte ihm schon oft Glück gebracht, aber auch der zeigte keine Wirkung. Mittlerweilen war uns natürlich schon das „Licht" aufgegangen, dass wir hier einen Neuling erwischt hatten, der zwar „I tell you the truth" zu seinem Motto gemacht hatte, aber vom Lachsfischen genauso wenige Ahnung hatte, wie wir. Diese Vermutung bestätigte sich dann abends im Hafen, als wir mit anderen Profifischern über den Griechen zu reden begannen. Außer Spesen nichts gewesen, sagten wir uns und versuchten unser Glück dann doch am nächsten Morgen alleine direkt am Fluss. Die ersten Lachse seien schon vor einigen Tagen aus dem Meer in den Fluss gewandert und mit ein bisschen Glück müssten wir dort schon einige fangen können, sagte man uns.

Da das Flussfischen auf Lachs jedoch etwas völlig anderes ist, als im Meer – wir hatten darüber so viel gelesen wie nur möglich – fingen wir wieder bei Null an. Wir hatten uns den Kitimat River ausgesucht. Dort kann man sehr gut Fischen und an den Ufern stehen nicht so viele Menschen, wie z.B. am weltberühmten Skeena River. Das hatten wir uns nur von der Ferne angeschaut. Dort steht wirklich jeden halben Meter ein Angler und hält seine Rute ins Wasser. Diese sind meistens mit kleinen Glöckchen versehen, wenn es bimmelt, dann ertönt der Ruf „fish on", also ein Fisch hat gebissen, und dann müssen alle anderen Fischer ihre Angeln einholen, damit der Glückliche seinen Preis auch drillen, einholen und landen kann. Wenn er nicht vorher wieder ausspuckt oder die Schnur abreißt oder sich in der Leine eines anderen Anglers verwickelt. Es ist schon eine eigene Wissenschaft, das Lachsfischen, sowohl im Meer als auch am Fluss. Die Ufer des Kitimat Rivers waren wesentlich einsamer und unberührter und es gelang uns auch, einige gute Fische herauszuholen. Da kam wirklich Freude auf.

Nach diesen ersten Erfolgen kauften wir uns ein stabileres Boot und fuhren wieder auf den Douglas Channal, diesmal ohne *„I tell you the truth"* und lernten dort unser Handwerk. Getreu dem Motto *„ohne Fleiß kein Preis"*, blieben wir fast eine Woche draußen und versuchten alle nur möglichen Tricks, um einen dicken Lachs an die Angel zu bekommen. Es gelang tatsächlich, heute hängt dieses Monster sauber präpariert in der Wohnung meines Sohnes. Er war der Glückliche und hatte einen über 50 Pfund schweren Fisch schweißtreibend gedrillt und gelandet. Mutter hat ihm die Haut abgezogen, dem Fisch!, das Fleisch schmeckte in Butter gebraten ganz vorzüglich.

Der erste Fisch am Haken

Der erste Fisch am Haken

Natürlich wissen wir, dass die Fischer am Lagerfeuer genauso lügen wie die Jäger, das versteht sich ganz von selbst. Der dickste Fisch ist immer mitsamt Haken und Schnur abgerissen und auf und davon getaucht, ein Foto hatte man leider keines machen können. Der Drill auf den einen Preiskönigslachs, der hatte über zwei Stunden gedauert, dann ist der Kerl unter einem Baumstamm verschwunden und auch von ihm war kein Beweis vorhanden.

Mich packt dann immer ganz besonders die Erinnerung an das erste Fischen, die erste Forelle, die an meiner Angel hing. Das Gefühl, das werde ich nie vergessen können. Da sitzt man schon stundenlang im Boot, wir „trollen" den See rauf und runter, rauf und runter, die Sonne brennt uns auf den Rücken, den Kopf, keine Wolke am Himmel, das Wasser spiegelglatt, die Temperatur vielleicht ein wenig zu warm, um die Fische wirklich gut beißen zu lassen. Man angelt tief, man angelt hoch, man nimmt einen Blinker, oder einen Meps, fädelt einen Wurm auf den Haken oder schleppt eine Nassfliege hinterher. Aber bisher hat sich nichts gerührt, und dann plötzlich, dann fährt einem ein glühender Draht durch das Armgelenk, dann packt man die Rute noch fester, es zappelt etwas an der Schnur. Wie ein Wunder kommt es einem vor, jetzt nur nichts falsch machen, nur die Ruhe bewahren. Der Fisch, der erste Fisch ist an der Angel! Halleluja! In den Fingern kribbelts, im Handgelenk brennt es, bis in die Schulter hinauf zieht sich jeder Muskel zusammen, fühlt man jeden Nerv kitzeln, haaaa, aber vor allem in den Fingern und den Händen, da sitzt die Aufregung und Spannung. Die Spitze der Rute biegt sich tief ins Wasser. Jetzt anhauen, fest an hauen, schreit der Heinrich, damit der Haken auch wirklich tief im Maul hängen bleibt, und jetzt langsam, ganz langsam und gleichmässig einrollen, dem Fisch keine Luft geben, der darf keine lose Schnur spüren, sonst macht er einen Zucker, spuckt aus und ist weg. Also tief Luft holen und drehen, immer kräftig drehen, immer die Angelspitze im Blickfeld behalten, damit sich diese auch gleichmässig biegt. Erst lässt er sich ganz einfach heranziehen, ohne viel Theater zu machen. Dann aber, je näher er dem Boot und der Wasseroberfläche kommt, je mehr Leben kommt in ihn. Er dreht sich, er windet sich, er springt aus dem Wasser und will sich losreißen. *„Immer weiterdrillen, lass ihm ja keine Luft"*, ruft Heinrich.

Leicht gesagt, wenn man vor Aufregung richtige Gummifinger und -hände hat, die nicht richtig zupacken können. Wackelpuddig, der ganze Mensch! Der erste Fisch, Mensch, das muss man sich erst einmal vorstellen, diese Aufregung, diese Sensation, dieses Erlebnis. Gott sei dank ist es nur eine kleine Forelle, aber für den Anfang und als erster Fisch, einfach sagenhaft! Heinrich stellt den Motor ab und nimmt das Fangnetz in die Hand und ich kurble weiter meinen Fang zum Boot. Dann wird er gelandet, liegt im Netz und wird ins Boot gehoben. Da liegt sie nun vor mir, meine erste kanadische Forelle. Ich weiß, dass ihr Fleisch ein tiefes Rosarot hat, weil ja die anderen schon etliche gefangen haben, weiß, dass sie herrlich schmecken wird, aber sie ist doch meine Erste und darum etwas ganz Besonderes.

Dann kommt der etwas grausige Moment, denn der schöne Fisch bekommt einen kräftigen Schlag mit dem geschnitzten Totschläger meines Sohnes über den Kopf und mit einem letzten Zucken wird seinem Leben ein Ende gesetzt. Vorsichtig löst man den Haken und legt den Fang in die Truhe mit den Eiswasserflaschen, damit er so frisch wie möglich bleibt.

Und das war's auch schon!

Wie lange habe ich mich auf diesen Moment gefreut und ihn mir in Gedanken ausgemalt. Wie lange habe ich auf diesen Moment gewartet, hingearbeitet mit einer Ausdauer, die manchesmal schon nicht mehr ganz normal war. Egal, bei welchem Wetter, ich bin mit meinem Boot auf dem See gewesen und habe gefischt, und es hat halt nicht jeden Tag ein Fisch gebissen, so ist die Natur. Selbstverständlich ist da gar nichts, nicht einmal ein kleiner Fisch für die Pfanne am Lagerfeuer. Darum werde ich diesen ersten Fang auch nicht so schnell vergessen. Und jedes Jahr wieder, wenn die Fischsaison beginnt, wenn wir die Boote und die Angelausrüstung richten und vorbereiten, wenn das Eis dann endlich von den Seen geschmolzen ist und wir zum ersten Mal wieder das Boot zu Wasser lassen können, jedes Jahr wieder denke ich an den Moment, als diese erste Forelle an meinem Haken war. Wie überlegen sich der Mensch da vorkommt, wie überheblich auch, Meister über Leben und Tod, so in einigen wenigen Minuten..........ja, ja, der Fischer mit der Rute, der sah mit kaltem Blute, wie sich das Fischlein wand...... aber nachdem wir immer nur so viel nehmen, wie wir auch wirklich leicht und gerne verzehren können, ist mein schlechtes Gewissen nicht allzu groß.

Und jeder Fisch kämpft anders, es ist wirklich ein unglaubliches Erlebnis, das Fische fangen. Man muss sich auf die einzelnen Exemplare seelisch einstellen. Es wird auch nicht jeder Fisch auf die gleiche Weise befischt. Vom Blinkern über Trollen, bis hin zum tiefen, tiefen Blinkern, jede Fischart hat ihre besondere Angelart. Und jeder Biss muss anders behandelt werden. Beim Meps oder Dreifachhaken, da muss man schnell und gleich anschlagen, beim Wurm dagegen, da muss man Geduld haben. Erst nibbelt er einmal, dann zweimal und wenn er ein drittes Mal an den Wurm drangeht, dann lässt man ihn ganz tief schlucken und haut den Haken an und holt den Preis aus dem Wasser. Seeforellen und Lachse und Heilbutte, die holt man aus großen Tiefen, da geht die Schnur und der Köder mit einer dicken Bleikugel in die dunklen Fluten. Da starrt man dann nur stundenlang auf die Rutenspitze, ob sich da etwas Außergewöhnliches bewegt, wenn sie gleichmässig vor sich hin zuckelt, dann kann man ein kleines Nickerchen halten, manchesmal ruckt es aber auch, wenn man durchs Kraut fährt, dann muss man den ganzen Apparat wieder hereinholen, alles sauber machen und von vorne anfangen. Wenns dann aber wirklich rappelt, weil sich eine große Forelle oder ein Lachs verbissen hat, dann, ja dann fließt das Adrenalin nur so durch den Körper, dann merkt mans eben ganz anders, als wenns Kraut gewesen wäre. Dann muss man so fest anhauen, dass sich die Schnur aus der Klammer löst, die am Eisenseil befestigt ist und dann geht der Kampf so richtig los. Eine wahre Freude ist das! Die Forellen, die Lachse, die kämpfen, die winden und wälzen sich, die springen aus dem Wasser, da hat man wirklich oft seine liebe Mühe, sie nicht zu verlieren und sie zu landen. So eine Seeforelle dagegen, Saibling in Österreich, Namacush Forelle, die lässt sich, auch wenn sie noch so groß und dick ist, oft wie ein nasser Fetzen aus dem Wasser ziehen, die kämpft nicht, die kommt oft von so tief herauf, dass sie wahrscheinlich keine Luft mehr hat, um sich wehren, die landet man einfacher. Auch mancher Hecht ist wie ein Brett ans Ufer oder ins Boot zu ziehen. Der Königslachs, den mein Sohn vor vielen, vielen Jahren im Kitimat gefangen hat, der dagegen hat uns über zwei Stunden schwitzen lassen, hat streckenweise sogar das Boot mit sich gezogen, so hat der um sein Leben gekämpft, aber der Haken saß gut und ein Entkommen gab es nicht. Minutenlange wälzte er sich weit hinter dem Boot, versuchte durch die Drehbewegungen den Haken zu lösen, dann ließ er sich tief in die Fluten sinken, da musste Joachim dann schnell wieder Leine auslassen, damit die Angel nicht bricht, dann kam er aber gleich wieder vor dem Boot hoch und schnell, schnell musste die Schnur wieder eingekurbelt werden. Hin und her ging es, er durfte uns nur nicht zu nahe ans Ufer kommen, denn dort lagen Schwemmholzstämme und dort konnte er sich dann so einstellen, dass wir ihn wirklich nicht mehr hätten landen können. Aber es gab auch Minuten, wo er unser relativ leichtes Aluminiumboot einfach hinter sich herzog. Aber Joachim hatte die Angel fest in seinen Händen, die Anweisungen von Heinrich kamen präzise und immer wieder versuchte der Riesenfisch, er wog dann über 50 Pfund! aus dem Wasser zu springen und den Haken abzuschütteln. Langsam, langsam wurde er aber des Kämpfens müde, seine Drehbewegungen wurden weniger, er tauchte nicht mehr so oft in die Tiefe, er ließ sich Stück für Stück, Drehung für Drehung zum Boot bringen. Mensch und Tier waren müde und es schien, dass beide froh waren, als endlich die Spannung vorüber war und der Fisch sicher im Boot lag. Dann wurde er gewogen und vermessen und dem glücklichen Fischer ein kräftiges *„Petri Heil!"* ausgesprochen.

Die größte Aufregung waren die wenigen Heilbutte (halibuts), die wir an die Angel bekamen. Zuerst meint man schlicht und einfach einen sogenannten „Hänger" zu haben, also der Haken hat sich da unten irgendwo in einen Baumstamm oder Felsbrocken gebohrt. Dann aber rührt sich doch etwas, dann weiß man plötzlich, dass man so einen Heilbutt dran hat. Wie eine Zementplatte, wie ein riesiger Stamm lässt er sich aus dem Wasser ziehen. Auch er kämpft vorerst einmal nicht, so gut wie nicht, wie es die Seeforelle tut. Erst wenn er immer weiter nach oben kommt, dann muss man ganz gut aufpassen, darf keine falsche Bewegung machen, die Angel nicht zu locker zu halten, denn dann kommt Leben in dieses Urvieh, dass man da aus der Tiefe des Meeres geholt hat. Aber man hat ihn dann noch lange nicht im Boot ! Sie können eine enorme Größe erreichen und die Einheimischen schießen gerne mit dem Schrotgewehr und einem Brennekegeschoss in den Kopf, sobald dieser sichtig wird, weil man ihn so leichter landen kann. Wir wollten unseren natürlich ohne solche Tricks ins Trockene bringen. Und er kam auch herauf, cm um cm wurde die Leine eingeholt, die Angel bog sich fast bis zum Brechen, aber Heinrich hat nicht nachgelassen. Und dann war er schon neben dem Boot, das Gaff, eine lange Holzstange mit Eisenspitze am Ende, um ihn aufzuspießen, lag auch schon griffbereit. Das Gaff ist eine spezielle Vorrichtung mit dem schon die alten Eskimos auch ihre Wale gespeert haben. Eine Holzstange und eine Eisenspitze sind mit einem ca. 50 cm langen dünnem Stahlseil verbunden. Wenn man die Spitze in den Fisch stößt, löst sich diese von der Stange, der Fisch kann wohl noch ein Stück vom Boot wegschwimmen, entkommen kann er jedoch nicht mehr. Also, das Gaff griffbereit neben dem Boot, der Fisch halb aus dem Wasser gezogen.........da schaut er uns mit einem, so schief nach oben gerichteten Auge noch einmal an, macht einen tüchtigen Schlag mit seiner kleinen Schwanzflosse, die aber sehr viel Kraft hat, reißt die Angelschnur ab und lässt sich wie eine Zementplatte in die Tiefe fallen. Unsere Gesichter hat Gott sei Dank keiner gefilmt, denn ich möchte nicht wissen, wer blöder dreingeschaut hat, der Fisch oder wir.

Und so hatten wir endlich auch unsere Geschichte von einem großen Fisch, den wir nicht fotografieren konnten.

Waldtoilette

Weidmanns Heil auf Waldhühner

Mosquitos nennen wir sie hier in Kanada

Man nennt sie auch Schnacken, Gelsen, Moskitos, Stechmücken, Stanzen und sie sind eine wahre Pest im Frühsommer, sowohl beim Fischen als auch bei der Frühjahrsbärenjagd. Die Plage erreicht Ende Juni, Anfang Juli ihren Höhepunkt, wenn die erste Brut ausgeschlüpft ist, dann gibt es kein Entrinnen mehr. Im Yukon ist es besonders schlimm. Man hat das Gefühl, je weiter man in den Norden kommt, um so größer und aggressiver werden sie. Der Boden dort ist immer sumpfig, entlang der Flüsse an denen Hütten gebaut wurden, standen einem dichte Wolken von diesen Blutsaugern vor dem Kopf. Man schützt sich mit allen möglichen Sprays und Crems, kauft sich Hüte mit Netzen, die man dann in den Kragen stecken kann. Oder man kauft sich Netzhemden, in denen man ganz verschont bleiben soll. Aber irgendwo ist immer eine kleine Falte in der Kleidung, vielleicht zwischen Hosenbein und Socken, und die finden diese Biester mit Sicherheit. Alles hilft ein bisschen, wirklich helfen tut aber gar nichts, auch nicht das rauchende Feuer, in dem man fast erstickt vor lauter Husten. Sofern man sich einige Schritte entfernt, umbrummen und umsurren sie einen wieder. Attacke heißt das Motto und mit einer Geschwindigkeit von 1,5 bis 2,5 Kilometer pro Sekunde fallen sie über ihre Opfer her. Endlich frisches Menschenblut und davon auch noch so viel, alle Mann hier her! Glaubt man den Biologen, sollen nur die Weibchen stechen, da ihnen ein besonderes Protein in unserem Blut bei der Eierbildung helfen soll. So weit, so gut, aber wie soll man die Geschlechter unterscheiden, unter dem dichten Schleier aus grauem Netz vor seinen Augen. Aber man arbeitet halt einfach weiter. Unser bester Indianer, Guide Marvin, gab uns einmal den guten Rat, sie einfach zu essen, so viele wie möglich hinunterzuschlucken. So baut man Antikörper auf und wird in Zukunft in Ruhe gelassen. Damals waren wir noch ganz neu im Land, da hat er uns mit solchen Geschichten wirklich gut unterhalten! Viel Knoblauch essen soll auch helfen, naja, das schreckt aber nicht nur die Moskitos ab, die Wolke ums Camp war schlimmer, als im alten Griechenland. Vielleicht werden wir ja nun uralt, denn angeblich soll Knoblauch auch helfen, steinalt zu werden. Früh am morgen ist es noch erträglich, wenn die Sonne jedoch ein wenig wärmer wird, werden sie munter, diese kleinen Starfighter und umsummen einen in penetranter Ausdauer. In der Mittagshitze verschwinden sie wieder, so ganz heiß mögen sie es scheinbar doch nicht. Abends wird's dann wieder unausstehlich, und wenn ich spät am Abend im Garten noch schnell ein wenig Unkraut zupfen will, weil das so schön beruhigend auf meine Nerven wirkt, dann wecke ich sie aus den Salatblättern alle wieder auf und sie kommen wieder angesurrt. Insofern bleibt nur die Mittagshitze, um etwas Ruhe zu bekommen. Sie lieben eben warme, windstille Tage mit leichter Bewölkung am Himmel. Eine leichte Brise auf der Terrasse hilft auch, den Wind mögen sie ebenso wenig wie starken Regen, obwohl sie im Wasser mehr oder weniger geboren werden und ihre ersten Lebensabschnitte verbringen. Sofern man leichtsinnig wird und sich seines

Netzhemdes entledigt, bssss, surrt schon eine um den Kopf, steuert das linke Ohr an. Man klatscht sich selber eine Ohrfeige drauf und hofft, das Vieh damit erschlagen zu haben, aber weit gefehlt. Das Ohr klingt ein wenig nach, aber das bsssssssss, bssssssssss ist immer noch in Hörweite. Jetzt auf dem Weg zum Hals, patsch, auch da haut man sich ordentlich eine drauf. Dann kommen die Waden dran, weil bei 25 Grad im Schatten rennt man nicht gerne mit langen Hosen herum. So wird man selbst zum größten Watschenmann und kann sich doch gegen diese Quälgeister nicht helfen. Dann setzt sich endlich so ein Viech auf den Rücken des Partners, freie Sicht, man haut ihm eine ordentliche zwischen die Schulterblätter, davon ist er aber gar nicht begeistert und trotzdem entwischt der Brummer. Natürlich kann diese Hilfsbereitschaft auch manchesmal übertrieben werden, und der Partner, die Küchenhilfe, der Pferdebursche kriegt jedesmal eine auf den Rücken geklatscht, sofern auch nur eine Stechmücke in der näheren Umgebung ist. Manchesmal wird ein Spiel daraus, das eher dem berühmten Watschentanz der Zillertaler Schuhplattler ähnelt.

Besonders schlimm wird es nachts. Todmüde legt man sein Haupt zur wohlverdienten Ruhe und schließt genussvoll die Augen. Der Tag war lang, gearbeitet hat man viel, endlich darf man sich ausruhen. Die Fenster sind alle mit Fliegengittern versehen, das Zelt hat ein Mückennetz drumherum. Friedliche Stille umfängt das Lager. Bsssssss, das darf aber jetzt wirklich nicht wahr sein, bsssssss, schon wieder hat sich irgendwo so eine Blutsauger in das Innere der Holzhütte oder des Zeltes verirrt. Nein, verirrt sicherlich nicht, gezielt gesucht, wo man eindringen und Unruhe stiften kann. Bssssssss, erst wird einmal das Surren ignoriert, vielleicht geht's zum Nebenmann, vielleicht riechen seine Schweißfüße besser als man selber! Aber nichts da, jeder Mensch riecht anders, und es gibt einige Blutsorten, die den Moskitos besonders gut schmecken. Diese armen, bemitleidenswerten Kameraden werden attackiert, immer und immer wieder, obwohl vielleicht drei andere Kandidaten rundherum stehen oder liegen, nein, auf den einen gehen sie los.

Alle nur möglichen Abwehrmittel habe ich gekauft und ausprobiert, von den neuen elektrischen Fliegenklatschen, den batteriebetriebenen, die „zapen" die Moskitos, wenn man sie damit abschießen kann, also sie verschmoren sie. Außerdem gibt es verschiedene Kerzen und Räucherstäbchen, die abschrecken sollen. Eine elektrische Lampe hängen wir am Balkon über den Tisch, die soll die Ungeziefer anziehen wie die Motten das Licht. Tut sie auch wirklich, aber wenn dann die ersten Leichen auf dem Tischtuch, in der Suppenschüssel landen, dann hat man mit dieser Art von Hilfe auch nicht viel Freude. Meine Blutgruppe scheint wie ein Magnet auf diese Biester zu wirken. Eine Watsche links, ein Klatsch auf das Ohr, einen noch größeren auf die Stirn, die hab' ich endlich erwischt, ahhhhhh, jetzt kehrt vielleicht Ruhe ein. Aber denkste, von irgendwo her kommt wieder so ein Unruhestifter und umsurrt meinen Kopf. Trotz Hitze schaue ich schon fast nicht mehr aus meinem Schlafsack, aber irgendwo in den Haaren, da hat sich eine verfangen und sticht … bsssss … ganz besonders bösartig. Eine Kopfmassage tut jetzt gut, und leichte Schläge auf das Hinterhaupt sollen das Denkvermögen fördern, aber alle die blöden Sprüche helfen mir nichts, ich will eigentlich endlich, endlich in Ruhe schlafen und meinem abgearbeiteten Körper die verdiente Ruhe gönnen. Was bleibt, Mund auf und versuchen vielleicht doch ein paar zu schlucken, wie Marvin es uns geraten hat? Da käme ich mir aber wirklich sehr blöd vor und bin mir sicher, dass auch das keinen Erfolg bringen wird.

Besser wird es erst im September, nach den ersten frostigen Nächten, dann sterben sie aus, dann werden sie ins Jenseits gebracht, endlich, dann wird's ruhiger um die Lagerfeuer, im Camp, im Haus und im Garten. Bis auf die wenigen schwangeren Weiber, die irgendwo in einer Baumritze, einem Wurzelstock überwintern oder ihre bereits im Schlamm abgelegte Eier und Minilarven, die im Norden Temperaturen von minus 40 bis minus 50 Grad überstehen können, die dann im kommenden Frühling mit einer Brut von neuen Blutsaugern das Leben zur Qual zu machen.

Patricks Kanu wird getauft

Am Work Channal

Eine unserer Lieblingsecken zum Jagen auf Frühjahrsbären und Fischen auf Lachse ist der Work Channal in der Nähe von Prince Rupert, also an der Westküste von British Columbien. Der Meeresarm ist weniger bekannt und besucht als sein Nachbar, der Douglas Channal, der vom Meer herein bis nach Kitimat kommt oder der Kuzemateen, in dessen Gewässern es neuerdings bekannte Ökotourismus-Unternehmen gibt, die nach Grizzlys beim Fischen Ausschau halten.

Der Work Channal hat das auch alles, aber weil die Zufahrt durch die Berge auf einer sehr, sehr holprigen, gefährlichen alten Forststraße nicht für jedermanns Geschmack ist und man nicht mit den riesigen Booten ins Wasser kann, ist er einsamer, unberührter – und genau das wollen wir, das suchen wir. Die beste Zeit für die ersten Lachse ist Mitte Juli, wenn auch die Moskitos am besten stechen und die Bären etwas dürr und hungrig aus ihren Höhlen schon die Ufer nach alten Kadavern vom letzten Jahr absuchen. So dick wie an der Küste sind die Schwarzbären und Grizzlies nirgendwo, die satte Diät an Fischen macht sie einfach um viele Kilo schwerer und daher auch größer, als z. B. unsere „Gebirgsbären", die nur vom Grünzeug und Beeren fett werden müssen. Man stelle sich den Work Channal vor, wie einen engen, langen Fjord, irgendwo oben in Norwegen – ich war zwar noch nie dort, aber solche Bilder habe ich gesehen. Die Steilhänge sind dicht mit Wald bewachsen, von den Gipfel leuchtet der letzte Schnee, auf den Almmatten graben die Grizzlys nach Erdhörnchen bis die ersten Lachse in den Channal ziehen und alles sich dort fürs Dinner versammelt. Seehunde folgen den Lachsschwärmen und auch so mancher Orka (Schwertwal) ist zu beobachten, wie er hinter den Fischen und Seehunden herjagt.

Der Campingplatz am Ostende des Fjordes war vor einigen Jahren sehr gepflegt und gut betreut. Dann hat man seitens der Regierung begonnen, Sparmaßnahmen einzuführen und seit dem ist dort nichts mehr. Kein Toilettenhäuschen, keine Bootsanlegestelle, nur noch Natur pur. Aber wir, die wir wie etliche andere, alle Jahre wieder dorthin fahren, wir haben uns unsere eigenen „Einrichtungen" tief im Wald versteckt gebaut. Nur mit dem Boot zu Wasser lassen ist es dort etwas kompliziert – wegen des Tidenhubes! der bis zu 5.80 und 6 m sein kann. Gott sei Dank gibt es noch Tabellen, wo und wann man die Höchstezeit und die Tiefstezeit hat und danach sollte man sich richten, wenn man Ausfahren möchte.

Früh am Morgen ist es etwas kritisch. Heinrich hat das Boot bereits ins Wasser gelassen, unsere Enkelkinder zappeln schon recht ungeduldig darauf herum, die Großen sollen ja aufpassen, dass das Boot immer schön schwimmt, denn wir müssen schnell das Auto wieder auf den Abstellplatz bringen und zurückrennen zum Abfahren. Das kann ein wenig dauern und mitunter kann uns das Wasser so schnell unter dem Bug weglaufen, dass man es nicht für möglich halten würde. Aber so ein Zigarettchen oder zwei, die schmecken dem Rudi und dem Stefan, getratscht wird auch fleißig und als wir beiden „Alten" endlich keuchend wieder ans Ufer kommen, da sitzt das Boot mit dem Bug schon ganz schön im Schotter fest. Urdeutscherfluch für die beiden Unachtsamen und mit viel, viel Hauruck kriegen wir das Boot dann doch wieder in tiefere Gewässer. Allerdings wird's jetzt mit dem Einsteigen für uns schwer, denn trockenen Fußes über die Bootsreeling geht nix mehr, es muss die kleine Leiter seitlich herausgeholt werden. Wir müssen bis über den Nabel in die eiskalten Fluten und uns ins Boot hinaufziehen. Dass der Tag somit nicht gerade mit Hurra und großer Freude begonnen hat, das kann man sich ja vorstellen. Aber was soll's, solche Episoden gibt's öfter und machen das Leben hier in der Wildnis halt noch ein bisschen spannender als wir es eh schon haben. Dann tuckern wir los und legen unsere Krabben- und Shrimpfallen aus. Dann geht es die Ufer entlang, um nach Bären Ausschau zu halten. Viele sind nicht unterwegs, was uns sagt, dass auch noch nicht viele Lachse im Channal sind. Hoch oben auf den Wiesen sehen wir eine große Gruppe von Schneeziegen friedlich grasen, da hinauf, ja dahinauf sollte man noch einmal steigen können, aber in unserem Alter, da wird's schon nicht mehr so einfach, da müssen wir welche finden, die mehr im Tal „wohnen", aber vor allem sind wir ja zum Fischen hier und das hat uns noch nie enttäuscht. Schollen und Seebarsche gibt es in Mengen, der eine oder andere Lachs beißt auch, wird dann gelandet oder geht wieder ab. Der riesige Heilbutt, der verabschiedet sich wieder (wie vorher schon erzählt) ohne sich fotografieren zu lassen. Mittags landen wir vorsichtig an einer herrlichen Stelle an einem Wasserfall und einer kleinen Wiese und lassen uns die Sonne so richtig auf den Buckel scheinen. Aber nie den Wasserstand aus den Augen lassen, immer auf der Hut sein. Die Kinder wollen aussteigen und sich hinter dem Wasserfall verstecken, was sie auch tun und einfach herrlich finden, da macht die tiefe Temperatur des Wassers dann überhaupt nichts mehr aus. Aber zu lange dürfen sie sich nicht aufhalten, das Boot muss wieder weg vom Ufer, langsam kommt die Ebbe immer weiter in den Work Channal herein und wir sind sicherer, wenn wir uns mitten draußen treiben lassen. Irgendwann dann hat man aber genug, dann wird es langsam langweilig für die Enkelkinder, dann wollen sie lieber im Wald Mooshäuschen bauen, ich will noch ein paar Blaubeeren pflücken, beißen tut auch nichts mehr so richtig, also drehen wir den Bug in Richtung Heimat. Wir rasen nicht, aber der schwere 200 PS Motor gibt schon einiges her, die Gischt spritzt hinter uns hoch, es ist ein paradiesischer Zustand, ein modernes Paradies zugegebener Maßen, denn wahrscheinlich könnte man es in einem Kanu noch viel besser genießen, wäre aber tagelang unterwegs.

Als wir doch etwas schnell um eine Biegung kommen, da blinkt mir was im linken Auge, nur so ganz kurz. *„Stop, halt"*, schrei ich dem Käptn Heinrich an, *„da oben, da oben in den Felsen, da sitzt doch was oder wer"*. Schnell gebremst und die Ferngläser genommen und wirklich, hochoben am Waldrand in den Felsen, da liegt ein kleines Boot im Trockenen, ein verzweifelter Mensch steht daneben, winkt und schreit, um auf sich aufmerksam zu machen. Wir drehen um und langsam und vorsichtig steuern wir den Gestrandeten an. Ihm sei beim Motor etwas kaputt gegangen, er wollte nur schnell anlegen und versuchen ihn selbst zu richten, da ist die Ebbe gekommen und hat ihn drei Meter über dem Wasser so richtig „in der Luft verhungern lassen". Ob wir ihn vielleicht mit zum Campingplatz nehmen könnten. Ihn allein ja schon, sagt der Heinrich, aber das Boot, das kriegen wir jetzt nicht mehr flott, da muss er warten bis die volle Fluthöhe wieder erreicht ist. Ja, ja, das sei ihm schon klar, aber er wäre froh und dankbar, wenn er selber mitgenommen würde. Also steuern wir noch näher an die Felsen, Gott sei Dank für unser dickes, spezialgefertigtes Aluminiumboot, das kann ein paar Kratzer schon aushalten. Joachim mit den längsten Armen und Beinen klettert vorne auf die Felsen, dreht das schwere Hinterteil des Bootes mit den beiden Motoren ins tiefe Wasser und versucht es stabil zu halten, damit der ältere Mann einsteigen kann. Schnell hat dieser sein eigenes Boot an einigen angeschwemmten Stämmen angebunden und turnt jetzt über die Reeling auf unser Schiff. Joachim muss immer wieder unser Boot freischaukeln, denn das Wasser sinkt so schnell, dass auch wir bald Gefahr laufen, stecken zu bleiben, aber dann schwingt auch er sich auf's Schiff, nachdem er es noch einmal mit einem tüchtigen Stoß vom Ufer weggeschoben hat. Und weiter geht die Fahrt nach Hause.

Unser Passagier kann es sich gar nicht vorstellen, wie ihm so etwas passieren konnte. Seit über 10 Jahren würde er schon hier fischen und jagen und nie, aber auch nie hätte er die kleinsten Schwierigkeiten gehabt. Sein Boot ist aus Fiberglas gebaut, daher auch doppelt so schwer wie das unsere und vor allem schnell mit einem Loch versehen! Wie froh er wäre, dass wir ihn gesehen hätten, es wären schon einige Boote an ihm vorbeigesaust, keiner hätte ihn bemerkt. Da sagt der Heinrich dann verschmitzt, ja, da hätte er sich bei „Adlerauge" zu bedanken. Das ist nun seit 23 Jahren hier im Lande schon mein Spitzname, denn so schnell entgeht mir nichts, „was nicht wirklich in die Landschaft passt". Also hat mich auch das Aufblinken der Sonne auf der Windschutzscheibe, da oben am Waldrand, wo das doch wirklich nicht hingehört, aufmerksam gemacht. Böse Zungen behaupten ja, dass manchen Weibern einfach nichts entgeht! Mag man es sehen wie man will, in diesem Fall war es gut und hat geholfen.

Wir liefern Fred bei seiner Familie ab, drehen wieder um, um unsere Fallen alle einzuholen. Was für ein erfolgreicher, herrlicher Tag dies war. Etliche grosse Dungeness Krabben sitzen in der Falle, die Shrimpfalle ist voll bis oben und dazu noch die herrlichen Fische. Drei Zigaretten fliegen zerbröselt über Bord, denn Mutter Erde liebt ihren Tabak und bekommt ihn auch von mir immer als „Danke schön" für ihre Gaben!

Später müssen wir dann schnell wieder unser Boot aus dem Wasser holen, aber diesmal nicht so ganz in Eile, denn langsam kommt die Flut wieder herein und erleichtert unsere Arbeit. Beim abendlichen Lagerfeuer haben wir also einige Geschichten zu erzählen, nachdem die Maats vom Käptn nochmals eindringlich die Leviten gelesen bekamen. Mitten in der Nacht hörten wir dann ein Boot starten, die bringen sicherlich den Fred jetzt hinaus in den Channal, damit er sein Boot bergen kann. Man musste es abschleppen, der Motor konnte in stockdunkler Nacht nicht repariert werden. Am nächsten Tag musste er nach Prince Rupert, um Ersatzteile zu besorgen, was immerhin eine Fahrt von über 11 Stunden Rundtrip ist. Denn wenn man einmal vom Fieber gepackt ist, dann hält einen nichts, fast nichts zurück, dann will man fischen und jagen und koste es was es wolle.

Schwarzbären sind überall anzutreffen

Seltsame Wachposten

Eine der eigenartigsten Geschichten ging dieser Tage durch die Medien, die ich je in British Columbien gehört habe. Ich will sie hier wiedergeben mit der Aufforderung, „Nachahmung NICHT empfohlen".

Unser wunderbares Land hier gehört leider auch zu einem der besten und größten „Gewächshäuser" des Westens, wenn es um den Anbau von Hanf, Pot, Marihuana, ich weiß gar nicht, wieviele verschiedene Namen dieses Kraut mittlerweilen bekommen hat, geht. Es wächst hier gut, sehr gut, so gut wie Unkraut eben und es wächst fast überall. Nicht nur in leerstehenden Häusern in und rund um Vancouver oder Prince George oder einer anderen größeren Stadt. In den Kellerräumen, in den Holzschuppen, auf Dachböden in alten Kästen und Kühltruhen, es gibt fast nichts, wo nicht so ein kleiner Hanfsamen seinen Weg hinfindet und sich zu einem Geschäft mit Millionen Umsatz entwickeln kann.

Man raucht es auch, einfach in der Öffentlichkeit, obwohl ungesetzlich, die Behörden sind so überlastet mit so vielen anderen Delikten, dass so ein kleiner „Potsmoker" gar nicht ins Gewicht fällt. Man dreht sich um, schaut weg oder hält auch schnell die Hand auf, um mitzuschneiden.

Seit ganz kurzer Zeit gibt es endlich eine Zusammenarbeit der Polizei mit den Elektrizitätsgesellschaften, denn so ein unterirdischer Pflanzengarten, der frisst schon etlichen Strom, der irgendwo illegal abgezapft wird oder den Zähler zum Rennen bringt. Merken die Stromzulieferer, dass es über einen normalen Haushalt hinausgeht, dann wird die Polizei eingeschaltet, dann darf die endlich eine Haussuchung machen und findet das Grünzeug, das für viel, viel Geld gehandelt wird, vorallem auch mit den USA. Die gesunde kanadische Luft, die macht das Kraut anscheinend wirkungsvoller und besser, als der saure Regen im südlichen Nachbarstaat.

So geschah es, dass auf einer Wanderung durch einen sehr berühmten Nationalpark im südlichen British Columbien einer Gruppe von begeisterten Bergsteigern beim Auffüllen ihrer Wasserflaschen an einer Quelle mitten im Wald, ein langes schwarzes Plastikrohr auffiel, dass sich da durch die Landschaft schlängelte. Neugierde ist immer und überall groß geschrieben, so gingen die fünf Freunde diesem schwarzen Schlauch einfach nach, einige hunderte Meter, durch dick und dünn, über Felsen und durch eine Schlucht. Und dann tat sich ihnen eine große, freie Fläche auf. Zu Beginn glaubten sie an einen alten Kahlschlag gelangt zu sein, aber in einem staatlichen Park darf nicht gerodet werden, da muss alles von selber umfallen und liegenbleiben, wie es dem lieben Gott gefällt. Aber hier war eine riesige Fläche, einige hundert Quadratmeter, baumfrei, buschfrei, aber nicht gewächsfrei! Der schwarze Schlauch hatte sich mittlerweilen in viele, viele einzelne Schläuche mit komplizierten Abzweigungen und Verschraubungen geteilt. Und jedes dieser Rohre lief entlang eines Grabens, neben dem die kräftigsten Marihuanapflanzen, die man sich nur vorstellen kann, wuchsen.

Nach Abschreitung der ganzen Anlage fanden die Männer auch eine Schaltanlage mit vielen Uhren, die jeweils zur Bewässerung der Pflanzen eingestellt waren. Morgens von fünf bis halb sieben, mittags von elf bis eins und abends wieder von halb sieben bis neun, damit nur ja kein Pflänzchen kaputt geht oder armseelig verdursten muss. Ja, unsere Technik machts möglich, das dicke Geld, das man damit verdienen kann, das hilft natürlich auch, aber das Auge des Gesetzes hat dann doch die findigen „Gärtner" erwischt und bestraft. Schade um die viele Arbeit, wenn man anstelle von Rauschgift lieber Gemüse für die armen Leute angepflanzt hätte, dann wär's was Sinnvolles gewesen, aber die zahlen halt nicht so gut wie die Rauschgifthändler.

Ganz in der Nähe von Prince George, das nun leider zur Stadt mit den meisten Verbrechen in ganz British Columbien „gekrönt" wurde, fanden die emsigen Polizisten einen Einsiedler, der da anscheinend friedlich vor sich hin von und aus der Natur lebte, Notstandshilfe empfing, aber sonst nicht unangenehm auffiel. Nur seine Stromrechnung, die war eines Tages auch viel, viel zu hoch, sodass man sich die Mühe machte, ihm in seiner einsamen Hütte einen Besuch abzustatten. Die Straße durch den Wald auf seine kleine Lichtung zu war schlecht zu befahren, sodass es kein Blitzeinsatz werden konnte. Hin und wieder erspähten die Beamten einen Schwarzbären, ganz am Rande der Straße, gleich hinter einigen Bäumen versteckt. Je näher sie dem Anwesen kamen, umso mehr Bären wurden beobachtet. Nun machten sich die Männer wirklich schon Sorgen um den Einsiedler, wenn sich hier so viele Bären eingenistet haben, das kann ja gefährlich für den werden. Mit lautem Gehupe vertrieben sie drei Schwarze direkt vor der Haustür, aber diese ging nicht auf, niemand kam heraus um nachzusehen, was denn der Tumult sollte. Die Polizisten zogen ihre Waffen und stiegen langsam aus ihrem Fahrzeug und riefen den Namen des Mannes, immer und immer wieder. Mittlerweilen waren an die 10 Bären in der nähren und weiteren Umgebung des Hauses aus den Bäumen und Büschen erschienen.

Dann ging eines der Fenster einen Spalt auf und der Kopf des Bewohners war zu sehen. Was sie denn von ihm wollten? War seine Frage. Er solle doch einmal herauskommen und sie hätten eine Reihe Fragen an ihn zu stellen. Umständlich machte er dann die Haustür auf und kam die wenigen Treppen auf die Männer zu. Dass in solchen Situationen die Zeigefinger an den Pistolen ziemlich unruhig werden, das kann man sich ja vorstellen. Außerdem kamen immer mehr und immer mehr Bären aus dem Wald und hockten sich sogar auf die Stufen vor dem Haus. Hat man sowas schon erlebt?

Ja also, der langen Rede kurzer Sinn, man sei hier, weil seine Stromrechnung so hoch wäre? Er hätte doch aber gar keinen Stromanschluss sagte der ältere Mann und überhaupt lebt er nur von dem wenigen, was die Natur ihm bietet. Dann wurde gefragt, ob man sich etwas näher umschauen dürfe, was er eigentlich nicht zulassen hätte müssen, aber in seiner Naivität das Einverständnis dafür gab. Gleich einige Meter hinter dem alten Haus, da war ein riesiger Holzschuppen, mit relativ neuem Dach, mit einem Stromanschluss. In diesem Schuppen unter speziellen Wachstumslampen gediehen Pflänzchen, grün und haarig, mit ausgezackten Blättern, das altbekannte Kraut, aus dem man in der guten alten Zeit nicht viel mehr als Seile, Säcke und Kutten machte, das man heute aber in blauen Dunst verwandelt, der einem den Himmel näher bringen soll.

Also er, er wüsste nicht, was das sei. Vor einigen Wochen wären ein paar Männer hier gewesen, die hätten ihm eine größere Summe angeboten, wenn sie den alten Holzschuppen renovieren und verwenden durften, was man darin machte, das hätte ihn wirklich nicht interessiert. Wers glaubt!

Und dann fanden die Polizisten rund ums Haus jede Menge, jede Unmenge von Hundefutter ausgestreut. Das lockte die Bären an, die sollten den ganzen Betrieb hier beschützen und alle Neugierigen ferne halten.

Ja, sagt er noch, der Alte, das mit den Bären, das würde ihm aber nicht so gut gefallen, denn wenn das Futter knapp wird, dann werden die schon aufdringlich und kommen bis an die Haustür, dann ist er immer sehr froh und dankbar, wenn die Männer mit einer neuen Lieferung von Hundefutter ankämen und die Bären damit abgelenkt und zufrieden gestellt würden.

Wieviele es denn seien? Ja, das ist verschieden, so zwischen 8 und 12 sind schon jeden Tag da, aber manchesmal auch bis zu 15. Und die werden alle einen sehr unnatürlichen Tod sterben müssen, denn einmal an künstliches, bzw. menschliches, hundisches Futter gewöhnt, kriegt man das nicht mehr aus ihnen heraus. Die werden immer eine Plage bleiben, auch der längste Winterschlaf wird sie diese Futterquelle nicht vergessen lassen und noch nach drei Generationen würden die Mütter ihre Jungen an diese Stelle führen. Ja, so traurig schaut es aus in manchen Ecken dieses gottgesegneten, herrlichen Landes, dort, wo Geld einfach nicht die Welt regiert sondern ruiniert!

Malerischer Indian Summer im Yukon

Keno-City, Yukon

Am Ende des einstmals sehr bekannten SilverTrails im nördlichen Yukon, der von Stewart Crossing nach Nordosten, Richtung Mayo, Elsa und Keno abzweigt, liegt diese kleine verschlafene Minenstadt. Man kann sie eigentlich nicht Stadt nennen, obwohl sie auf manchen Karten großspurig mit Keno City eingetragen ist. Hier wurden vor allem Silber und Blei abgebaut. Der große Anlauf war so um 1900, später dann lebten nur etwas mehr als 20 Menschen in den wenigen Hütten, aber in der Mitte des 20. Jahrhunderts ging es wieder aufwärts.
Die Preise haben angezogen und viele Menschen suchten Arbeit in der alten Mine in Keno.
Sharons Mann, David, war auch einer davon. Die beiden leben in Fort St. James, im Herzen von British Columbien, am wunderschönen Stuart Lake. Der Mensch muss in Canada jedoch dorthin ziehen, wo es Arbeit gibt und Geld zu verdienen ist. Also zog David während der Sommermonate in den hohen Norden und verbrachte nur im Winter wenige Wochen bei seiner Familie zu Hause. Sharon war eine unserer Köchinnen in dem Revier im Yukon, für das ich auch viele Jahre lang tätig war, wir wurden Freundinnen und hatten recht viel Spaß miteinander. In der sonst so männlich dominierten Welt der Wildnisjäger ist es schön, ab und zu ein rein frauliches Gespräch führen zu können, sich gegenseitig die Lockenwickler in die Haare zu drehen und nicht immer nur mit blutigen Händen an irgendeinem Fell herumzuschaben.
Eines Tages beschlossen wir nun, dem David einen Überraschungsbesuch zu machen. Es war gerade eine längere Pause zwischen zwei Jagdgruppen angesagt und so fuhren wir schnell los. Von Whithorse über Carmacks, dem berühmten Klondike Highway entlang, vorbei an den Fünf Finger Rapids, hinauf nach Stewart Crossing und dann ab den Silver Trail in Richtung Keno. Asphaltierung gab es hier keine mehr, aber unser Geländewagen hatte keine Schwierigkeiten mit den Straßenbedingungen.
Natürlich war die Überraschung für den Ehemann riesig und die Freude des so unerwarteten Wiedersehens noch viel riesiger. Die Mentalität der Kanadier ist derart, dass man sich auch bei so einem Familientreffen nie als fünftes Rad am Wagen fühlt. Man wird mit offenen Armen aufgenommen und ist gleich Mitglied der erweiterten Familie. Umso größer war die Freude, weil David einen unerwarteten Fund bei seinen Grabungen gemacht hat. Mit seinem Bagger stieß er an einem Hang auf die Skelettteile eines Mammuths und es gelang ihm einen vollständig gut erhaltenen Stoßzahn dieses Tieres aus dem weichen Boden zu graben. Er war überwältigt von seinem Fund und die Aufregung im ganzen Lager war natürlich groß. Sogleich machten auch Sharon und ich uns mit Schaufeln an die Arbeit, in dieser Fundstelle weiterzugraben und kratzen, fanden einige Backenzähne, die so groß waren wie ein riesiger Brotlaib.
Man hatte zwar die Behörden schon verständigt, aber es dauert so manches hier in

diesem Land, manches dauert eben auch zu lange und weil Zeit eben auch Geld ist und Geld ganz groß geschrieben wird in diesen Bergbaufirmen, hat man einfach die Skeletteile auf einen Haufen geschoben und flott weitergegraben, denn eine Unterbrechung der Arbeit in der besten Zeit des Jahres, hätte einen Verlust von vielen Millionen bedeutet.

Ein kleines Stückchen von diesem Backenzahn, das leider abgesplittert war, wanderte daher in meine Jackentasche und liegt jetzt gerade vor mir auf dem Schreibtisch. Ich werde es immer gut hüten und mich an diese vor Millionen von Jahren ausgestorbenen Tiere erinnern.

Ja und da kommt so eine Erinnerung auf mich zu..........stellen Sie sich vor.............
Die Erde ist noch jung, vor der ersten Eiszeit, da gab es grüne Wälder und Wiesen bis hinauf auf den Pol, oder vielleicht auch nicht ganz so weit, aber bis hinauf nach Keno und da steht eine kleine Herde von Mammuths in der Abendsonne und füllt sich die Bäuche mit saftigen Halmen und Kräutern.

Ein junger, einsamer Jäger schleicht sich ganz, ganz vorsichtig an diese Gruppe von Tieren heran. Er hat nur einen Fellumhang, eine kleine Ledertasche mit einigen Stücken von getrocknetem Fleisch und einen Speer mit scharfer, gezackter Steinspitze. Immer näher kommt er dem Wild. In seinem Stamm hat es den Namen „Tee-Kai-Koa". Sie leben in kleineren Herden über die ganze Tundra verstreut und wer darauf auf Jagd geht, der wird immer mit einem besonderen Segen des Häuptlings ausgestattet. Nicht so Kleiner Wolf, er hat sich alleine auf die Jagd begeben. Drei Tage weiter im Süden, da liegt sein Dorf, dort weiß er hungern die Menschen, weil sie schon viele Tage kein richtiges Essen mehr zu sich genommen haben. Wild ist selten hier und von Wurzeln und Beeren, da wird man nie so richtig satt. Die Fische sind auch längst verzehrt worden und so ist es wichtig, dass man endlich wieder einen ordentlichen Braten über das Feuer hängen kann. Kleiner Wolf ist immer ein aufmerksamer Schüler gewesen und hatte sich gut gemerkt, was die Alten so am Lagerfeuer über die Jagd auf die verschiedenen Wildtiere erzählt hatten, aber diese riesige Mammuthkuh ist halt doch eine besondere Aufgabe für den Jungjäger.

Tief hockt er sich ins hohe Gras und beobachtet seine Beute, schmiedet einen Plan um den anderen, wie er es am besten anginge, dieses Tier zu erlegen. Es wird ihm wohl nichts anderes übrig bleiben, als zu versuchen, unter ihren Bauch zu kriechen und von unten her den Speer so tief wie möglich in den Brustkorb zu stoßen. Das Fell hat zwar dichte, lange Haare, aber die Decke selbst ist nicht stark und dick, da kann er seinen Speer sicherlich mit viel Kraft durchstoßen. Die Urviecher sind so ins Fressen vertieft, dass er sich wie eine Schlange windend unter den Leib einer der Kühe schlängeln kann. Dann kniet er sich auf und rammt ihr mit all seinen Kräften den Speer von unten in Richtung Herz. Blitzschnell zieht er sich dann wieder in eine Mulde zurück und beobachtet das Geschehen. Aus dem langen Rüssel ertönt ein unendlich lauter klagender

Laut, einem Wehgeschrei gleich, als ob hunderte von Gänsen einen schrillen Warnruf ausstoßen würden. Das Tier wankt leicht, fängt sich aber schnell wieder und steht wie versteinert. Sie hatten ihn nicht gesehen, nicht gerochen, der Wind war ihm ein Helfer und nun hiess es nur Geduld haben, viel Geduld haben, bis das Tier langsam verenden würde. Langsam setzt sich die Gruppe nun wieder in Bewegung, vorerst ist dem verletzten Stück Wild nichts anzumerken, es geht in der Gruppe mit, äst hier und da, nach einem halben Tag jedoch wird sie immer langsamer. Blut fließt unaufhörlich aus der Bauchwunde und ihre Schritte werden immer unsicherer. Da gesellen sich drei andere Kühe an ihre Seite und versuchten sie mit ihren Leibern zu stützen, helfen ihr mit den Rüsseln beim Fressen. Nach zwei Tagen jedoch kann sich das riesige Tier nicht mehr auf den eigenen Beinen halten, die Hilfe der anderen Mitglieder der Herde ist erfolglos. Die Wanderung des Wildes hat Kleinen Wolf ganz in die Nähe seines Dorfes gebracht und er ist nun unendlich stolz auf sich selbst, als er das sterbende Tier verlässt, um schnell ins Dorf zu laufen und die freudige Nachricht von seinem Jagdglück zu überbringen.

Wie groß ist die Freude, wie groß das Staunen der alten Jäger, die es ihm noch nicht zugetraut hätten, ganz allein die Jagd auf ein solches Monster aufzunehmen. Mittlerweilen war die Mammuthkuh zusammengebrochen und lag verendet in einer mit Schnee gefüllten Mulde , die restlichen Tiere haben sich auf den Weiterweg gemacht und sich in die Berge zurückgezogen.

Eilig werden die Hunde vor die primitiven Schlitten und Traggestelle gespannt und ab geht es, um das Wild zu bergen. Alles, alles kann verwendet werden. Jede einzelne Sehne, jeder Muskelstrang wird verarbeitet. Mit wenigen raschen Schnitten eines besonders scharfen Messers aus Obsidian wird entlang des Rückgrates das Fell aufgetrennt und das Tier von oben nach unten aus der Decke geschlagen. Sobald diese entfernt ist, wird das Fleisch in schmalen Streifen ebenfalls von außen vom Körper getrennt und auf das Fell gelegt. Der ganze Brustraum bleibt ungeöffnet, die Innereien werden nicht herausgenommen und auch nicht verwendet. Die blieben in der Natur liegen für die vielen kleineren Raubtiere, die sich davon dann ernähren.

In einer derarten Schnelle arbeiten diese Frauen, dass man seinen eigenen Augen nicht trauen konnte. Fleischstück für Fleischstück wird fast mundgerecht von diesem riesigen Körper getrennt und sofort gut verpackt. Das Fett kommt auf ein eigenes Stück Fell und wird dann über dem Feuer ausgekocht und zu Kerzen und Salben verarbeitet. Das Fleisch selbst wird geräuchert und hält sich viele Wochen und Monate, der Rest wird dann als Pemikan verarbeitet. Pemikan ist hartes, pulverisiertes Fleisch, Fett vermischt mit getrockneten Beeren, das man wochenlang in einem Lederbeutel mit sich tragen kann, wenn man auf Wanderung geht. Eines der wichtigsten Lebensmittel der damaligen Zeit.

Wir hätten wahrscheinlich das Urviech irgendwie auf den Rücken gedreht und hätten es aufgebrochen, bis zu den Schultern im Blut steckend und in den Eingeweiden herumgerührt. Nicht so diese alten Nomandenstämme, die zerlegten ihre Beute auf eine total gegenteilige Art. Aber es wurde nichts vergeudet und nichts blieb auf dem Kampfplatz zurück, als der Kern mit den Innereien, die unrein für diese Menschen waren. Mit für uns primitiven Steinwerkzeugen fertigten sie auch herrliche Schnitzereien aus den langen Stoßzähnen. Genäht wurde mit einer Nadel aus Bein und den dünn gedrehten und getrockneten Sehnen des Tieres. Das Fell ergab nicht nur Stiefel und Handschuhe, auch Mäntel, Mützen und Jacken wurden daraus gefertigt.

Kleiner Wolf war natürlich der große Held in diesen Tagen und hatte nun auch große Hoffnung, dass die wunderschöne Tochter des Häuptlings seine Braut werden könnte. Blauer Vogel, die hatte seinen Geist und sein Herz beflügelt, um sich auf diese aufregende und so gefährliche Jagd einzulassen.

Und wer weiß, vielleicht gehört dieses Stückchen Backenzahn auf meinem Schreibtisch der Mammuthkuh, die Kleiner Wolf vor Millionen von Jahren mit einem Speer erlegt hatte ………. ich liebe es, zu träumen.

Etliche Jahrhunderte später, da kamen Menschen über das Große Eis aus dem Osten, also von Sibirien herein nach dem heutigen Alaska und zogen weiter in den Süden. Riesige Weiden und Prärien bedeckten die Landschaft und darauf grasten in riesigen Herden die Büffel. Das Leben der Menschen wurde einfacher und leichter, man hatte das Feuer entdeckt und Fleisch im Überfluss. Der weiße Mann war noch nicht ins Land gekommen, daher verlief die Jagd noch nach steinzeitlicher Methode mit Speeren, Pfeil und Bogen. Aber da das Angebot so überreichlich war, wurde auch nicht mehr jede Faser Fleisch und jedes Stückchen Fell verwendet, es blieb viel an „Abfall" in den Steppen liegen, was den Zuzug und Nachwuchs von Raubtieren wie Wolf, Kojote und Puma zur Folge hatte. Mit den verschiedenen Jahreszeiten zogen aber auch die großen Büffelherden von Nord nach Süd, immer den saftigeren Weiden nach, sodass der Mensch gezwungen war, diesem Zug der Tiere zu folgen. Es gab noch keine festen Dörfer. Man lebte in Tipis, also Zelten aus Holzstangen und Lederhäuten, die man einfach zusammenrollte und die dann von einer Gruppe von Hunden hinterher gezogen wurden. Beeren und Wurzeln, sowie verschiedene Kräuterpflanzen bereicherten den Speisezettel, aber der Hauptbestandteil war das Fleisch. Wenn die Zeit gekommen war, um neuen Vorrat zu schaffen, dann trieben einige Männer des Stammes eine kleine Herde von Büffeln, meistens Kühe mit ihren Kälbern, in einen Canjon, aus dem es kein Entrinnen mehr gab. Während die Tiere unruhig hin und her rannten, um einen Ausweg zu finden, wurden sie mit einem Hagel von Speeren beschossen und viele natürlich auch getroffen. Etliche konnten immer entkommen. Dann wurde die Botschaft ins Lager gebracht, dass man Beute gemacht hatte und alle übrigen Familienmitglieder machten sich auf denWeg, um das Wildbret zu versorgen. Zu dieser Zeit wurde mit den erlegten Tieren nicht mehr so sorgsam umgegangen. Man brach das Tier auf, weil man sich vor allem an dem saftig grünen Mageninhalt satt essen wollte. Wasser war manchesmal knapp und diese nährstoffreiche Brühe wurde vor allem an die kleineren, jüngeren Kinder verfüttert, die mit dem zähen Fleisch noch nicht so recht umzugehen verstanden. Die Häute wurden gespannt und getrocknet, dienten als Bettunterlagen und Zudecken, oder wurden, das Fell abgeschabt, als Planen für die Tipis verwendet.

Erst als der weiße Mann mit seinen Waffen ins Land kam und die Eisenbahn gebaut wurde, gab es ein Schlachten ohne Ende. Um ein Haar wären diese herrlichen Tiere ausgestorben, aber mittlerweile haben sie sich wieder erholt. Wer heute in den Norden von Alberta reist, oder vor Jahren den Alaska Highway zwischen Whitehorse und Haines Juncton, Yukon, bereiste, der konnte diese mächtigen Gestalten aus der Urzeit entlang der Straße friedlich grasen sehen. Im Yellow Stone Nationalpark in den USA gibt es mittlerweile wieder eine sehr stattliche Herde und einzelne Tiere werden wieder zum Abschuss frei gegeben. Das immergrüne Gras rund um die warmen Quellen und Geysire macht es möglich, dass sie das ganze Jahr über an der selben Stelle grasen können und nicht mehr auf lange Wanderungen nach Nahrungssuche gehen müssen.

Am Algae Lake, Yukon

Alles noch mal gut gegangen, wir leben …

Zur Jagd mit dem „Riverboot"

Im Revier meiner neuen Arbeitgeber gibt es einige Außenlager, die man am schnellsten und besten mit einem rasanten „Riverboot" erreicht. Diese Boote haben keinen Tiefgang, also fast keinen Kiel, sind sehr flach gebaut und werden von einem Jetmotor angetrieben. Gelenkt wird vorne mit einem richtigen Lenkrad, der Motor sitzt hinten gleich unter dem Bootsboden und saugt nicht nur Wasser sonder mitunter auch Sand und Steine an.
Gibt es einen heißen Sommer und wenig Regen, führen die Flüsse wenig Wasser. Vor allem in dem kleinen Muskwa River, den wir benutzen müssen, kann das schon zu Problemen führen.
Man muss die Ladung genau kalkulieren und vor allem muss man immer mit absolutem Vollgas fahren, schneller als man eigentlich kann und darf, denn das Boot muss sich aus dem Wasser heben und darf nur ein paar Zentimeter mit dem Motor eintauchen, sonst sitzt man schon fest. Und so rast man flussauf und flussab. Wem's Spaß macht aber auch dem, dem es keinen Spaß macht. Der hat jedoch keine andere Möglichkeit in sein Lager zu kommen, also Augen zu und durch. Aber man gewöhnt sich ja an so vieles in einem neuen Land, man nimmt alles als tolles Abenteuer an und freut sich noch, wenn man wie ein geölter Blitz durch die Landschaft kurvt. Wichtig ist es, dass der Bootsführer sein Handwerk kennt und vor allem auch die Tücken des Flusses so schnell wie möglich verinnerlicht, sonst ist es mit dem Spaß schnell vorbei. Dass mir unruhiges Wasser so nicht richtig Spaß macht, dass hab ich in meinen anderen Büchern schon erwähnt, auch mag ich das Fliegen in Turbulenzen in einer kleinen gelben Ente nicht so gerne und die Pferde, die schaue ich mir am liebsten von Weitem an. So hat halt jeder seine Mucken.
Aber dieser Herbsttag war so prachtvoll, ich hatte mir einen Nachmittag frei genommen und wollte endlich auch einmal mit dem Riverboot in ein anderes Lager fahren, um zu sehen, wie meine „Mädchen" so wirtschaften da draußen und wie es mit der Sauberkeit bestellt ist. Einfach haben sie es ja nicht immer, die Hütten sind wesentlich primitiver als meine Nobellodge, in der ich Tag und Nacht heißes und kaltes fließendes Wasser habe. Bei ihnen rinnt nur eben der Fluss vorbei und in Eimern wird das Wasser ins Küchenhaus getragen, so wie es bei mir vor 20 Jahren im Yukon war. Mittlerweilen hat mich mein Alter aber auf zivilisiertere Plätze geführt, die aber auch nicht immer einfach zu handhaben sind.
Also nehme ich meinen Fotoapparat und besteige das schon voll beladene Boot. Leer geht hier nichts … *never go empty handied* … was soviel heißt, wir gehen nie mit leeren Händen, wenn immer möglich, nimm wenigstens ein paar Stücke Brennholz auf deinem Weg mit oder was sonst noch gebraucht wird.
Wir bringen Bauholz für ein neues Duschhaus ins Camp und auf der Rückreise wollen

wir einen Gast mitnehmen, der mit seiner Jagd bereits abgeschlossen hat. Tief liegt das Gefährt im Wasser, reichlich tief denke ich mir, aber bei unserer Anlegestelle ist der Fluss auch ziemlich ruhig und breit und hat schon die nötige Tiefe, was weiß denn ich schon vom Bootsfahren!

Und dann wird Gas gegeben, Vollgas bis zum Anschlag, dass es mich ganz fest nach hinten in die Rückenlehne des Sitzes wirft und mir fast die Luft wegbleibt. Erst hebt sich der Bug aus dem Wasser, dann das halbe Boot und wie auf Schienen gleiten wir oben auf den Wellen dahin. Nach den ersten bangen Minuten fange ich an diese Fahrt richtig zu genießen. Was gibt es denn Schöneres, als so dahinzugleiten, zwischen den bereits schneebedeckten Berggipfeln der Rocky Mountains. Teilweise reicht der Hochwald bis ans Ufer, dann kommen wieder freie Weideflächen, auf denen die Wapitis äsen. Jetzt kommen wir an die berühmte Kurve mit einer Mineralienlick, wo sich ab und zu Schneeziegen herunterwagen, um sich diese Leckerbissen zu holen. Eine Elchkuh mit ihrem Kalb schwimmt vor uns über den Fluss und in rasanter Fahrt geht es weiter. Der Fahrtwind treibt mir die Tränen in die Augen, aber das gehört halt auch dazu. Eine Sonnenbrille kann ich nicht gebrauchen, da spiegelt alles zu viel und ich könnte eventuell am Ufer etwas übersehen. So manche Kurve, die wir angeschnitten mit unserem Rennboot meistern, nimmt mir den Atem. Auf die überhängenden Bäume, sogenannte „Sweeper", müssen wir besonders acht geben. Im vergangenen Jahr hat einer das nicht getan und ist ungebremst darunter durch. Die Windschutzscheibe zerschlug und die Äste eines Baumes rissen die Stirne eines Gastes total auf. Aber ich habe heute meine Schutzengel mit und es wird schon gut gehen. Der Käptn des Bootes fährt ja diese Strecke fast täglich, oder zu mindest 3 Mal die Woche, wenn er Proviant und Gäste abliefert und auf dem Rückweg das Wildbret und den nach Hause fliegenden Gast mitbringt. Und das auch bei Regen, Nebel und Schneetreiben, also was soll da schon passieren? Nach gut 40 Minuten waren wir dann auch schon im Lager, „The sloughs", also der Sumpf.

Das Küchenhaus, etwas betagt möchte ich sagen, die Unterkünfte der Jäger aber neu und sauber, und wenn jetzt noch ein neues Duschhaus hinkommt, dann wird's super. Die Truppe hier ist schon vor einigen Wochen mit den Pferden durch die Berge hierhergeritten, denn von diesem Lager aus wird mit den Pferden gejagt.

Das Gebiet ist so riesig wie unsere halben Alpen, da kann man zu Fuß allein nicht viel erreichen und die Schneeziegen und Wildschafe, die stehen um diese Zeit noch alle hoch oben. Da ist es gut, wenn man seine Sachen nicht schleppen muss und sich das Pferd alles aufhängen lässt.

Wir laden schnell unser Baumaterial ab, trinken noch ein-zwei Tassen unverzichtbaren Häferlkaffee. Keine Köchin lässt es sich nachsagen, dass man in ihrem Lager keinen Kaffee und ein paar Plätzchen bekommen hätte. Also machen wir Logan die Freude, dann werden die Utensilien des Gastes eingepackt und aufs Boot geladen. Da stellt sich dann heraus, dass auch einer der Helfer mit zur Lodge will, er hätte solche Zahnschmerzen, er muss ausgeflogen werden, so kann er nicht weiterarbeiten.

Also noch ein Mann mehr und dessen Gepäck, naja, liegen wir halt noch ein bisschen tiefer im Wasser, denk ich mir, wird schon gehen. Von nun an gehts ja bergab, d. h. flussabwärts, vielleicht geht das besser, oder doch nicht?

Das Boot ist so voll, dass ich nun keinen Sitz mehr für mich habe, sondern mich zwischen Käptnsitz und Gastsitz auf eine große Reisetasche setzen muss, mich vorne an der Befestigung für die Windschutzscheibe festhalte und los kann die Reise gehen.

Langsam hebt sich das Boot wieder aus dem Wasser. Hier in der Slought entspringt eigentlich der Muskwa und dementsprechend niedrig ist der Wasserstand. Je weiter wir wieder nach Osten, Richtung Hauptlodge kommen, um so mehr Seitenarme kommen herein und umso mehr Wasser führt der Fluss. Also kratzt es und „krammelt" es ein wenig, bevor wir wirklich genug über dem Wasser schweben. Das gute Aluminiumboot hat eh schon viele Kratzer, aber es hält und los geht die wilde Jagd. Ich muss schon sagen, es gleicht mehr einer wilden Jagd als einer gemütlichen Bootsfahrt, wie auf einem See z. B., aber das ist eben der Unterschied. Hätte ich gewusst wie es wirklich wird, ich glaube, ich hätte mir nicht frei genommen und wäre zu Hause geblieben. Aber es war auch schön, mit der Logan ein wenig zu plaudern, wieder einmal eine Frau zu sehen und zu riechen. Auch weiß ich jetzt, wie sauber sie ist und wie gut sie sich um ihre Gäste kümmert. Wenn man an der Spitze einer solchen Truppe gelandet ist, dann hat man schon einige Verantwortung. Dann weiß man besser mehr als zu wenig, denn sonst landet letztlich ein schlechter Ruf auf dem eigenen Haupt. Aber mit Logan sind wir alle zufrieden. Mit dem Käptn, den ich absichtlich nicht namentlich nennen will, mit dem weiß ich nicht so genau. Der scheint mir doch ein wenig zu unbedacht, zu draufgängerisch zu sein.

Einige besonders seichte Stellen haben wir fast „übersprungen" mit so viel „Karacho" ist er darüber geflitzt. Wir wussten nicht mehr, wo und wie wir uns festhalten sollten, um nicht auch aus dem Boot zu fliegen. Dann kam die berühmte Haarnadelkurve, die wir bei der Hinfahrt schon mit besonderer Bravour genommen hatten. Jetzt müsste er sich eigentlich in die Kurve legen und wir uns alle ein bisschen mit, aber was macht er denn …

Irgendwie hat er den richtigen Moment verpasst und anstatt in die Kurve zu lenken, knallen wir mit vollem Tempo auf einem Haufen Treibholz, der da am Ufer liegt. Wir rutschen hoch, höher und noch höher und sitzen dann da oben wie die Hühner in ihrem Nest. Käsebleich sind wir alle, auch der Käptn.

Shit… (das brauch ich wohl nicht zu übersetzen) mehr bringt er nicht heraus. Wie Salzstatuen sitzen wir muxmäuschenstill im Boot, in der panischen Angst, dass wir bei der kleinsten Bewegung umkippen und in den Fluss da unter uns fallen könnten. Alle Wertsachen liegen im Boot verstreut. Ich greife mir schnell meine Kamera und hänge sie um den Hals. Wenn ich schon reinfallen muss und untergehe, dann kommt die mit. Aber im Unglück hatten wir doch auch wieder Glück, und Glück muss der Mensch eben haben. Auf der linken Seite des Bootes, also genau auf jener Seite, wo unter uns der rasch dahingurgelnde Fluss vorbeirauscht, da schaut ein halber Baumstamm aus diesem ganzen Stammgewirr. Er steht senkrecht da und hält unser Boot auf. Langsam und vorsichtig klettern wir nun auf der anderen Seite aus unserem Gefährt und entladen das Boot. Mit schlotternden Knien, keiner eines Wortes fähig, steht die kleine Gruppe Mensch da mitten in der Wildnis an einem reißenden Fluss und rührt sich nicht. Wirklich so in Schock waren wir alle, dass es viele Minuten gedauert hat, bis wir einzeln uns quasi geschüttelt haben, uns umarmt haben, es ist alles gut gegangen. Dann sind wir einzeln und heimlich hinter den Büschen verschwunden und haben uns erst einmal gelöst, dann konnte man wieder besser atmen.

Die Inspektion des Bootes ergab keinerlei Schaden. Ein paar kleine Äste mussten wir aus der Umkleidung des Jetmotors heraus ziehen, dann wurde das Boot von den Männern wieder rückwärts vom Holzhaufen geschoben und ins Wasser gelassen. Mit einem Seil haben wir es ein Stück des Weges am Ufer entlang gezogen, bis wir uns sicher waren, die gefährliche Stelle passiert zu haben. Dann wurde das Boot wieder beladen, wir sind alle eingestiegen – wohl oder übel – ich wäre ja am liebsten zu Fuß weitergegangen, aber da wäre ich sicherlich eine halbe Woche unterwegs gewesen. Dann startet der Superkapitän den Motor, gibt Gas, diesmal nicht ganz soviel und weiter geht die Fahrt. Totenstille, keiner machte mehr eine Bemerkung über die herrliche Landschaft, durch die wir fuhren, keiner machte einen blöden Witz über das Unkönnen des Fahrers, heimlich haben wir wohl alle gebetet, dass die letzten Kilometer noch gut gehen.

Ja und sie sind auch, Gott sei Dank, gut gegangen, denn sonst würde ich jetzt nicht hier sitzen können und darüber berichten.

Entlassen wurde der Käptn nicht mehr in dieser Saison, eingestellt aber auch nicht mehr. Wenn einer mit Verantwortung nicht richtig umzugehen weiß, wenn jemand glaubt, alles im Leben ist nur eine „Gaudi", dann ist er in der Wildnis nicht am richtigen Ort. Leben, überleben dort draußen ist schon schlimm genug. Meistens braucht man keinen, der einem dies auch noch erschwert. Einmal gab's dann noch einen Bootsunfall, dann hat der Outfitter einfach beschlossen seine Jagden ohne Boote zu unternehmen, hat Landebahnen für sein kleines Flugzeug an den Ufern bauen lassen und jetzt gehts auch ohne Riverboot, und sehr gut sogar!

Einritt ins Jagdlager

In den Bergen

Erster Schnee im Yukon am Kluane Lake

Herbststimmung am Kluane Lake, Yukon

Am Donjek River – Yukon

Weil ich gerade von den Gefahren, die da draußen auf uns lauern, wie eine Spinne in ihrem Nest auf eine Fliege lauert, erzähle und von Riverbooten, da fällt mir noch eine Begebenheit ein, die sehr schief hätte laufen können.

Als Heinrich sein Revier eines Tages verkaufte, um sich zur wohlverdienten Ruhe zu setzen, war mein Tag gekommen. Jetzt konnte ich ihn bitten und überreden, mit mir in den Yukon zu kommen, für die kurze Jagdzeit und vielleicht ab und zu einmal einen Europäischen Gast zu führen, der kein Englisch kann.
Er hat sich auch einmal davon überzeugen lassen, dass wir ohne ihn da oben in der Einsamkeit nicht auskommen (ich schon gar nicht) und hat eine Saison am Yukon Gäste geführt. Sehr bekannte darunter, wie den Leo, seines Zeichens Abfahrtsschiweltmeister aus Österreich. Aber das war ihm egal, ihn interessierte vor allem die Jagd auf die riesigen Alaska/Yukon Elche, die schon um einiges größer und mächtiger sind, als ihre Kameraden hier in British Columbien.
Mit einem Wasserflugzeug wurde er in sein Lager am Klotassen River eingeflogen. Das Flugzeug war nur die erste Etappe, denn der Landestreifen befand sich am Donjek River, einem unglaublich breiten, undurchsichtigen Fluss, der von den Gletschern der Elias Mountain Range, also den höchsten Bergen Kanadas gespeichert wird. Stellenweise ist dieser Fluss einige Kilometer breit, hat zig Arme und man muss immer auf der Hut sein, den Hauptkanal zu finden. Verfährt man sich, geht's in eine Sackgasse, aus der man sich nur sehr mühsam heraus arbeiten kann.
Am Donjek wurde er also von Heinz abgeholt und mit einem relativ leichten, kleinen Riverboot ging es dann bis zum Nisling und weiter in den Klotassen, wo ein eher einfaches Lager aufgebaut wurde. Heinrich war im Sommer schon beim Bau dieser Unterkünfte, die hauptsächlich aus einem Küchenhaus und einigen kleineren Zelten bestand, dabei. Eine Anlegestelle für's Boot musste aus dem Uferdickicht gehackt werden, eine einfache Dusche aus schwarzem Plastiksack mit Brauseanschluss wurde versteckt in die Bäume gehängt, das war es dann auch schon.
Das Herbstwetter war prachtvoll in diesem Jahr, die Jagderfolge konnten sich sehen lassen, alles verlief fast wie gewünscht. Der eine oder andere kleine Patzer, der gehört immer dazu, wie z.B., dass niemand an der Landebahn stand, um die neuen Gäste zu begrüßen, weil sich der Bootsführer in einem toten Arm des Nislings „verfranst" hatte und erst zwei Stunden später eintraf. Aber er kam immerhin. So kleinlich darf man das alles nicht sehen.
Mit Leo konnte Heinrich zwei herrliche Wölfe auf die Decke legen und als diese Unruhestifter dann beseitigt waren, dann ging es mit der Elchjagd auch gleich flotter, denn dann getrauten sich die Giganten freier an die Flussufer zu kommen. Er wäre kein echter

deutscher Waidmann, wenn er nicht doch irgendwo in einer besonders hohen Fichte, an einem besonders stark befahrenen Wechsel seinen Hochsitz errichten würde. Gesagt, getan, morgens wurde angefangen und abends saßen die Jäger auch schon auf dem bequemen Sitz. Von hier aus gelang es ihnen, einen starken Elchbullen bis an die Leiter heranzurufen. Sie hätten ihm auf den Rücken spucken können, sagt der Heinrich immer, aber er war dann doch um einige Inches zu klein und sollte noch wachsen.

Wenige Tage später kam dann der entsprechende Geselle und wurde ohne viel Federlesen gestreckt. An die 70 Inch (also ca. 1.77 m) Spannweite hatte das besonders starke Geweih und Zentner von Fleisch mussten versorgt und geborgen werden.

Nun, diese Fleischtransporte sind ein Kapitel für sich. Der Elch wird aufgebrochen, gehäutet und in halbwegs tragbare Teile zerwirkt. So eine Keule kann an die 80 kg wiegen und man muss schon wirklich gute Kondition und Kräfte haben, um sie ein Stück aus dem Busch zu tragen und dann ins Boot zu werfen. Ist das Boot dann so be(über)laden, dass wirklich nichts mehr darin Platz hat, außer dem Fahrer, dann geht es wie hier z. B. den Klotassen hinunter, hinein in den Nisling und dann muss man sich den Hauptkanal für den Donjek River suchen und die Landebahn finden, die nur mit ein paar alten Mülltüten markiert ist. Dort hängt man sein Fleisch dann in einen Baum, oder schmeißt es auch in den Uferschotter, wie es die doch manchesmal sehr bequemen und faulen kanadischen Führer machen, und da liegt es oder hängt es, bis das nächste Flugzeug kommt und es in die Stadt zum Fleischer transportiert. Wenn nicht ein Grizzly oder Schwarz-Bär oder eine Wolverine, sich ihren Anteil vorher wegfrisst, wegzerrt und irgendwo im Schotter vergräbt.

Heinrich war nun mit den Fleischteilen des Monsterelches unterwegs zum Donjek River und es ging auch alles recht gut – zu Anfang. Als er sein Riverboot vom Nisling in den riesigen Fluss einbiegt und dort auch den richtigen Kanal findet, da setzt sich der Jetmotor plötzlich mit Sand und kleinen Steinen zu. Ein paar Male tuckert er noch, töf, töf, töf … dann schweigt er stille.

Die Strömung packt das schwere Gefährt gleich und will ihn in einen Seitenarm des Flusses hineinziehen, der mit einem riesigen Wall aus Schwemmholz abgesperrt ist. Wenn man unter so einen Haufen – „Logjams" genannt – mit aller Gewalt gezogen wird, dann kann man nur noch ein Kreuzzeichen machen, dann kann es aus und vorbei sein. Der Sog, der Strudel, der läßt einen nicht so schnell los. Die Stämme liegen kreuz und quer, leichtere Boote, Kanus, die werden einfach in der Mitte geknickt oder brechen auseinander. Mit Schwimmen oder Tauchen kann man sich auch nicht helfen. Das ist eine der ganz großen Gefahren der Jagd auf den Wildnisflüssen.

Schnell, für sein Alter sehr schnell, springt er mit seinen langen Gummiwaders, die bis zum Brustkorb gehen, aus dem Boot. Gott sei Dank ist der Fluss hier nur hüfttief. Mit einer Hand hält er verkrampft und verzweifelt das Riverboot samt Inhalt fest, während er mit der anderen Hand versucht, mit einem Stock, der gerade vorbeischwamm, die Steine und Felsbrocken aus dem Motorschutz zu stochern. Die Zeit kommt ihm endlos lange vor, bis er meint, alles wieder sauber und startbereit zu haben.

Der eine Arm, der das Boot festhielt, der ist total taub und die Finger sind schneeweiß am Bootsrand geklammert. Nur ja nicht auslassen, keiner weiß genau, wo er steckt, keiner sucht ihn vor morgen und morgen soll das Flugzeug ja schon das Fleisch mit nach Whitehorse nehmen. Der alte kernige Germane hat nicht aufgegeben. Dieses Wort hat er nicht in seinem Sprachschatz, solange noch ein Atemzug in seinen Lungen steckt, solange wird gearbeitet und versucht, sich aus dieser Misere zu retten. Aber das Wasser ist eisigkalt, die Finger verlieren langsam den sicheren Halt, die Füße stecken bis über die Knöchel im Flusssand und mühsam hebt er ein Bein ums andere, um nicht total stecken zu bleiben.

Dann hat er endlich die letzten Steinchen aus dem Gitterkasten, der als Schutz um den Jetmotor gebaut ist, herausgestochert. Der Stock fliegt in weitem Bogen ins Wasser, mit der freien Hand zieht er schnell am Starterkabel – schnurrrrrrrrrrrr, schnurrrrrrrrrrrr – der Motor springt wieder an, Gott sei Dank. Einen Art Hechtsprung macht er ins Boot, rollt sich über die Seitenkante und nimmt nun seine Fahrt in Richtung Donjek-Landestreifen wieder auf. Es wird dunkle Nacht sein, wenn er in sein Lager an den Klotassen zurückkommt. Aber er hat es wieder einmal geschafft. Ich hätte einfach ein paar Fleischbrocken aus dem Boot geworfen, damit sich alles leichter richten lässt, aber nicht der korrekte Mensch aus dem Norden Deutschlands. Wenn er wüsste, wieviel von dem herrlichen Fleisch oft schon arg vergammelt bei mir im Hauptlager ankommt, wie viel ich dann wirklich entsorgen muss, die Fische im Kluane Lake damit füttere, er hätte sich sein Leben in dieser Nacht wesentlich einfacher machen können. Ja, die Nacht brach viel zu schnell herein und so riskierte er nicht, bis in sein Lager zurück zu fahren. Wie gesagt, es ist schon schwierig genug, den richtigen Flussarm bei Tageslicht zu finden, geschweige denn in der Dämmerung und Finsternis.

Also lief er eine kleine Insel mitten im Fluss an, machte sich ein kleines Lagerfeuer und blieb einfach draußen. Millionen von Sternen haben ihm geleuchtet, die Wölfe haben ihr Lied gesungen. Im Boot hat er immer einen total wasserdichten Kanister mit Lebensmitteln und Schlafsack angebunden, also fehlte es an nichts. Mir fehlte natürlich sein abendlicher Anruf, um sich zu melden, dass da draußen alles in Ordnung ist, aber ab und zu, da weiß man schon, dass es nicht möglich ist, sich immer pünktlich zu melden. Ich kenne den Heinrich über zwanzig Jahre, ich weiß, wie gewissenhaft er sich auf solche Unternehmungen vorbereitet und hoffte einfach nur das Beste. Was alles passieren hätte können, wie schief, superschief alles hätte laufen können, das will man dann letztlich doch nicht bis ins Detail durchdenken.

Am nächsten Tag kam das Flugzeug, fand das Fleisch vor, und verständigte mich von der Situation. Heinrich meldete sich dann eine Stunde später, als er wohlbehalten, aber hundemüde in seinem Lager ankam. Und weil er für einige Tage keinen neuen Gast hatte, konnte er sich gründlich ausschlafen. Gebürtig nahe der Waterkant, da sollte man meinen, dass das Wasser ihm zur zweiten Natur wurde, aber mitten auf einem undurchsichtigen, rasch dahinfließenden Fluss, an dem man nicht weiß, wo man landen wird, würde man sich einfach treiben lassen, das sind schon zwei total verschiedene paar Schuhe.

Und weil ich bei den Schuhen bin, noch eine kleine Episode aus Heinrichs Führerleben im Yukon. Am Klotassen müssen Gäste sowie die Führer in kleinen Zelten übernachten. Nagelneu sicherlich, auch wasserdicht, aber für diesen sehr, sehr großen Mann eben ein wenig unbequem und zu klein. Ist er einmal in seinen Schlafsack hineingekrochen, dann konnte er sich nicht mehr gerade aufsetzen, denn dann stieß sein Kopf oben am Zelt an. Umdrehen ging auch nur mit Mühe, so kam er sich vor wie eine Mumie, die da in ihrem Sarg lag.

Eines nachts nun wurde er von laut schnaufenden und kratzenden Geräuschen rund um sein kleines Zelt aus dem Schlaf gerissen. Ein Grizzly, schoss es ihm durch den Kopf, das kann nur ein Grizzly sein. Gleich neben ihm lag seine geliebte Doppelbüchse, die er auch schnell in die Hand nahm, aber dann war's auch schon vorbei mit der Freude. Er konnte sich weder richtig nach links oder rechts drehen, um die Waffe eventuell in Anschlag zu bringen, als der Bär am Kopfende des Zeltes herumkratzte, da hatte er schon gar keine Chancen zu zielen. Was macht er nur, was macht er nur. Still sein, keinen Muxer machen, sich so wenig wie möglich bewegen. Er wusste, dass alles rund um sein Zelt total sauber und ordentlich aufgeräumt war, dass die Essenssachen weit weg in einer Tüte auf einem Baum hingen, warum war der Alte eigentlich da an seiner Schlafstätte am Herumwühlen. Und stinken tut der Kerl, der hat wohl halbverfaulte Fische gefunden und sich anscheinend darin gewälzt. Die Zeit kroch dahin, sind's Sekunden, Minuten, man kann es nicht abschätzen, es kommt einem auf jedenfall immer zu lange vor. Dann hört er die schweren Tatzen sich entfernen, hört den Bären irgendwo nahe am Fluss husten und Stille kehrt wieder ein. Mit rasenden Herzklopfen legt sich Heinrich wieder zurück, die Waffe bleibt auf seinem Bauch liegen, langsam, ganz langsam beruhigt er sich wieder und irgendwann schläft er dann Gott sei Dank wieder ein.

Als er am Morgen auf allen Vieren aus seinem Zelt kriecht und versucht, die Ursache des nächtlichen Besuches zu finden, da muss er erst einmal lange suchen. Eine ordentliche „Schuhnummer" hatte der Genosse im feuchten Sand hinterlassen, an der Zeltwand waren aber keine Kratzspuren, die Löcher hinterlassen hätten. Komisch, eigentlich hab ich mich doch sauber geduscht, ich kann's also nicht gewesen sein, denkt er sich noch. Und dann findet er in der Nähe des Küchenhauses eine Dose Schuhcreme. Minkoil (Nerzöl), besonders beliebt bei den kanadischen Waldläufern, weil sie das Leder der Wanderschuhe besonders wasserabweisend und geschmeidig macht. Diese Dose hat er vor dem Zelt abends vergessen, als er sich sein Schuhwerk für den nächsten Tag wieder sauber machte, und diese kleine Blechdose mit besagtem Minkoil war der Grund, warum ein tonnenschwerer Grizzly eine halbe Nacht um sein Zelt schleicht, um sich damit zu unterhalten, sie zu drehen und zu wenden, hineinbeißt, damit ein paar Tropfen herauskommen. Ja, die Natur ist schon voller Überraschungen, finden Sie nicht.

Elchbergung - fast immer mit Wasser verbunden

So geht's auch

23 Jahre und kein Elch

Vielleicht sollte ich doch noch einmal näher darauf eingehen, warum es mir in 23 Jahren hier im Yukon und in British Columbien, im Herzen der Jagd, im Jägerparadies schlechthin, bisher noch nicht gelungen ist, einen Elch zu schießen.
Ich habe schon erwähnt, dass die Gründe dafür so vielschichtig sind, wie die Natur vielseitig ist. An der Anstrengung, am Fleiß und an der Ausdauer kann es nicht liegen. Meist gebe ich der kurzen Jagdzeit, die wir Einheimische hier im Oktober haben, dem dann herrschenden miserablen Wetter die Schuld, aber das allein ist es auch oft nicht. Denn der Heinrich, der kriegt ja seine Elche, seine, oder auch manchesmal eben meine. Bei der Jagd sind wir wie ein Siamesisches Zwillingspaar, bei der Elchjagd vor allem. Geht's auf Hirsche, Waldhühner oder Schneeschuhhasen, da gehe ich schon alleine los, auch auf Kojoten sitze ich lieber allein, weil ich mehr „Sitzfleisch" habe und viel länger ruhig auf einem Hochsitz verbringen kann als er. Aber so einen riesigen Elch, den gehen wir gerne gemeinsam an. Meistens muss man ja zu dieser Jagd viele Kilometer fahren, die teilt man sich am Steuerrad auch besser auf, damit man nicht schon total gerädert am Schauplatz des Geschehens ankommt. Dann wird gepirscht, oder oftmals auch nach guter indianischer Sitte, stundenlang mit dem Auto die Waldstraßen auf und ab gefahren, ob sich irgendwo ein Bulle über den Weg traut. Das freut uns beide am wenigsten, am liebsten sitzen wir dann doch irgendwo an einem guten Wechsel und warten … warten … warten.
Die Geschichte vom Elch in letzter Minute, die habe ich gleich zu Beginn erzählt, da hatte ich wirklich keinerlei Chance. Auch der gute Bulle, der mir im Scheinwerferlicht in letzter Sekunde vor Heinrichs Auto über die Straße lief, habe ich ihnen davon schon erzählt? Ja, ich glaube schon, oder doch nicht?
Das war eine „Anstands-Jagd", also ich habe über zwei Stunden bei minus 15 Grad am Wegrand angestanden, weil die total frischen Abdrücke eines guten Schauflers im Schnee vor mir waren und habe gehofft, dass er von seiner Futterkammer wieder den gleichen Weg ins Schlafzimmer zurück nimmt. Jetzt, nach der Brunft, wenn sie nur noch hungrig sind, da scheuen sie zuviel Bewegung. Aber dieser mein Plan hätte aufgehen können, war gut durchdacht, wenn …
Ich stand da also zwei Stunden wie das Männlein im Wald und habe mich nicht bewegt, auf einem Dreibein war die Büchse aufgelegt und es wurde langsam dunkel. Ich hörte Büsche knacken, Schnee knirschen und wusste, dass ganz in meiner Nähe der Bulle war.
Es wurde immer dunkler, war aber durch den vielen Schnee auf der Straße noch hell genug, um ordentlich ansprechen zu können. Und dann startet gerade in dem Augenblick der Heinrich einen Kilometer weiter oben auf der Straße, den dicken Diesel, um langsam auf mich zuzufahren. In diesem Moment ist der Elch aus den Büschen, vor die

Scheinwerfer, über die Straße und bevor ich mein Gewehr richtig im Anschlag hatte, war er wieder in den Büschen verschwunden. Ätsch, hat er sich gedacht.

Ja, und dann war da diese Jagd auf prachtvollen Bullen an einem kleinen See in den Bergen.

Mit dem Auto kamen wir in ca. 2 Stunden hin, dann mussten wir unsere Quads abladen und nochmals eine gute halbe Stunde durch den Hochwald, dann zu Fuss nochmals eine halbe Stunde, bis wir im Schilf am Seeufer standen, uns einen provisorischen Sitz einrichteten und warteten. Wir versuchten es trotz später Jahreszeit nochmals mit einigen Rufen. Ich kann eine wunderbar liebeskranke Elchkuh abgeben, aber es gab keine Antwort mehr. Man sagt ja, dass so drei Wochen nach der richtigen Brunft eine Art Nachbrunft stattfindet, hat es hier aber nicht. Aber sie kamen ans Wasser. Solange es irgendwo offenes Wasser gibt, da kommt das Wild zur Tränke, Schnee fressen müssen sie dann im Winter eh lange genug, solange sie schöpfen können, tun sie das. Und als das Licht im Wald schon total abgedreht war, da sahen wir am schimmernden See, eins, zwei, drei, ja vier Elche am gegenüberliegenden Ufer ins Wasser treten, sich an den Wasserpflanzen vollfressen und schöpfen. Für heute ist Schluss, sagt der Jagdherr, morgen um vier müssen wir gleich wieder hier sein. Die bleiben sicherlich die ganze Nacht am See. Nur wir, wir können das leider nicht, wir haben uns darauf nicht vorbereitet und in unserem Alter schläft man halt doch am besten im eigenen Bett. Also wieder zurück, leise, ganz leise zu Fuss, dann mit den Quads, der dichte Hochwald verschluckt den Motorlärm so gut, dass man nach wenigen Metern schon nichts mehr hört. Dann ins Auto und wieder nach Hause. Der Wecker wird auf 2 Uhr gestellt, mein Gott, da gehen die meisten Jugendlichen erst einmal ins Bett! Was hat mich denn gebissen, dass es mir auch noch Freude macht, zu so einer undenkbaren Zeit aus den warmen Federn zu klettern und in die stockdunkle, eiskalte Nacht hinaus zu eilen. Ja, die Elchjagd ist eben auf, die wenigen Tage müssen genutzt werden! Und wieder geht es los, wie am vorherigen Tag. Mit dem Auto durch die Nacht, da stehen Millionen Sterne am Himmel, da hängt ein schiefer Mond am Himmel, der Nichts Gutes bedeutet, denn legt sich der Mond hier auf den Rücken, dann kommt Schnee oder Regen, darauf kann man Gift nehmen. Also wird es morgen oder übermorgen Schnee geben, dann sollte der heutige Tag voll genutzt werden. Die Quads werden im Schein der Stirnlampen abgeladen und langsam fahren wir in Richtung See. Es ist einfach noch zu dunkel, um irgendwas zu sehen. Also müssen wir warten, bis wir wenigstens die Seeufer ableuchten können, um herauszufinden, ob die Bullen wirklich die ganze Nacht am Wasser verbracht haben. Langsam kommt am Horizont Licht auf, für meine Ungeduld etwas zu langsam, aber so lernt man wenigstens wieder sich in Geduld zu üben. Dann können wir endlich genug sehen, um die Umgebung mit dem Fernglas millimetergenau abzuleuchten. Wo sie gestern abend ausgetreten sind, da stehen sie nicht mehr, wir lassen unsere Augen lagsam, Baum für Baum quasi, die Ufer entlanggleiten und dann finden wir sie auch. Da, da ganz unten auf der anderen Seite vom See, da stehen die vier noch zusammen an einem Hang, äsen in den Weidenbüschen und haben keine Ahnung, dass wir hier sind. Nun heißt es pirschen, langsam und vorsichtig. Der Boden ist mit Frost überzogen, also ziemlich rutschig, die Stämme liegen kreuz und quer, von Weg keine Spur mehr. Wir schleichen uns halt so gut es geht, langsam und leise zwischen den Bäumen in Richtung Wild. Jetzt kommt uns natürlich die dunkle Tarnkleidung zu gute, in den Weiden und Fichten, da verschwinden wir völlig aus dem Blickfeld der Elche. Aber es ist weit, mindestens zwei Kilometer bis zur anderen Seite. Solange sie sich noch mit dem Fressen befassen, solange sind wir in ständiger Bewegung. Auf freieren Flächen, da machen wir uns ganz klein und sind noch langsamer in unseren Bewegungen. Noch haben sie uns nicht entdeckt, also weiter, weiter, so nahe dran so nahe es geht. Stellenweise knirscht der alte Schnee unter den Schuhen, aber die ziehen wir jetzt wirklich nicht aus. Natürlich wären wir in den Socken leiser, aber es wird auch so gehen, hoffentlich. Hoffentlich, endlich bin ich einem Elch so nahe wie schon längere Zeit nicht, gleich vier, da bleibt für Heinrich und mich je einer, wäre das eine tolle Sache. Dann wird der Wald lichter, die Bäume, hinter denen wir uns verstecken können, immer weniger. Eine große Wiese liegt vor uns, die wir im Schneckentempo überqueren. Da wirft einer der Bullen sein Haupt auf und hat uns auch schon spitz. Aber so genau weiß er nicht, was los ist. Er und seine Kameraden hören kurz zu äsen auf, wir erstarren und rühren uns nicht von der Stelle. Dann nehmen sie ihre Häupter wieder herunter und naschen an den Weidentrieben weiter. Wir machen auch weiter und Meter für Meter kommen wir der Sache näher. Da liegt dann ein großer Biberdamm vor uns. Völlig mit Eis überzogen, Wasser dahinter, so einfach können wir uns da nicht darüberweg arbeiten. Das würde die Elche sofort verschwinden lassen. Jetzt ist guter Rat teuer, oder auch nicht. Schnell nimmt Heinrich seinen Entfernungsmesser hoch und stellt fest, dass es fast 400 m quer über eine kleine Bucht bis hin zu den Bullen ist. Wir müssen es halt von hier aus versuchen. Du brauchst es gar nicht erst versuchen, Deine kleine Kugel, die trägt zwar weit, aber da kommt nichts mehr an … sehen Sie, so geht es mir und nicht nur diesmal. Aber auch Heinrich hat seinen Elch noch nicht liegen. 400 m mit einer 9,3 x 74 R, 18,5 gr. Nosler Partition Geschoss, da muss er schon ordentlich drüberhalten, dass der Schuss auch ankommt. Auf diese Entfernung fällt die Kugel ungefähr 1,40 m und darum muss er ungefähr einen Meter drüber halten, damit er ins Leben trifft. Zwei der Bullen haben von der ganzen Unruhe hier doch genug und verschwinden über den Hang in den nahen Hochwald. Zwei sind jedoch etwas neugieriger und bleiben weiter auf der kleinen Wiese stehen. Einer davon stellt sich so hinter den Weidenbüschen ein, dass nur das Haupt mit den sehr guten Schaufeln zu sehen ist, der Rest des kräftigen Tiers ist hinter den Ästen versteckt. Als dann auch noch der Dritte langsam das Weite sucht, heißt es für den Schützen schnell handeln, denn einen wollen wir doch wenigstens versuchen zu bekommen. Heinrich setzt sich auf den Boden, über Knie und Wanderstock fixiert er seine Büchse und schon fliegt die erste Kugel in Richtung Elchbullen. Kabumm, das

Echo schallt im stillen Tal so laut, dass es einem fast weh tut in den Ohren. Der Bulle steht noch hinter seinen Weiden, die Kugel hat jedoch sein Hinterteil gestreift, so, dass er sich nun quer stellt und wir endlich mehr von dem Elch sehen als nur Haupt und Träger. Und dann fliegen noch drei Kugeln, die alle ins Leben gehen und endlich bricht das tonnenschwere Tier zusammen. Knickt vorne weg, legt sich auf die Seite und rutscht, rutscht, rutscht über den frostglatten Hang in Richtung See. Auch das noch! Aber die Freude über diese gelungenen Schüsse, über diese Jagd ist größer im Augenblick, als die Sorge, was passiert, wenn der Bulle im See verschwindet. Er tut es auch dann Gott sei Dank nicht. Mit einem Hinterlauf bleibt er im letzten Weidenbusch am Ufer hängen, eine Schaufel gräbt sich gleich in den schlammigen Boden am Seerand und wir müssen keinen „Wasserbullen" bergen.

Jetzt haben wir alle Zeit der Welt, vorsichtig mit Hilfe unserer langen Jagdstöcke über den Biberdamm zu klettern, ohne uns die Beine zu brechen, das Wasser hinter dem Damm ist auch nicht zu tief, sodass die Füße trocken bleiben und dann eilen wir die letzten Meter auf unseren Elch zu. Da liegt er dann, nicht gerade einfach zu verarbeiten, aber er liegt, das ist das Einzige was zählt.

Waidmanns Heil, Waidmanns Dank, letzter Bissen, ein urösterreichischer Jauchzer schalt durchs Tal und über den See, der sich plötzlich im Nebel versteckt und wenn wir nur eine halbe Stunde später angekommen wären, wir hätten die vier Elche nicht gesehen, wir hätten vor lauter Nebel gar nichts gesehen. Also zur rechten Zeit am rechten Ort, die goldene Regel fürs Jagen, die hat wieder voll gestimmt.

Als wir so mitten in der blutigen Arbeit sind, steht da plötzlich ein anderer Jäger vor uns, und meint, wir hätten nun wirklich seinen Elch geschossen. Wo der Mensch hergekommen ist, so mitten in der Wildnis und warum er glaubt, dass dieser Bulle sein Namensschild um den Hals gehabt hätte, das habe ich bis heute nicht herausgefunden. Aber er hat es dann doch nicht so ernst gemeint und als wir ihm von den drei anderen Elchen erzählten, die gar nicht so weit irgendwo gleich im Hochwald ihren Einstand gesucht haben, ist er schnell umgekehrt und deren Fährten nach. Für uns war jedoch der Tag noch lange nicht zu Ende. Nachdem wir das Wild aufgebrochen und erst mal versorgt hatten, ich meine blutverschmierte, stinkende Jacke darauf gelegt habe, sind wir den weiten Weg wieder zurück gegangen, zu den Quads, sind zum Auto gefahren und mit diesem dann wieder nach Hause, um ein Kanu zu holen, denn die Bergung über den See erschien uns wesentlich einfacher, als alles auf dem „Landweg" zum Auto zu schleppen. Einen Hänger für den einen Quad haben wir auch noch mitgenommen, damit wir das Fleisch darin transportieren konnten. Und dann nochmals alles wieder zurück. Man kann sich ausrechnen, wieviele Kilometer man bei so einer Jagd oft zurücklegt, aber wen interessiert das schon.

Uns sicherlich nicht, Kanada ist riesig, diese Weiten kann man sich in Europa nicht vorstellen, und die guten Ecken, die sind irgenwo tief drinnen in der tiefsten Wildnis. Der Nebel hob sich langsam wieder, die Sonne kam heraus, als wir das Kanu endlich zu

Wasser lassen konnten und über den spiegelglatten See auf unsere Beute zusteuerten. Langsam tauchten wir die Paddel ein, denn es schwammen eine Unmenge von verschiedenen Entenarten auf dem kleinen See, es war eine Pracht. Zwei Fischotter tauchten plötzlich neben unserem Gefährt auf und schwammen eine Weile neben uns her. So, genau so erträumt man sich einen Urlaub in Kanada. Das ist es, was das Jägerherz, das Herz des Naturfreundes einfach höher schlagen lässt. Es könnte in einem Prospekt, einem Werbefilm nicht schöner und kitschiger abgebildet sein. Die milde Herbstsonne, die lange Schatten wirft, weil sie schon so weit im Süden steht, sanfter Wind kräuselt das Wasser, unser Kanu zieht mucksmäuschen still seine Bahn quer über den See, nur die Paddel, die machen hin und wieder ein plätscherndes Geräusch, wenn wir sie eintauchen.

Dann sind wir am anderen Ufer und die schwere Arbeit geht wieder los. Jetzt erst schlagen wir den Elch aus der Decke, zerwirken das Wildbret in handlichere Teile, die wir im Kanu verstauen. Während Heinrich mit der ersten Ladung zurück zum Quadhänger auf der anderen Seeseite fährt, schneide ich weiter meine Filets und die Rückenstreifen aus dem Fleischberg. Auch die Schultern kann ich alleine handhaben. Mit zwei Ladungen voll herrlichstem, leckerem gesundem Wildfleisch machen wir unsere letzte Runde über den See. Was zurück bleibt, wird in wenigen Stunden von den Krähen gefunden, die verständigen dann die restlichen Aasfresser, wie Kojoten, Marder und Wiesel. Ein Weißkopfadler wird sich sicherlich auch dazugesellen und nachts kommen sicher die Wölfe. In zwei Tagen sieht dann keiner mehr, dass wir hier Jagdglück gehabt haben.

Das schwer beladene Kanu wird mit einem Stahlseil hinter das Quad gehängt und mit viel Vorsicht den kurzen, steilen Uferhang hinaufgezogen. Dort verladen wir alles Wildbret in den Anhänger, das Kanu wird hinterhergezogen und zurück geht die Fahrt zum Auto. Wenn alles verstaut ist, dann ist der Tag schon fast vorüber und uns tut jeder einzelne Knochen weh, vor allem Rücken und Arme, aber glücklich und zufrieden kehrt der Jäger heim von der Jagd.

So war ich wieder mit auf Elchjagd, habe alles bis zur letzten Sekunde miterlebt und mitgemacht. Meistens sehe ich das Wild schon, bevor Heinrich es wahrnimmt, weil meine Augen einfach viel besser sind als seine. Meistens schlage ich auch vor, wo wir jagen sollen, weil ich mich besser hineinversetzen kann in das Hirn eines Elchbullen, weil ich mir denke, wenn ich so einer wäre, was würde ich bei diesem Wind, bei diesem Wetter, zu dieser Jahreszeit machen. Meistens gibt Heinrich mir recht und geht auf meinen Vorschlag ein. Und dann, dann kann ich doch wieder nicht schießen, dann ist es eben sein Elch und nicht der meine! Da gibt es keinen Neid, das ist einfach die traurige Tatsache, dass mir kleinem Weiblein so manches eben doch nicht gelingt, was ein riesiger, starker Mann besser schafft. Ich sehe diesen Elch aber trotzdem auch als den meinen an, wenn ich auch nicht den Schuss abgegeben habe, der Schuss allein machts nicht aus, oder doch?

Ja, und ein anderes Mal, da rennen wir stundenlang einem riesigen Elchhintern hinterher und sehen wirklich nicht, ob er was auf dem Kopf hat, sprich, ob er ein Geweihträger ist oder nicht. Und als er dann endlich abbiegt, dann kommt die Nebelwand und er ist wie ein Spuk verschwunden.

Dann stehen da zwei kleine Elchbullen friedlich dämlich auf dem Kahlschlag herum. Ich sehe sie wieder einmal zuerst und schrei, bleib stehen, da sind welche, und dann steigen wir aus und dann weiß ich nicht, wie ich hinschießen muss. Über die Sträucher und kleinen Bäume sehe ich nicht, zwischendurch das Gewirr von Ästen sehe ich auch zu wenig, lege ich mich auf den Boden, sehe ich nur die langen Haxen von den Viechern, dann bleibt mir wieder nichts anderes übrig als den Heinrich zu bitten. Geh, schieß du, ich kann nur durch die Stauden halten, meine kleine Kugel, die zerlegt sich womöglich und es kommt nichts mehr an. Dann stellt er sich auf einen kleinen Baumstumpf und lässt fliegen, zwei „Stockwerke" über mir ist die Sicht halt einfach viel besser, die Luft vielleicht auch, ha!

Eines Tages sind wir wieder auf einer alten Forststraße unterwegs, da sehen wir im Schnee eine Elchkuh liegen, die uns unverwandt anstarrt. Wir fahren im Schritttempo ein Stückchen weiter, dann dreht die Dame ihr Haupt nach links. Ich sag meinem Fahrer *„halt an, schauen wir warum sie immer nach links starrt",* und dann nehmen wir die Gläser und bemerken, dass links von ihr, halb versteckt in den Büschen, der Bulle liegt und sich nicht rührt. Und er liegt genau auf meiner Seite, wenn ich jetzt die Autotür aufmache und aussteige, damit ich anlegen und schießen kann, dann springt er auf, in den Steilhang hinein und ist verschwunden. Also, was glauben Sie, wie sie wieder ausgeht, die Jagd?

Genau! Der Heinrich kann leise auf seiner Seite die Türe öffnen, aussteigen, laden, seine Waffe in Anschlag bringen und als der Bulle dann müde und verärgert langsam hoch wird, hat er auch schon eine auf dem Nacken, dass er sich gleich wieder hinlegen kann.

Ja und darum renne ich schon 23 Jahre einem Elch nach und hatte noch nie das Glück, oder wollen wir sagen die passende Gelegenheit, selber einen zu strecken.

Es schmecken uns dann die Braten und Steaks sowieso, aber eines der Geweihe, eines davon möchte ich eines Tages doch als meines beschriften. Irgendwann, irgendwann wird's dann auch bei mir einmal klappen.

Herman Löns will und muss ich hier zitieren:
> *Das ist doch das Schönste an der Jagd, dieses wunschlose Stilliegen.*
> *Der Bock* (in meinem Fall der Elch) *wenn ich ganz ehrlich sein will,*
> *ist ja nur ein Vorwand für das heimliche Gehen, für das lautlose   Pürschen,*
> *durch das mir alle Waldgeheimnisse kund werden.*

Über das Eis des Kluane Lake, mit 600 plus 60 Kilogramm

Wölfe

Es hat lange Zeit und viel Überredungskunst von seiten der Großmutter gekostet, bis sich die Enkelkinder endlich getrauten, diese in der neuen Heimat zu besuchen. Denn, so ging die Sage, bei der Oma, dort im Wald, da leben die Wölfe, die haben nicht nur die sieben Geißlein, nein, die haben auch das Rotkäppchen und die Großmutter gefressen. Die sind so gefährlich, dass man die Großmutter noch lange nicht besuchen will, erst, wenn man sich wirklich nicht mehr fürchtet diese Märchen vorgelesen zu bekommen. Ja, und sie leben wirklich gleich hier hinterm Haus im Wald und wenn eine klare, kalte, frostige Nacht ist, dann heulen sie so schaurig schön, dass es einem die Haare einzeln aufstellt. Aber sie fressen keine sieben Geißlein sondern die Lamas und Alpacas der Nachbarin, brav eingezäunt, dass sie nicht abhauen können. Die schmecken auch sehr gut, und die jungen Hirsche und Babyelche, das alles sind Leckerbissen auf dem Speiseplan des Wolfes.
Und wir haben genug, mehr als genug. Vielleicht nicht so viele wie im hohen Norden oder im Yellowstone Park in der USA, wo sie wieder eingesetzt wurden, aber unsere Trapper und Jäger die sehen oft schon Rudel von bis zu 10 und 15 Tieren. Was die so in einer Saison „wegputzen" können an leckerem Wildbret, das ist unglaublich. Sie jagen auch nicht nur aus Hunger, sie jagen vor allem um des Jagens willen, aus Mordlust, aus Blutgier, das ist ihr innerer Instinkt, ihr Trieb. So findet man oft auf den zugefrorenen Seen eine Gruppe toter Hirsche, denen nur die Hinterläufe angefressen wurden, der Rest ist für die Krähen und Adler. Im Winter ist er ständig in Bewegung, damit er sich warm hält und diese Bewegung in der eisigen Kälte, die frisst natürlich Kalorien, die er sich holt, wo es nur geht.

Es war ein ziemlich trüber, feuchter Oktobertag und wir waren wieder einmal hinter einem Elchbullen her. Schnee lag schon auf den Feldern und im Wald, die kleineren Seen waren mit einer Eisschicht überzogen, der Winter hatte früh Einzug gehalten. Gleich hinter dem Haus geht der Trail zum Fish Lake los, den wir vor vielen Jahren in einer mehrjährigen Aktion für unsere Quadrunners ausgeschnitten haben. Der kleine See ist ein beliebter Wintereinstand für die Elche. Etliche Sümpfe umgeben ihn, halbhoch gewachsene Tannendickungen bieten nicht nur Schutz, sondern die Tannentriebe zählen auch zur Lieblingsmahlzeit der Elche. Also entschließen wir uns, heute dieser Ecke einen Besuch abzustatten. Wie gesagt, diese kleinen Quadrunner, also Allradfahrzeuge, sind für uns ältere Menschen ein wahrer Segen. Ich würde sie gegen kein Pferd, gegen nichts eintauschen. Bestens gepflegt und gewartet, vertraue ich meinem Gefährt, mich durch dick und dünn, Sumpf und Wasserlöcher, steile Hänge hinauf und hinunter, ja schlicht, einfach überall hinzubringen. Und wenn mir die Fahrerei zu viel wird, weil es doch an die Handgelenke und ins Kreuz geht, dann stelle ich's an den Wegrand, dreh'

den Schlüssel um und pirsche weiter. Kein Problem mit Mucken und Bocken oder Ausschlagen eines Pferdes, ach wie froh bin ich über diese Erfindung.
Der Trail wurde längere Zeit nicht befahren, außer uns kommt auch fast kein Mensch in diese Ecke, daher haben die Erlen und Weiden wieder ordentlich nachwachsen können und fliegen uns jetzt bei der Fahrt um die Ohren, das tut weh! Also muss man vorsichtiger und langsamer tuckern. Es sind an die 10 km Weg, den möchte ich auch nicht gerne zu Fuß gehen, jetzt im Herbst, wo es schon so früh finster wird und die Wölfe heulen!
Auch, zu viel Rotkäppchen gelesen, Oma? Aber wir habens bald geschafft, wir wollen ja eigentlich nur zum ersten Sumpf vor dem See, von dort weg soll gepirscht werden und dann hoffentlich auch etwas angepirscht werden?
Man weiß ja nie genau, was einem da draußen so alles begegnen kann. Am Rande des Sumpfes, der noch ziemlich offen ist und keine großen Eisränder aufzeigt, lassen wir unsere Gefährte stehen, schultern die Waffen und machen uns auf den Weg. Als wir über den nächsten Hügelrücken kommen, da hören wir schon ein unglaubliches Konzert in der Ferne. Der See liegt rechts vor uns vielleicht noch 2 km weit weg. Dort aber heult es, knurrt es und heult noch mehr in der stillen Luft. Wölfe! Gleich stellen sich meine Nackenhaare auf. Wölfe sind am kämpfen, wahrscheinlich haben sie in der Nacht etwas gerissen und nun rauft sich die ganze Meute um die Leckerbissen. Jetzt aber schneller, sagt der Heinrich, wenn hier so viel Lärm ist, und die Wölfe da sind, dann brauchen wir nicht mehr vorsichtig pirschen, dann sind die anderen Elche ohnehin ausgezogen, dann wollen wir wenigstens sehen, ob wir einen Wolf kriegen. Also legen wir einen Gang zu und stapfen schneller durch den Schnee. Dann liegt auch schon der See vor uns und wir leuchten sofort mit den Gläsern seine Ufer ab.
Weit brauchen wir nicht schauen. Am gegenüberliegendem Ufer, nein eigentlich so an die 20 m vom Ufer weg, da liegen die Überreste eines Elches auf dem Eis und rundherum wirbelt eine Gruppe von Wölfen. In der Schnelle zähle ich so an die 8 Stück. Vom Alphawolf bis hin zu drei, vier Jungen aus diesem Jahr. Es wird gerauft und gestritten um die einzelnen Fleischbrocken, die die Alten den Jungen hinlegen, während sie selber bis zur Hälfte im Gerippe des Elches verschwinden, um immer wieder Nachschub heraus zu holen. Ein Schlachtfeld, grausam anzusehen, aber eben Natur. Die ist nicht nur schön und lieb und streichelweich, da gehts schon rau zu und das meistens!
Die Eisschicht trägt uns sicherlich noch nicht, denn so wie es sich darstellt, ist auch der Elch, den sie auf das Eis getrieben haben, eingebrochen. Die Wölfe selber aber können schon sicher darauf herumlaufen. Wir pirschen uns jetzt doch wieder vorsichtiger zwischen den Bäumen am Ufer entlang, um näher an das Geschehen zu kommen. Wir wollen versuchen, soviele wie nur möglich davon zu erlegen. Wir halten nichts vom armen Wolf, der nur alte, kranke Stücke erlöst oder von Mäusen lebt. Wir finden immer wieder Spuren ihrer Massaker, also drauf, so schnell und so viel wie es geht. Heinrich zählt leise Eins, zwei, drei … dann lassen wir beide zur gleichen Zeit fliegen. Der Heinrich kriegt den großen Rüden, meine Kugel findet eines der Jungen, und die

Doppelbüchse schießt gleich noch einmal nach und da rolliert noch ein Junges. Bis ich nachgeladen habe, haben sich die restlichen Tiere schnell aus dem Staub gemacht und sind im Wald verschwunden. Aber drei, da sind wir schon wirklich recht zufrieden mit uns, das muss ich sagen.

Weil wir dem Eis aber auch wirklich so gar nicht getrauen, können wir die Tiere heute nicht mehr bergen, es wird knapp mit der Zeit. Wir werden morgen versuchen, von der anderen Seite an den See heranzukommen und die Wölfe aus der Decke schlagen. Aus dem Wald kommt nun ein noch schaurigeres Geheule als zuvor. Sie haben den Anführer verloren, sie wissen jetzt nicht, was sie machen sollen. So ein Rudel lebt nach einer ganz genauen Hackordnung und nun wird es für sie wichtig sein, einen neuen Alpha zu finden, der den Ton angibt und ihnen sagt, was gemacht wird. Vorerst aber, so denken wir uns, werden sie in der näheren Umgebung bleiben, denn vom Elch können sie sicherlich noch einige Tage leben. Dann gehen sie wieder auf Wanderung und nach einigen Tagen kommen sie an die alte Stelle wieder zurück. Sie haben alle ihre eigenen Reviere, die auch verteidigt werden. Alte Tiere werden ausgestoßen, die müssen sich dann einen neuen Einstand suchen. Meistens wandern sie einen halben Tag hinter dem Rudel her und leben von den spärlichen Resten, die dieses überlässt, oftmals werden sie aber von den Jüngeren getötet und aufgefressen.

Wir eilen nach Hause und wollen am nächsten Tag dann unsere Trophäen abholen. So einen Wolf, den sieht man erstens nicht jeden Tag, der ist so intelligent, dass er sich kaum blicken lässt, erwischen schon gar nicht, und wir haben gleich drei erlegt. Das ist ein Höhepunkt in unserem Jägerleben.

Was war's? Die Gier, die Fressgier, die sie blind und taub gemacht hat, die uns die Chance gab, auf sie zu jagen. Als wir wieder bei unseren Quads angekommen waren, die Dunkelheit sich langsam im Wald breit machte, da konnten wir immer noch ihr schauriges Geheule hören. Das geht einem schon durch Mark und Bein und für mich ist es der Ruf der absoluten Wildnis schlechthin.

Wer einen Wolf heulen hört, der gehört schon zu den glücklicheren Jägern auf dieser Welt. Wird in Afrika mit dem Löwengebrüll so ähnlich sein, aber hier im Norden, da ist es eben der Wolf. Der Wolf mit dem wir leben, dem man Besseres nachsagt als er es verdient hat, der mit Sicherheit nicht vom Aussterben bedroht ist, der sich wunderbar vermehrt bei uns, auch wenn man einmal etliche davon wegschießt.

In meinen ersten Jahren im Yukon, da gab es eine Aktion der Regierung, Wölfe vom Flugzeugen aus zu beschießen, denn sie hatten sich so stark vermehrt, dass weder die Elche noch die Karibus ihre Jungen großziehen konnten. Also gab es auch für die Trapper Fangprämien und Abschußprämien für die Jäger, wenn sie bei der Behörde ein Wolfsfell vorlegten. Und es gibt immer noch genügend davon, keine Angst ihr werten Leser, die „Grünen" und Tierschützer, die reden viel und haben nicht immer Recht mit ihrer Meinung.

Eine kleine Episode vielleicht noch, die beweist, dass ich keine blutrünstige Schießerin bin.

Am Kluane Lake, der mir alle Angst meines Lebens einjagte, der mir Hochachtung vor der Gewalt der Elemente einjagte, an diesem wunderschönen, riesengroßen See war ich einmal abends allein mit dem Boot unterwegs. Das sind Sternstunden, wenn der See einmal so ruhig da liegt, dass man sich mit einem vier Meter langen Aluminiumboot hinauswagen kann. Meistens stürmt er so, dass er eher wie die Nordsee aussieht mit seinen riesigen, weißen Schaumkronen. Aber an diesem Abend im August, da lag auch der Kluane Lake im Yukon wie ein friedliches Gewässer in der Landschaft.

Darum habe ich mir spät abends noch das Boot genommen und bin eine kleine Runde hinaus gefahren. Immer schön nahe am Ufer, falls der Launische von irgendwo her wieder seine Riesenwellen aufbaut. Und als ich so ganz still endlich einmal für mich alleine war, nach einem lauten, turbulenten Tag, da hörte ich das Geheul eines einsamen Wolfes. Er, ja er klang wirklich einsam, er suchte sein Rudel, seine Familie. Ich bin auch oft alleine da draußen in der Wildnis, aber einsam bin ich doch nicht, aber irgendwie fühlte ich mich plötzlich mit diesem Tier verbunden. Und dann hatte ich das Glück ihn auch noch zu sehen. Gleich neben mir, auf der Uferböschung, die ohne viel Gesträuch war, gleich da oben, keine 50 m von mir entfernt, da saß die einsame Gestalt und heulte seinen Jammer in die aufsteigende Nacht.

Ich stellte den Motor auf ganz langsam und tuckerte das Ufer entlang, da stand er auf, lief einige Meter neben mir her, dann setzte er sich wieder auf seine Hinterläufe, streckte den Hals in die Höhe und heulte wieder los. So ging das etliche Male. Es war einfach unglaublich für mich. Wahrscheinlich war es ein altes Tier, das man aus dem Rudel ausgestoßen hatte und nun sucht er vielleicht einen Partner, der mit ihm zusammen auf die Reise geht.

Ja, ich war auch nicht mehr die Jüngste, ich hatte auch Zeiten, vor allem nach der Scheidung, wo ich mein Elend wie ein Wolf in die Nacht hinausheulen wollte. Jetzt nicht mehr, jetzt geht's mir wieder gut. Ich habe den Frühling im rauen Herbst meines Lebens gefunden, ich habe keinen Grund zum Heulen mehr. Ich wünsche auch dem Wolf, dass er nicht alleine bleibt. Als es dann total stockdunkel war, da musste ich dann umdrehen und mich auf den Weg nach Hause machen, er lief wieder eine kurze Strecke neben mir her, heulte nochmals durchdringend in die Nacht und verschwand dann über den Hügel und ward nicht mehr gesehen.

Das sind also zwei grundverschiedene Erlebnisse, die ich mit Wölfen haben konnte, die mich beide auf ihre eigene Art tief beeindruckten, aber eine falsche Liebe oder ein falsches Mitleid, das kann ich mir nicht vorstellen. Wenn ich Wölfe bei ihrer blutigen Mörderarbeit sehe und die Möglichkeit zu schießen habe, dann werde ich es trotzdem immer wieder tun. Sie leben nicht von Mäusen alleine, das hab ich in all meinen Jahren hier mit eigenen Augen gesehen.

Maultierhirsch am Burns Lake

Das Auge des Gesetzes ist überall

„Wir haben eine Waffe hier, wir haben eine Waffe hier", schreit der kleingewachsene Polizist und springt wie Rumpelstielzchen neben unserem Auto her. *„Schnell, wir haben eine Waffe hier!"* und fast hysterisch winkt er seinem Kollegen und dem Game Warden (Wildhüter) zu, sich zu ihm zu gesellen.

Ja, wir haben eine Waffe hier, und ich habe sie offen auf meinem Schoß liegen und wir fahren damit durch das Dorf. Das war nicht unsere Absicht, aber es ist leider passiert. Wir waren auf Jagd nach einem Frühjahrsbären. Ich wollte versuchen, einen zimtfarbenen zu finden, denn zwei pechschwarze hatte ich ja schon.

Wenige Kilometer auf dem Highway von unserem Haus in Richtung Dorf, biegt eine alte Forststraße ab und die wollten wir eigentlich befahren, daher hatte ich meine Waffe schon griffbereit und nicht in ihrem Etui auf dem Rücksitz verstaut. Als wir so an die 10 km durch den Wald unterwegs waren, gab es eine Baustelle. Einige Abflussrohre unter der Schotterstraße wurden ausgetauscht. Hier mitten im Wald, das heißt für uns also Stop und umdrehen so gut es geht. Das bedeutet aber auch, dass man Pläne hat, die alte Forststraße wieder zu aktivieren, weil irgendwo entlang der Route in naher Zukunft ein neuer Kahlschlag entstehen soll und Bäume gefällt werden. Wir dachten uns also nicht viel dabei, kehrten um, fuhren zurück auf den Highway, wollten durchs Dorf und dann von der anderen Seite in dieses Jagdgebiet fahren. Wenn da nicht die Straßensperre gewesen wäre und wenn da nicht alle wie kopflose Hühner herumgerannt wären. *„Schnell hierher, wir haben eine Waffe hier!"* Aber ich hatte nichts zu verbergen. Das Fenster, das ich höflich vorher ganz öffnete, das machte ich allerdings schnell wieder fast zu, damit er mir nicht die Waffe vom Schoß reißen konnte. Ohne Grund darf er das nicht, aber wer weiß in seiner Nervosität? Ich zeigte alle meine Unterlagen und Lizenzen vor, hatte auch meine Waffenscheine in Kopie mit und so konnte der gute Freund und Helfer mir nichts anhaben. Außer daß er für kurze Zeit seinen Nerven selber nichts Gutes angetan hat und ich mich daraufhin gleich bereit erklärte, in Zukunft meine Waffe bei der Fahrt durchs Dorf zu verstecken, gab's wieder einmal viel Lärm um Nichts.

Wir sind hier schon noch so ein freies Land, dass wir unsere Waffen unverschlossen im Auto transportieren dürfen, solange wir selber drinnen sitzen, wenn wir das Gefährt irgendwo abstellen und weggehen, dann müssen wir die Waffen gesichert untergebracht haben, geladen dürfen sie halt nicht sein. Aber dass ich sie so offen über meinen Schoß gelegt hatte, das war dem Auge des Gesetzes doch zu viel. Ich ein kleiner Terrorist, das wäre ja noch das Schönste, schon fast unglaublich, dass ich noch jagen gehe, wo es einer Großmutter doch besser anstünde, daheim den Enkelkindern Märchen vorzulesen.

Den Zimtbär, den hab ich dann nur verschwinden gesehen, in den dichten Weiden entlang der alten Forststraße, aber ich hole ihn mir doch eines Tages. Wenn nicht die neuen Kahlschläge und der damit verbundene Schwerverkehr auf der schmalen Straße alles Wild in die Flucht treibt. Manche stören sich gar nicht daran, andere wiederum ziehen einige Täler weiter, um ihre Ruhe zu finden. Hoffen wir, dass es dem Bären nicht so viel ausmacht, und meist ist ja im Frühling zur Jagdzeit der Bären, der sogenannte „Break up", also jene Zeit, wo das Eis aus dem Boden kommt, wo die Straßen total matschig und weich werden und da gibt es dann eine Zwangspause für die schweren Lastwagenzüge, das hilft der Jagd enorm.

Da gab's ein Frühjahr, da mussten wir viel reisen, von Burns Lake, nach Smithers, nach Terrasse, nach Prince Rupert, waren also viel auf der Straße unterwegs. Es war Frühsommer, die ersten Lachse waren in die Seitenarme des Meeres eingezogen und da trafen wir auf fast jeder Fahrt auf so eine Straßensperre. Polizei und Game Warden riegeln den Highway in beide Richtungen völlig ab und jedes einzelne Fahrzeug wird kontrolliert. Wehe dem Fischer, der sich nicht an die Regeln gehalten hat, der seine Fische alle schon filetiert eingefroren auf dem Pick Up in einen Eisschrank geladen hat oder die Quote überschritten hat. Das alles ist genauest in den Regulationen festgelegt, was und wie viel und wie groß man fangen darf, wie man es transportieren muss und wer nicht hören oder lesen kann, der muss fühlen. Nicht nur werden ihm die ganzen herrlichen Fische weggenommen, nein, die ganze Ausrüstung kann eingezogen werden, wenn das Vergehen zu groß ist. Auto, Boot und Angeln, alles, alles kann man verlieren. Bei Jägern, die man beim Wildern erwischt, da werden nicht nur Waffen und Munition, da werden auch Autos und Quads und Anhänger einkassiert. Dann kommt man vor Gericht und das kostet dann auch noch eine Stange Geld und oft wird der Jagdschein für Jahre entzogen.

Am Francois Lake waren wir zum Fischen auf Forellen und vielleicht beißt ganz tief unten auch noch eine Seeforelle an. Es war ein wunderschöner, sonniger Sonntagnachmittag und außer unserem Boot waren vielleicht noch drei andere Boote auf dem See. Einen See, der so groß wie halb Vorarlberg ist.

Heinrich und ich schipperten also gemächlich in einer Bucht, meine Leine war oben, ich liebe Forellen mehr als die Seeforellen, er hat tief gefischt und wir hatten auch schon einige Fische gefangen. Und weil wir eben so fast ganz allein waren, da wollten wir auch soviel Sonnenbräune wie möglich abbekommen und saßen wirklich nur sehr, sehr spärlich bekleidet auf unserem Boot. Da rauscht vom anderen Ufer her ein kleines, flaches Aluminiumboot heran. Heinrich meint, das könnten die Game Warden sein. Ich, wie öfter gar nicht seiner Meinung und sag, *„mein Gott, Du hast ja schon eine Art Verfolgungswahn, heute am Sonntagnachmittag"*, da sitzt der doch zu Hause mit seiner Frau und trinkt Kaffee im Garten. Aber das Boot steuert genau auf uns zu, also ziehe ich mir dann doch eine Bluse über und versuche durch das Fernglas zu bestimmen, was da auf uns zukommt. Keine Flagge, kein offizielles Emblem an der Seite des Bootes. Kann also kein „Offizieller" sein. War es dann aber doch! Ha, hat der schlaue Mann aus dem Norden wieder einmal Recht gehabt, wie mich das oft wurmt! Der Game Warden war's. Voll in Uniform, zeigt aber seinen Ausweis und beginnt mit der Befragung. Unsere

Fischerlizenz wollte er sehen, ob und welche Fische wir gefangen haben, wir mussten alles genau vorzeigen. Die Seeforelle, die der Heinrich gerade vor einer halben Stunde herausgezogen hat, die hatte Gott sei Dank nur 45 cm Länge, denn wenn wir eine über 50 cm gefangen hätten, dann wäre das Fischen heute für ihn vorbei. Man darf täglich nur eine in dieser Größe mit nach Hause nehmen. Wäre sie allerdings nur 30 cm groß, dann hätten wir sie wieder in den See entlassen müssen. Und von „catch und release", also fangen und wieder auslassen, da halten wir beide nicht viel von. Zu oft verletzt man den Fisch am Maul so schwer, dass er sowieso dann kaputt geht, also fangen wir nur so viele, wie wir essen und räuchern wollen, dann hören wir freiwillig auf. Beim Fliegenfischen ist das anders, diese kleinen Haken, die bekommt man leicht heraus, aber die Drillingshaken für die Dicken da unten, die bleiben schon ganz schön hängen oder werden in der Gier ganz tief verschluckt.

Als nun das Auge des Gesetzes seine Pflicht erfüllt hatte und keinerlei Mängel beanstanden konnte, hab ich ihn auf eine Tasse Kaffee und ein Stück Gugelhupf eingeladen. Solche Notrationen habe ich immer auf dem Boot dabei! Vorallem an einem Sonntag! Wenn er an einem so schönen Tag schon nicht bei seiner Frau im Garten sitzen kann, dann soll er sich hier 10 Minuten mehr Zeit nehmen. Ja, man glaubt es nicht, aber man ist immer und überall vor einer Kontrolle nicht sicher.

Mitten im dicksten Urwald schlagen wir uns durch, wollen einen Trail für die Quads herausschneiden, um leichter von einem Kahlschlag an den anderen zu kommen. Auch da steht er urplötzlich vor uns, der Hüter des Gesetzes. Er hat unsere Motorsäge gehört, hat sein Fahrzeug abgestellt und ist hereingelaufen, um zu sehen, was wir hier machen. Natürlich dürfen wir das, kein Problem, wir schneiden kein wertvolles Holz um, wir „überarbeiten" nur einen alten Pferdetrail, aber wer hätte gedacht, dass in so einem riesigen Gebiet wie hier, wo es nur drei Beamte gibt, doch wieder einer kommt und nachschaut, was los ist. Fragt man sie aber einmal doof treu ob sie Elche gesehen hätten, wo sie doch so oft und viel im Wald sind und weil man selber halt, wie berichtet, schon 23 Jahre vergeblich einem nachrennt, dann hat er nichts gehört, nichts gesehen und nichts gerochen.

Im Yukon, am Kluane Lake, da bekamen wir diese Besuche immer mittels Hubschrauber. So schnell konnten wir gar nicht schauen, als plötzlicher der „Huberer" über unserem Camp kreiste und am flachen Sandstrand zur Landung aufsetzte. Hier waren neben Polizei, Game Warden dann auch meistens noch Beamte von der Einwanderungsbehörde dabei, die genau prüften, ob wir auch alle unsere Papiere in Ordnung hatten. Hat fast ohnehin immer gepasst, einmal musste sich eine „Hilfskraft" schnell im Wald verstecken, weil er halt als „Besucher" nicht mit der Säge hätte arbeiten dürfen, aber wir waren dann immer sehr zuvorkommend. Kuchen und Kaffee gab's immer, und schon waren sie wieder in der Luft, um einem anderen Camp einen Besuch abzustatten.

Meine Gefriertruhen wurden inspiziert, aber da das meiste Fleisch ja sofort in die Stadt zum Fleischer kam, gab es auch hier nichts zu beanstanden. Die Trophäen waren beim Präparator und eigentlich hätten sie sich diese teuren Flüge und Besuche sparen können, unsere Steuergelder sparen können oder besser und sinnvoller einsetzen. Aber es ist halt auch schön, so einen Tag durch die Gegend zu fliegen, wenn einem die stickige Büroluft nicht mehr gefällt, man kann schon ein bisschen Verständnis dafür aufbringen. Sie tun ja nur ihre Pflicht, die wird ihnen von der obersten Behörde vorgegeben und wahrscheinlich müssen sie für so einen „Ausflug" tausende von Papieren ausfüllen und berichten, was sie gesehen oder nicht gesehen haben.

Im Yukon konnte es auch oftmals geschehen, dass ich den Hubschrauber wohl hörte, er aber nicht ins Lager kam. Nahm ich dann mein Fernglas oder das Spektiv und suchte die umliegenden Berggipfel ab, da fand ich ihn manchesmal auf einsamer Höhe „sitzen" und das Lager beobachten. Immer schön, wenn man dann ein reines Gewissen hat!

Keinerlei Verständnis kann ich dafür aufbringen, wenn es darum geht, mit welchen verschiedenen Regeln die Weißen und Indianer gemessen werden.

Wagt es ein weißer Guide oder Outfitter eine Beschwerde bei der Game Behörde wegen nächtlichen Jagens der Indianer (pitlamping) vorzubringen, oder zeigt die Tatsache an, dass in seinem Revier Elchbullen gefunden wurden, denen man nur die Nase abgeschnitten hat, oder Elchkühe, denen man nur die ungeborenen Kälber aus dem Leib geschnitten hat, dann, ja dann verschließt das Auge des Gesetzes seine Augen ganz ganz fest und man bekommt den guten Rat, sich nicht mit den Indianern diesbezüglich anzulegen. So mancher sei schon mit einer Kugel im Rücken auf der Pirsch verschwunden. Hat alles nichts mit Gerechtigkeit oder altem Brauchtum zu tun. Ich bin mir sicher, dass die Vorfahren dieser Typen sich im Grabe umdrehen, wenn sie davon hören würden. Aber die jungen „Krieger" tun es, weil man es eben tun kann, ungestraft, weil kein Beamter oder Richter auch nur einen Finger gegen diese Ungesetzlichkeiten heben würde. Derlei Beschwerden und Anzeigen werden sofort „ad acta" gelegt und keiner spricht mehr davon. Schade, sehr schade, aber wahr und es wird sich nicht ändern, leider. So macht man eben einen riesengroßen Bogen um diese Gebiete, von denen man weiß, dass dort viele Indianer „auf Kriegspfad" mit dem Wild sind, provozieren wollen! Man geht seine eigenen Wege, das Land ist Gott sei Dank riesig genug, um sich aus dem Wege zu gehen. Manchesmal allerdings muss man dann selber die Augen ganz fest zusammendrücken, wenn man am Straßenrand die aufgeschlitzte Elchkuh findet, so fest zusammendrücken, dass man Sternchen sieht und dabei tief durchatmen und die Mutter Natur im Namen ihres ungeratenen Kindes um Verzeihung bitten.

Hauptcamp in der Muskwa

Wapitis in der Muskwa

Der Uber Guide

Nimmt man die deutsche Sprache her, so findet man darin schon unendlich viele englische Worte. Zu viele für mein persönliches Empfinden. Obwohl ich nun schon so lange in einem englisch sprechenden Land lebe, versuche ich doch, mein gutes, altes Österreichisch nicht zu vergessen und zu verlernen!
Jetzt fangen aber die Amerikaner und Kanadier auch an, sich deutsche Ausdrücke einzuverleiben und sie in ihrer Sprache unterzubringen. Wir sind halt multikulturell, wie alle sagen und da wollen die Kanadier nicht hinten bleiben.
Rucksack, Kindergarten, Angst, Fest, sind einige davon und ein ganz neues ist das „uber", weil es in ihrer Sprache keine Umlaute gibt, wie ä, ö, und eben ü, so bleibt es also der „Uber", „Uber Knall" und auch der „Uber Guide" wurde erfunden.
Eine sehr beliebte Fernsehserie wurde gedreht, in der der „Uber Guide" in die entlegendsten Winkeln der Erde reist und dort die verrücktesten Sachen unternimmt, wie tauchen mit Krokodilen im nördlichen Australien, oder schwimmen mit den Stachelrochen vor der Küste Australiens. Er ist also einer, der allen anderen „über" ist, der alles besser kann, schneller machen kann, mehr weiß, immer recht hat. Für mich aber leider manchesmal doch „über" ist, d. h. ich könnte ohne ihn viel besser leben! Für mich ist er flüssiger als Wasser, durchsichtig manchesmal wie Luft, über eben, ich brauch ihn nicht! Und so einen „Uber Guide" haben wir nicht nur hier in der Nachbarschaft und wenn er uns besuchen kommt, dann muss ich schon ein sehr „chinesiches Lächeln" aufsetzen und hoffen, dass er nicht zu lange bleibt. „Uber Guides" finden sich in vielen Outfits ein und wollen nicht nur ihre Kollegen alles besser lehren, nein, sogar dem Outfitter selber, dem wollen sie erklären wie er sein Handwerk zu handhaben hat. Darum ist jeder Jagdanbieter froh und glücklich, wenn er seine Guides Jahr für Jahr wieder einstellen und beschäftigen kann. Die kennen das Revier, die kennen die Pferde, die wissen was von ihnen erwartet wird. Aber so läuft es halt im Leben auch nicht immer. Der eine oder andere springt ab, sucht sich einen anderen Job, oder wird zu alt oder heiratet und die Frau will ihn nicht wochenlang im Herbst vermissen. Dann muss man versuchen sich einen Ersatz zu suchen und das ist nicht immer leicht, wird immer schwieriger.
Die jungen Männer wollen heute auch nicht mehr wochenlange alleine im Busch sein, ohne Fernsehen, ohne Telefon. Viele sind doch ein wenig verweichlicht und ziehen das Leben in der Stadt dem rauen Dasein in einem Jagdlager vor. Besonders im Norden, in der Muskwa, da wird es von Jahr zu Jahr schwieriger, wirklich gute Führer zu finden. Das Geld macht es. Dort oben kann ein junger Kerl in den Ölfeldern des nördlichen Alberts, gleich um's Eck also, drei bis viermal so viel verdienen, als er als Guide in einem Outfit machen kann. Und die Preise kann der Jagdanbieter nicht überbieten, da müsste er Jagden zu derart hohen Preisen ansetzen, dass kein Gast mehr kommen würde. Also muss man die besonders harten Typen finden, die lieber stundenlang auf einem

Pferd sitzen als auf einem Bagger oder Lastwagen, die lieber nach Pferdemist und Wildschweiß stinken als nach Öl und Abgasen. Man findet sie schon noch, aber wie gesagt, es wird immer schwieriger und trotzdem wundert man sich oft, wenn sich dann ein „Uber Guide" meldet, der schon kreuz und quer in Kanada geführt hat, ja sogar schon in Afrika auf Safari war. Her mit ihm, das ist die erste Reaktion!

Und wie es in der Muskwa z. B. der Fall ist, man hat hier eine Bewerbung vorliegen, die sich so gut liest, dass sie fast nicht wahr sein kann. Man telefoniert mit dem Mann und hört die wunderbarsten Dinge. Was man sich dann wirklich eingehandelt hat, dass sieht der Outfitter in diesem Fall erst dann, wenn sein „Uber Guide" mitten in den Rocky Mountains aus dem kleinen Flugzeug steigt. Das ist dann die Stunde der Wahrheit, ja und oftmals dauerts nicht lange und der besagte „Uber Guide" sitzt wieder in dem kleinen Flugzeug und fliegt in Richtung Highway, aus der Traum. Und man muss wieder von vorne beginnen. Es gibt eben Menschen, die reden, reden, wie Wasserfälle, die können alles, haben schon alles gemacht und erlebt, man könnte keinen besseren finden und einstellen als eben ihn. Und je mehr er redet, desto vorsichtiger und hellhöriger sollte man werden, denn ach so Vieles ist einfach nur das Gerede eben.

Der Martin aus Alberta, der war im Yukon genau so bekannt wie im nördlichen British Columbien. Ich hatte ihn da wie dort in meinem Lager und das war so einer, der einfach über war, nicht „Uber". Er war der, der sich nicht auf den Fluss hinaus getraut hat, die Rettungsmannschaft abzuholen. Er war der, der nie einen Gast zu Schuss brachte, obwohl in seinen Geschichten kein Elch oder Wapiti erlegt wurde, der größer war als der, den er vor das Gewehr des Jägers brachte. Die Fotoalben, die er immer mitschleppte um „seine" Erfolge vorzuzeigen, die hat er sicherlich mit denen von seinen Kollegen vertauscht, denn wirklich nach Hause gebracht hat er nie was Außergewöhnliches, wenn überhaupt.

Immer war dann da plötzlich der Wind, der sich drehte, das alte Auto, das den Geist aufgab, das Boot, dass sich nicht ordentlich lenken ließ, seine Ausreden waren ein dickes Buch! Was er konnte, war, die Gäste abends am Lagerfeuer mit seinen Geschichten zu unterhalten. Und jeder wollte am nächsten Tag unbedingt von diesem jungen Mann geführt werden, denn was der alles schon erlebt und erlegt hat, sagenhaft der Kerl, ja, mit dem wollten sie hinaus, nur der kann ihnen den eigenen Traum von einer Traumtrophäe erfüllen helfen.

Nach zwei Tagen dann sah die Geschichte anders aus, dann musste der gute Martin einmal aussetzen, weil ihm sein „Uber Guide"-Rücken derart schmerzte vom nichts nach Hause tragen, dass er eine Pause brauchte.

Die bekam er dann auch, aber gleich für den Rest der Saison, denn der Flieger brachte ihn zu seinem Auto am Highway. Und wieder mussten wir uns nach einem neuen Führer umsehen. Einem, der vielleicht nicht soooooooo viel Erfahrung hat, der vielleicht noch nicht auf der ganzen Welt gejagt hat, einen, dem es nicht Beruf sondern Berufung ist, hier im Wald zu leben, dem Wilde nachzustellen und der sich an der Natur selber noch erfreuen kann.

Wenn mir dann mein Boss so etliche Resumees vorlegte und ich sie lesen und beurteilen durfte, da fand ich schon welche, die man sofort ausscheiden sollte, wo man sich den Teufel mit dem Peelzebub einhandeln würde. Oft sind es dann die Einfachen, die Stillen, die bei mir das Rennen machen. Der Farmerssohn, der sein lebenlang an der Seite seines Vaters über die Felder zog, um seine Weißwedelhirsche zu erlegen, keine Riesenkaliber, nein, einfach nur Fleisch für den Winter und die Familie. Der weiß, wie nass man im Regen werden kann, wie kalt die frostigen Nächte oben in den Bergen sein können. So einer wird bei mir zum „Uber Guide" ernannt und darf sich seine Lorbeeren dann wirklich verdienen. Am Ende der Saison hat er nicht nur die meisten Tiere seinen Gästen vorgeführt, hat auch den dicksten Elch bekommen und einen riesigen Grizzly noch dazu. In der Stille liegt die Kraft. Wenn einer seinen Mund zu weit aufreißt, dann schneit es ihm oft hinein, aber heraus kommt nicht immer die Wahrheit.

Der Jakob aus Deutschland sah sich auch als „Uber Guide". Er war vor vielen Jahren ins Land gekommen und wollte ein eigenes Business mit Fischerei aufmachen, weil er doch so schön am kleinen See mit seiner Pose gefischt hat, das kann er, da kann er sich ein tolles Leben in Kanada aufbauen. Als daraus nicht wurde, hat er sich als Jagdführer bei verschiedenen Outfittern beworben. Manche haben ihn aus Mitleid oder sonstwas aufgenommen, weil er eben ein Landsmann ist, dem man unter die Arme greifen muss. Er hat sich aber nie wirklich bemüht, das blutige Handwerk zu erlernen.

Was er gut konnte, war auch abends schnell „einmal kurz und zweimal lang" zu trinken, d. h. einen Schnaps und zwei Bier, und das dreimal oder so. Dann legte er das Auto des Chefs gekonnt in den Straßengraben, überschlug sich bei der ersten Ausfahrt mit dem Quadrunner gleich dreimal und vom Boot verlor er den Schlüssel – gluck gluck gluck – versunken der in die Tiefe des Sees.

Den Heimmarsch von fast 20 km hat ihm dann sein Arbeitgeber verkürzt, weil er nachts losfuhr, um ihn und den Gast zu suchen. Aber die Stories, die er über seine tollen Erlebnisse erzählte, die kreisen heute noch im Dorf. Dann zog er weiter, zu einem anderen Jagdanbieter und der konnte nur froh sein, dass er ihn endlich in seiner Gruppe hatte, denn so wie er, so gut konnte keiner jagen und die Gäste betreuen. Alles ein großes Mundwerk über das ich so manchesmal einmal kräftig mit meinem gut österreichischen Dialekt drüber fahren möchte.

Na ja, so einige Male hab ich es eh schon gemacht, hat auch wirklich geholfen. Von wegen „Uber Guide"! Man hört halt immer viel von diesen Typen, der Tratsch unter den Outfittern, Guides und Pferdeburschen ist im einsamen Busch von Kanada oft schlimmer als so eine Klatsch/Tratschrunde von älteren Damen im Kaffeehaus. Meistens aber gut und wichtig, denn wenn sich einer seinen Ruf ruiniert hat, dann lebt er hier nicht ungeniert, dann findet er hier in diesen Kreisen keine Arbeit mehr und kann wirklich in die Ölfelder gehen und Bagger fahren.

Ich kenne aber auch richtige „Uber Guides" – zwei will ich ihnen vorstellen.

Der eine ist der Marty, der Mensch ist sowas von zuverlässig, super im Jagen und Betreuen seiner Gäste, dass es eine Freude ist, ihm zuzusehen. Er arbeitet auch schon mehr als 12 Jahre in der Muskwa, redet nicht viel, ist sich aber nicht zu gut und zu „uber", seinem alten Gast die Schuhbänder auf- und zuzubinden, weil sich der nach dem langen Ritt nicht mehr richtig bücken kann. Schneidet ihm das Fleisch vor, weil er Probleme in den Händen mit Arthritis hat. Einmal hat ihn und seinen Gast der Schnee in den Bergen auf der Schafsjagd überrascht. Sie mussten schnellstens vom Gipfel ins Lager. Die Pferde mussten zurück bleiben, es wäre viel zu gefährlich gewesen, diese über die steilen, rutschigen Hänge ins Tal zu bringen. Und zwischendurch, ja, da hat sich Marty seinen älteren Gast einfach auf den Rücken genommen und ins Tal getragen, wenn dieser nicht mehr weiter konnte. Das ist ein wahrer „Uber Guide" für mich und sie werden leider immer rarer.

Eine andere „Uber Guidein" ist meine Nichte Christine, die arbeitet nun auch schon mehr als 10 Jahre beim gleichen Outfitter, als einzige weibliche Führerin kriegt sie oft die nicht so ganz einfachen Gäste, denn mit weiblicher Diplomatie, so hofft der Kevin, kann sie diese eher zufriedenstellen, als mit ruppiger Art. Christine jagt nur mit Pferden, lebt an ihrem geliebten Grizzly Lake und von dort aus geht sie auf Pirsch. Ihre Gäste muss sie sich in einem 5 bis 6 Stundenritt vom Hauptlager abholen. Der Rückritt ins Lager gilt gleich als Jagdeinstieg und oftmals hat sie dabei schon das erste Stück Wild strecken können. Als einzige Hilfe hat sie einen Jungen für die Pferde, der diese abends absattelt und versorgt, morgens einfängt und bepackt. Den Rest macht sie alleine, von Kochen bis Wild aufspüren und heranrufen, wenn es die Zeit der Brunft ist, bis hin zum Ausderdeckeschlagen und Zerwirken. Keine Arbeit ist zu schwer oder zu schmutzig für sie. Bei ihren Gästen ist sie hochbeliebt und geschätzt und ihre Jagderfolge können sich mit denen der männlichen Führer ohnehin messen.

Ihr Problem ist ihre Anziehungskraft auf Grizzly Bären. Kaum ein Ausritt, bei dem sie nicht auf einen Bären stößt oder gar in eine Gruppe von Bären reitet. Liegt der Elch auf der Decke, dann muss sie ein riesiges Feuer machen, denn die Bären in der Muskwa, rund um den Grizzly Lake, die kommen auf den Schuss. Die wissen, dass da ein gedeckter Tisch auf sie wartet. Und würde sie nicht so vorsichtig sein, dann wäre oft von den herrlichen Braten nichts mehr übrig.

Einmal hat sie mit ihrem Gast schon drei Tage warten müssen, bis der Bär endlich seinen Hunger gestillt hatte und konnte dann schnell das Geweih bergen. Immer voll im Einsatz, keine großen Worte, aber große Taten.

Das sind für mich die wahren „Uber Guides", nicht die, die nur reden, reden, reden und in Wirklichkeit einfach über sind, so wie man es auf gut deutsch schreibt und meint!

Muskwa, Fire Weed

Waldbrände

Hurra, hurra, ich habe im Losverfahren das Los für einen Grizzlybären im Herbst in der Nähe unseres Zuhause gewonnen. Limited Entree, nennt sich das hier und man kann sich bei der Regierung für verschiedene Wildarten, die man nicht frei erlegen kann, um ein Los bewerben.

Grizzlybären können in British Columbien nur von ausländischen Jagdgästen unter der Leitung von Jagdanbietern gejagt werden. Wir Einheimischen kriegen sie nur durch's Losverfahren zugeteilt, oder auch nicht. Jahrelang habe ich schon versucht, so ein Los zu bekommen. Ich hätte auch lieber einen Frühjahrsbären gehabt, weil das Fell dann schöner ist und die Krallen länger. Aber man muss froh und dankbar sein, wenn man überhaupt gezogen wird. Und so heißt es in diesem Herbst ganz besonders viel in jene Ecke zu fahren, für die mein Los gilt. Und ich weiß auch schon einen Platz, zu schön, um wahr zu sein. Er erinnert mich an die heimatlichen Almwiesen im Toten Gebirge oder in Tirol, Latschen wachsen und die Wiesen sind im Frühsommer mit den herrlichsten Alpenblumen übersät. Ein wahres Paradies. Steil oben in den Felsen, da hab' ich einige Höhlen gesehen, mich aber nie ganz hinauf gewagt. Wenn denn doch einer noch zu Hause ist? Da lass' ich ihn lieber in Ruhe.

Im Herbst wachsen etwas tiefer an den Waldrändern Unmengen von Blaubeeren und Preiselbeeren. Der Weg hinunter zum See ist für so einen Bären auch ein Katzensprung. Dort will ich mich einnisten, dort will ich versuchen einen meiner Träume wahr zu machen. Ganz so wenige, wie es immer heißt sind es ja nicht, die Grizzlypopulation in British Columbien hat sich sehr gut erholt sodass man mit gutem Gewissen einem dieser Prachtexemplare nachstellen kann.

Auch außerhalb der Jagdzeit sind wir viel in der Natur unterwegs und in dieser Ecke haben wir des öfteren die frischen Fährten und Losung von Grizzlys gefunden, haben im Laufe der Jahre auch etliche Bären selber beobachten können. Einer war dabei, ganz besonders herrlich, Silbergrau der Rücken, schokoladenbraun die Läufe, kleine Ohren, keine Sonne mehr unter dem Bauch, was alles auf einen ausgewachsenen, reifen Bären deutet. Ich will's versuchen, ich will ihn suchen, ich will mich auch tagelang ansetzen und warten und seine Wanderwege ausfindig machen. Zu so einer Jagd, glaube ich, gehört viel Ausdauer, mehr als alles andere. Die habe ich, die werde ich einsetzen. Dort, in den Berghängen auf der Südseite des Knapp Lakes, dort wohnt mein Bär. Jetzt soll es nur an mir und am Glück in der Jagd liegen, ihn auch zu bekommen.

Naja, so dachte ich Anfang Juli, als ich per Post mein Los in die Hände bekam. In der Zeit vom 10. September bis 15. November musste ich mich also anstrengen, richtig anstrengen. Darauf bereitete ich mich seelisch, geistig aber auch körperlich vor. Wird schon schief gehen!

Das, genau das hätte ich nicht denken sollen, denn am 12. August, da gab es ein wahnsinniges Gewitter. Der Sommer war extrem heiß und trocken, und an diesem Tag schlug drüben auf der Südseite des Knapp Lakes ein Blitz in einen der dürren Bäume ein und entfachte ein Feuer, das wochenlang brennen sollte. Insgesamt gab es 1250 Waldbrände in BC in diesem Jahr. Tagelang war die Sonne nicht zu sehen, so dick standen die Rauchwolken am Himmel. Wir hatten Familien, die am Ende des Francois Lake wohnten, bei uns einquartiert, weil diese evakuiert werden mussten, das Feuer stand direkt vor ihrer Haustür. Es war kein guter Sommer!

Da stellt sich mir dann auch oft die Frage, was macht der Elch wenn's brennt, der rennt … hoffentlich und all die anderen Tiere auch. Und hoffentlich wissen sie, in welche Richtung und rennen auch schnell genug, denn mit den vielen Stürmen, die wir zusätzlich noch hatten, war dieses neue Feuer auf der Südseite in einer Nacht über 17 km gelaufen. Alle frage ich, die Feuerwehr, die Game Warden, die Biologen, ob sie wissen, wie sich das Wild verhält, keiner weiß etwas Genaues, es gibt keine Statistik. Im Spätherbst, wenn die Feuer endlich erloschen sind, findet man hier und da einen verkohlten Körper, einen gerösteten Elch oder Bär, aber Genaues weiß man auch dann nicht.

Schuld daran sind die vielen kaputten Kiefern, die der Borkenkäfer im Laufe der letzten Jahre zu seiner Futterquelle machte. Zwei Drittel aller Kiefernwälder in British Columbien sind von ihm befallen. Alle Mittel ihn zu stoppen haben nicht geholfen, jetzt sind die Wälder braun oder grau und tot und so trocken wie Zunder. Der kleinste Funke ist zu viel und entfacht ein Feuer, dass über hunderte von Quadratkilometer rasen kann. Wer ist Schuld? Fragen Sie mich bitte nicht, ich müsste hier zu politisch werden und das passt nicht in mein Buch über Jagdgeschichten. Aber die, die schuldig an diesem Desaster sind, die sind längst nicht mehr in der Regierung, die genießen ihre dicke Abfindung und eine noch dickere Pension, die verbringen ihre Zeit im sonnigen Süden des Kontinents und was kümmert die der kaputte Wald da oben im Norden!

Am 10. September sind wir aber dann doch losgefahren. Heinrich zieht da immer wunderbar mit, wenn mir etwas so unter den Fingernägel brennt, wie die Situation da drüben auf der Südseite. Habe ich doch mit eigenen Augen von unserer Terrasse gesehen, wie der Blitz einschlug und binnen Minuten ein riesiger Rauchpilz in den Himmel stieg. Es wurde mir ganz schlecht in der Magengrube, denn ich konnte mir ungefähr ausrechnen, wo das alles passiert ist.

Der Rauch hat sich noch immer nicht ganz gelegt, wir nehmen die Fähre über den See und fahren dann in Richtung Knapp Lake. Schon nach der zweiten Abzweigung gegen Süden kommen wir durch kohlrabenschwarzes, verbranntes Land. Hier hat das Feuer gewütet. Es stinkt noch nach Rauch. Die Erde ist verkohlt, einzelne Stämme stehen zwar noch, sind aber schwarz und die Rinde ist völlig abgebrannt. Zwischendurch fahren wir allerdings wieder durch grüne Weidenbüsche, Pappelwäldchen und auch vereinzelt junge, grüne Kiefern, die das Feuer verschont hat. Dann hat es sich geteilt, eine riesige Feuerzunge hat sich nach Norden abgesetzt, der Hauptast ist nach Richtung Süden weitergerast. Kilometer um Kilometer fahren wir durch verbranntes Land. Da hier auch keine Häuser stehen, hatte man es mit der Brandbekämpfung nicht so eilig gehabt und so ernst genommen. Wichtig war, dass man rund um die vereinzelten Bauernhöfe und dann um den Ort Fraser Lake mit den Baggern eine große Feuerschneise schob und versuchte, dort zu retten was möglich war.

Mein Herz liegt mir schwer in meiner Brust, so ein Schaden, so eine Vernichtung, wie eine Kraterlandschaft auf dem Mond, nur eben absolut schwarz, liegt das Land vor uns. Nichts an Leben zeigt sich oder regt sich. Und je näher wir dem See kommen um so schwerer wird's in mir. Ich weiß, dass ich diese Ecke, mein kleines Paradies für viele, viele Jahre werde vergessen müssen.

Seitlich sehen wir noch Glutnester zwischen den verkohlten Stämmen rauchen, dann wird der Rauch immer dichter, Bäume liegen kreuz und quer über der Straße und dann ist Endstation für uns. Hier geht es nicht mehr weiter. Hier ist die Fahrt für uns zu Ende. Wir haben gesehen, was wir wollten, oder eigentlich nicht sehen wollten. Die Vernichtung war total. Bis zu den Felswänden hinauf ist alles verbrannt, bis zum See hinunter ist alles verbrannt. Wo sind sie alle hin die Wildtiere, sind sie hoffentlich in den See gesprungen und haben sich ans andere Ufer gerettet? Keiner weiß es, keiner hat's gesehen! Aus der Traum von der Grizzlyjagd in diesem Herbst. Ich könnte es vielleicht in einer anderen Ecke versuchen, aber mir ist die Lust darauf vergangen, es hat vielleicht so sein müssen.

Aber nicht nur viele Tiere sind sicherlich umgekommen bei den starken Waldbränden in diesem Sommer 2010. Es gab auch einige tödliche Unfälle, einen Flugzeugabsturz in der Nähe von Lilooet. Der Hubschrauber, der einen Wasserbehälter an einem langen Seil unter sich hängen hatte, kam zu nahe an eine Felswand. Der Behälter hat sich verhängt und die Maschine ist abgestürzt. Zwei schwerarbeitende Menschen sind darin umgekommen.

Ein riesiger Wasserbomber hat aus dem Francois Lake sein Wasser geschöpft und am Westende des Sees versucht, das Feuer unter Kontrolle zu bringen. Es war schon spannend zuzusehen, wie er tief und immer tiefer ging, wie die Klappen am unteren Ende des Fliegers aufmachten, Wasser schöpften und sich die schwerbeladene Maschine dann langsam in die Luft hob. Oft war es wegen der starken Rauchentwicklung nicht möglich, überhaupt zu fliegen. Dann sind die Truppen zu Fuß mit schweren Maschinen angereist gekommen und haben weite, tiefe Schneisen in den Wald gegraben, in der Hoffnung, dass das Feuer nicht darüber springen kann. Aber das besonders Gefährliche hier sind die Feuerbälle, die an den Wipfeln der sehr harzreichen Kiefern entstehen und dann vom Wind abgebrochen und über hunderte Meter geblasen werden. Landen sie dann in einem anderen dürren Waldstück, dann geht es dort wieder weiter. Auch ist unser Boden eine Art Torfboden, das Feuer kriecht entlang der Baumwurzeln über weite Strecken unter dem spärlichen Rasen weiter, kommt dann irgendwo wieder ans Tageslicht und findet jede Menge Futter, um ordentlich weiter zu brennen. So stellt man sich die Hölle vor, außer heiß und schwarz und alles verbrannt, nichts. Ich hatte es im Yukon vor vielen Jahren schon einige Male erlebt. Auch dort rasten riesige Feuer durchs Land, wenn die Sommer heiß und ohne Regen waren. Auch dort wurde nicht viel gelöscht, weil man wegen der Weite einfach der Situation nicht Herr werden konnte.

Ich bekam den Anruf vom Chef, ihn in Mayo abzuholen. Die Stürme seien zu schwer, die Luft voll mit Rauch, das kleine Flugzeug musste in Mayo notlanden und nun soll ich ihn mit dem Auto nach Whitehorse holen und den Gast auch. Also machte ich mich spät am Abend auf die ca. 400 km lange Fahrt, um die beiden zu holen. Zu dieser Zeit brannte gerade das große Fox Lake Feuer, und die Straße, der Klondike Highway, wurde nur für wenige Stunden täglich geöffnet, weil das Feuer so nahe an die Straße herankam. Auch ich musste fast eine Stunde in der Schlange warten, bis wir endlich weiterfahren durften. Die Hitze war so gewaltig, dass der Lack an meinem Kleinbus stellenweise Blasen warf und schmolz. Die Sicht gleich Null und dankbar war ich für die roten Rücklichter meines Vordermannes, denen ich langsam folgen konnte.

Auch dieses Feuer hatte viele Wochen gebrannt, obwohl der See gleich daneben lag, obwohl man eigentlich alles schnell hätte löschen können, nach europäischem Denken. Der Kanadier denkt da anders. Es gab keine Häuser hier, keine Dörfer, kein Grund sich aufzuregen und wertvolles Equipment in Gefahr zu bringen. Vielleicht haben sie ja recht. So erneuert sich der Wald von selber und irgendwie bin ich schon neugierig und gespannt, was mir der Knapp Lake im kommenden Frühling für Überraschungen bieten wird.

Als erstes kommen die Morchel durch den verbrannten Boden, man sagt, die Morchel macht den Boden bereit für andere Pflanzen. Dann werden sich die Weidenröschen und der Schachtelhalm ansiedeln und dann kommen hoffentlich nach und nach meine herrlichen Alpenblumen alle wieder zum Vorschein. Vielleicht haben es ja Samen irgendwo tief in den Ritzen der Felsen überlebt, die der Frühlingsregen dann heraus spült und zum Wachsen bringt.

Für's Wild wird es in zwei bis drei Jahren ein herrlich gedeckter Tisch sein, wenn die neuen Sträucher und jungen Bäume aus der Erde kommen und frische, saftige, nahrhafte Äsung bieten. So sollte ich nun meine Trauer vergessen und mich nur auf das Neue freuen, das mir nach diesem Feuer gezeigt und beschert wird. Rund um den Fox Lake habe ich es seinerzeit ja schon erlebt, unwirklich, fast surreal schaute das aus. Die tausenden schwarzen Baumstämme und Strünke, kein grünes Blatt, aber der Boden war wie mit einem Teppich aus zartrosa Weidenröschen und gelben Senfblumen bedeckt. Ja, die Natur ist schon ein Wunder und wie Phoenix aus der Asche aufstieg, so werden auch hier wieder die Gewächse aus der Asche wachsen und sich die Tiere einstellen und alles wieder in Besitz nehmen.

Blitze im Boot

Im heißen Sommer 2010 gab es unendlich viele, schwere Gewitter, mit Blitz und Donner, einfach zum Fürchten, sofern man es nicht auf sicherem Boden, geschützt unter einem weit überhängenden Dach, genießen konnte.
Mit einer Warscheinlichkeit von 1 zu 1 Million kann man vom Blitz getroffen werden, aber es erwischt doch hin und wieder einen Menschen, einige sogar öfter. Es gibt unendlich viele Regeln, wie man sich im Falle eines schweren Gewitters verhalten soll, oftmals kann man sie dann doch nicht umsetzen. Man rechnet so über den Daumen, dass man sofort ins Haus laufen soll, wenn zwischen Blitz und Donner nur 30 Sekunden gezählt werden, denn dann ist das Gewitter nur 10 km entfernt. Man soll sich so klein wie nur möglich machen, wenn man im Freien den Sturm abwarten muss. Buchen sollst du suchen, Eichen sollst du weichen, sagt man auch, aber auf keinen Fall würde ich mich hinter einem Baum verstecken, egal welcher Art. Auch soll man sein Auto nicht unter einem Baum parken, der kann getroffen werden und einem dann aufs Dach fallen. Obwohl ja das Auto noch den größten Schutz vor einem Blitzschlag bietet.
Am schlimmsten ist es, wenn man sich auf offenem Wasser befindet. Und wie schnell ziehen riesige Gewitterwolken auf, wenn wir auf dem Francois Lake z.B. am Fischen sind. Dann heißt es mit Vollgas entweder über den See zum Auto oder Schutz in einer der kleinen Buchten suchen. Angeln und alle Metallteile werden in den Cabinenraum verstaut, wir selber ducken uns unter unser Plastikdach und warten bis es sich ausgetobt hat, das Gewitter.
Zwei Freunde von uns hatten einmal einen sehr aufregenden Zwischenfall beim Fischen und sind nur knapp mit dem Leben davon gekommen. Gerade vor einem Gewitter ist das Fischen ja besonders gut, die Fische beißen wie nie zuvor. So haben die beiden das aufziehende, schlechte Wetter erst wahrgenommen, als es schon fast zu spät war. Wind und Regen kamen zur gleichen Zeit auf sie niedergebraust und mit Mühe konnten sie sich in eine kleine, felsige Bucht einer Insel retten. Dort fanden sie ein windgeschütztes Plätzchen und so blieb Dan vorne am Boot stehen, um weiter nach seinen Fischen zu angeln, er konnte einfach nicht genug bekommen. Da hörte er ein fürchterliches Brausen, ein Surren und Zischen und nach einem ohrenbetäubenden Boom landete er kopfüber im Wasser. Ein Blitz hatte direkt in die Spitze seiner Angelrute eingeschlagen. Tom sah das ganze wie in einem gruseligen Spielfilm ablaufen. Erst stand Dan noch vorne auf dem Boot und in der nächsten Sekunde war er in einem riesigen Lichterstrahl im See verschwunden, weggebeamt! Kurz hat er aufgeleuchtet wie eine Kerze, die Angel flog in hohem Bogen ins Wasser und auch Dan flog durch die Luft, bevor er in den Fluten verschwand. Wie versteinert blieb Tom im Boot sitzen und konnte sich selbst nicht bewegen. Aber da tauchte Dan auch schon wieder aus den Wellen auf, sein rechter Arm hing hilflos an seiner Seite und nur mit viel Mühe gelang es ihn ins Boot zu ziehen. Nun war

ihm die Lust am Fischen aber doch endgültig vergangen, obwohl sie sich noch etliche Stunden in der geschützten Bucht aufhalten mussten, bis sich die Gewitterwolken endlich verzogen hatten und es sicher war, die Fahrt in den heimatlichen Hafen anzutreten. Mehr als 1.000 Menschen werden jährlich in Nordamerika von einem Blitz getroffen, ungefähr hundert davon sterben. Wir haben selbst alle Literatur gesucht und gelesen, aber es gibt noch kein sicheres Mittel, sich in einem Boot, offen oder geschlossen, wirksam vor einem Blitzschlag zu schützen!

Ohne Boot geht nichts in der wasserreichen Wildnis

*In Österreich,
hier lernte ich das Jagen …*

Kämpfende Schaufler

Jagen in Österreich

Bevor es mich in mein Traumland Kanada trieb, um dort die Jagd und Fischerei zu meinem Beruf zu machen, habe ich meine Jagdprüfung in Oberösterreich abgelegt und versucht auch in der alten Heimat zu jagen.

Aber so einfach ist das dort nicht gewesen. Wenn man nicht reich ist und keine Eigenjagd hat, wenn man sich in keine Gemeindejagd einkaufen kann, dann geht's nur mit einem Begehungsschein, den man von einem befreundeten Jagdkameraden mit Eigenjagd bekommen kann.

Also habe ich meine allererste Jagd in Ungarn auf einen Rehbock gebucht. Es war ein herrlicher Mai und wir sind mit der Pferdekutsche unterwegs gewesen. Das war schön und erfolgreich und wird unvergesslich bleiben.

Dann habe ich mir im Sommer eine Gams im Toten Gebirge gekauft, bin zweimal in die Berge gestiegen mit einem recht feschen kernigen Führer, aber immer kamen die Gewitterwolken auf und rasch suchten wir im Tal Schutz vor Regen und Blitz. Außer Spesen nichts gewesen.

In der Folge konnte ich da und dort des nachts auf Füchse ansitzen, weil niemand sonst in die Kälte hinaus wollte, das war auch erfolgreich.

Bei der ersten Einladung auf einen Sautrieb in den Donauauen habe ich gebetet, dass der schwere Keiler nicht gerade bei mir herauskommt. Ist er dann auch nicht, nichts ist herausgekommen in meiner Ecke.

Eine Einladung in den Wienerwald brachte mir auf einem gekehrten, gepflegten Pirschpfad meinen ersten Rehbock in heimatlichen Gefilden. So im Rückblick war das alles schon ein recht guter Start und hat mich „blutlecken lassen" im wahrsten Sinne des Wortes, dass die Jagd für mich Großstadtpflanze doch das Richtige sein könnte.

Ja, und dann kamen die Lehr- und Wanderjahre hier in Kanada, im Yukon, in British Columbien. Aus dem zarten Reh wurde ein stattlicher Maultierhirsch, aus dem schlauen Fuchs ein dicker Schwarzbär, die Gemse eine Schneeziege! Und dann konnte ich meine ersten Gäste selber führen, konnte ihnen zum Jagderfolg verhelfen, was noch mehr Freude machte, als der eigene Abschuss.

Auf den Jagdmessen lernte ich dann Revierbesitzer aus Österreich kennen, die oftmals im Winter Aushilfe für ihre Gatterjagden brauchten und so habe ich einige Winter in der Steiermark und Niederösterreich mein „Unwesen" getrieben. Habe nicht nur das Wild gehegt und gepflegt, sondern auch Gästen zum Abschuss verholfen.

In der Steiermark, da hatte ich nicht nur eine kleine und große Gatterjagd zu betreuen, da waren auch zwei Gebirgsreviere angepachtet, in denen vor allem Gemsen und Rotwild bejagt wurden. Im kleinen Gatter hatte ich Damwild, Rotwild und Mufflons zu versorgen, im großen Gatter noch mehr Mufflons und Rotwild und jede Menge Gemsen. Die Wildfütterungen konnte ich nur, wie zu guten alten Zeiten, mit Heuschlitten und Rübenschnitzel bestücken. Oft lag tiefer Schnee und es war wirklich eine schwere Arbeit, eine Schinderei, wie wir in Österreich sagen. Aber ich war den ganzen Tag an der frischen Luft, kannte bald meine einzelnen „Kandidaten", wodurch es mir dann auch leichter fiel, einen Gast zum entsprechenden Abschuss zu bringen. Die schmalen Forstwege konnte ich im Herbst, nach getaner Arbeit in Kanada, noch für eine Weile mit einem kleinen Allradfahrzeug befahren und mir die Landschaft und das Wild vertraut machen. Wenn der Schnee kam, dann ging es nur noch zu Fuß und mit Schneeschuhen, die ich mir von hier mitgebracht hatte. So mancher alte Förster wird sich gewundert haben, welche komischen Trittsiegel da im Schnee standen.

Da sich unter den Damhirschen viele weiße Tiere befanden, hatte ich die Aufgabe, gleich einmal mit diesen ein Ende zu machen. Das hielt mich einige Tage auf Trab, denn nach den ersten beiden Abschüssen, da wussten die schlauen Viecher schon, dass es ihnen ans Fell geht und hatten sich die versteckten Winkel als Einstand gesucht. Selbst an die Futterkrippen kamen sie nur nachts, aber da wird auch in Österreich nicht geschossen.

Eines Tages fand ich zwei ineinander verkämpfte Damhirsche, um deren Geweihe sich der Draht des Gatters gewickelt hatte. Beide waren noch am Leben, konnten aber nicht auf die Läufe kommen und einer hatte eine angeschnittene Keule. Welch ein jämmerlicher Anblick. So eine Kugel, die geht dann leicht aus dem Lauf, die beendet Qualen und Schmerzen, da ist man froh und dankbar für den guten Schuss.

Während ich also den einen gleich schoss, versuchte ich, den noch nicht angeschnittenen irgendwie auf die Beine zu helfen. Aber da gab er mir mit seiner Schaufel einen über meinen Kopf, dass mich für viele Tage ein wunderbares blaues Auge zierte. Ich konnte ihm jedoch nicht auf die Läufe helfen, also bekam auch er einen Genickschuss. Zum Glück lagen sie auf einer Anhöhe, sodass ich sie leicht mit einem Seil den Hang hinunter in die Fleischkammer ziehen konnte. Ich wollte eigentlich dem „Anschneider" nicht noch mehr Braten gönnen.

Dann kamen Gäste aus der Schweiz und aus Deutschland, mit denen ich auf Mufflons jagen musste. Ein besonders starker Widder war in der Gruppe, aber der war leider ein wenig über dem Budget des Gastes, sodass einer von den kleineren dann fallen musste. Wir saßen schon den dritten Morgen in einer kleinen Kanzel an, alle 25 Stück sind schon an uns vorbeigezogen in Richtung Futterstelle, nur ein „Halbstarker" fehlte uns noch, der ließ sich Zeit, wie auch bei den Menschen, die haben alle was anderes im Kopf, die Teenager, und so wurde es eine lange Warterei, bis endlich der Widder den Hang herunter, direkt auf uns zukam. Ein Schuss von spitz vorne und er lag im Feuer, alle Anerkennung meinem Gast! Das Gelände war sehr, sehr gebirgig, felsig und steil, da gab es nicht viele Möglichkeiten abzuwarten, bis er sich vielleicht breit stellt, da heißt es schnell die Kugel fliegen lassen.

Zu meinem 55. hatte ich eine Gams frei bekommen. So bin ich los und wir hatten auch einen guten Bock vor. Sehr dunkel im Fell, fast rabenschwarz, gleichmäßig gebogene

Krickerl, zog er friedlich äsend einen spärlich bewachsenen Hang entlang. ABER, das grosse Aber war hier in der Art der Jagd. Ich hätte schnell aus dem Auto aussteigen müssen, anlegen und schießen. Das tue ich in Kanada nicht, oder fast nicht, und schon gar nicht in Österreich, wo man das Jagen erfunden hat, es zum Kult gemacht hat. Hier kann man nicht wie ein wilder Indianer auf eine Gams über die Kühlerhaube eines Autos schießen. Außerdem war der Bock eh zu jung und hat noch viele Jahre wachsen können. Der Anblick allein hat mir schon genügt und mir riesige Freude gemacht.

Aus der damaligen Tschechoslowakai wurden uns drei neue Rothirsche angeliefert, damit wir etwas Blutauffrischung in unsere Gruppe bekamen. Nachts kamen die Tierhändler angefahren, es lag Eis und Schnee, ein Sturm heulte um das Jagdhaus, gar nicht lustig war es. Aber die Tiere mussten so schnell wie möglich aus dem Hänger ausgeladen werden, weil man sie ja halb betäubt über viele hunderte Kilometer gefahren hat. Der erste schaffte es allein „auszusteigen", der zweite brauchte etwas Hilfe, bis er hinter dem Gatterzaun verschwand und beim dritten, da verließ den Händler die Geduld, der wurde mit brutaler Gewalt aus dem Wagen gezerrt, mehr tot als lebendig einfach runter in den Schnee, dann die wenigen Meter hinters Gatter und Tür zu. Schnell ein paar Papiere unterschrieben und schon fuhren sie wieder ab mit ihrem Geld in der Tasche. Da stand ich nun mit den drei Zuchthirschen, einer teurer als der andere und alle drei keinen Groschen Wert in diesem Zustand, in diesem Moment. Mitternacht war schon lange vorbei, als ich mit Eimern voll lauwarmem Wasser ankam, damit sie etwas zum Schöpfen hatten, als ich mich zu nähern versuchte, um sie mit Heu abzureiben. Die zwei Flotteren ließen mich nicht heran, aber der arme Kerl, der da auf dem Eis halbtot lag, dem tat es gut, dass ich ihm die Läufe und den Rücken massierte und ihm mit der Hand Wasser in den Äser schöpfte. Nur mühsam hob er einmal sein Haupt, dem man das herrliche Geweih bis auf wenige Zentimeter abgeschnitten hatte, damit sie sich beim Transport nicht verletzten. Dann war meine Weisheit zu Ende, den Tierarzt konnte ich jetzt nicht mehr anrufen, den Jagdherren schmiss ich wohl mit meinem Telefonat aus dem Bett, aber er meinte nur, es wäre alles gut so, er hätte schon öfter von diesen Händlern gekauft und es wäre immer alles glatt gegangen. Naja, hoffentlich diesmal auch. Sonst wars womöglich ich, die Schuld hat! So schmiss ich noch einen riesigen Haufen Heu auf den armseligen Körper da vor mir und verkroch mich selber wieder ins Bett. Am nächsten Morgen, noch in der Dunkelheit war ich schon wieder auf den Läufen, um nach den Neuankömmlingen zu sehen. Alle hatten die Nacht überstanden und wanderten gemächlich zwischen den anderen Tieren im Gatter herum. Noch waren sie die letzten in der Hackordnung, noch mussten sie sich ihren Platz im Rudel erst erkämpfen. Nur einer, der schleifte sein Bein etwas nach, das wurde mein Sorgenkind für die nächsten Tage. Als ich dann die ersten Schweißflecken an der Futterkrippe fand, da legte ich mich auf die Lauer um ihn genauer zu beobachten. Der rechte Hinterlauf, der war gebrochen, er setzte ihn nicht mit den Hufen auf, sondern oberhalb des Gelenkes, das mittlerweilen dick geschwollen war und von Zeit zu Zeit blutete, wenn er über den verharschten Schnee humpelte. Das war also nicht gut gegangen. Wieder ein Telefonanruf in der Nacht beim Jagdherren, extra, damit er aus dem Bett muss! Und ich schilderte ihm den Fall, naja meint er, wenn es gar nichts wird, dann musst ihn halt erschießen und den Wildbrethändler holen. Zwei Tage hab ich noch zugesehen, wie er sich bemühte, zum Futter zu humpeln, dann war das Mitleid größer als die Rechnung für diesen Prachthirsch, dann hats geknallt und er wurde von seinem Leiden erlöst.

Beim Zerwirken fand ich dann den ganzen Lauf schon unter Eiter und das Tier selber wog auch nur die Hälfte, was er hätte wiegen sollen. Den abgetrennten, stinkigen Lauf hab ich dann doch noch in einer Plastiktüte und eingefroren, als corpus delicti, falls man mir nicht glaubt, wie schlecht es dem Hirsch ergangen ist.

Das war die Steiermark, das herrlich grüne Herz Österreichs, in dem man viel Kondition und Mut zur Jagd mitbringen sollte, weils halt überall sooo steil bergauf- und bergab geht!

Im Gatter an der Donau in Niederösterreich gab es vor allem Muffelwild und Wildschweine, Sauen ohne Ende, vereinzelt auch Damwild und vor allem ein für mich bisher völlig unbekanntes Wild, den Sitkahirsch. Davon gab es einige Traumtrophäen in diesem Gatter. Und mein erster Gast hier wollte auch gleich einen erlegen. Wochenlang bin ich mit meinem kleinem grünen Fahrzeug voller Futtereimer täglich durchs Revier gefahren, habe regelmäßig die Fütterungen befüllt und das Wild hat mich und das kleine Auto schon gekannt. Die Sauen, die blöden Sauen, die liefen sogar schon neben dem Auto her und jedesmal musste ich die Hupe kräftig drücken, damit ich aussteigen und meine Eimer ausleeren konnte. Der Radau hat dann auch die Damhirsche auf die Bildfläche gebracht, die wollten auch ihre Rübenstücke und dann nach einiger Zeit kam der Prachthirsch, der Sitka, der wurde so handzahm, dass er mir altes Brot vorsichtig aus der Hand fraß.

Und jetzt soll ich mit dem Horst diesen Hansi abschießen, das tut weh, ist aber Geschäft und nicht meine Angelegenheit. Also setze ich den Horst auf einen guten Ansitz, wo ich weiß, dass hier der Hansi gern vorbeizieht, nachdem ich meine Futtereimer ausgeleert habe. Ich mache meine Runde und schleiche mich dann zu Fuß hinter den Ansitz und warte, dass Horst sein Wild erlegt. Aber weil ich halt eine Frau als Jagdführerin bin, da glaubt der Herr der Schöpfung, ich weiß nicht so genau, was ich tue und so ist er wieder abgestiegen von seinem Sitz und rennt rund um den Ansitz herum, statt still oben zu warten. In diesem Moment kommt der Hansi. Er hat sich seine Rüben geholt und ist mir gefolgt, direkt auf meiner Spur ist er auf den Hochsitz zugewandert.

Jetzt aber schnell, Horst, lege an, streiche an, tu was, hinaufklettern kannst jetzt aber nicht mehr, das hast verpatzt. Also versucht er anzustreichen, aber weil er ein Linkshänder ist, geht das mit den Stangen nicht so einfach, aber dann murkst er doch irgendwie sein Gewehr in eine Auflage und lässt fliegen. Trifft auch, aber zu weit hinten, ich schrei ihn an, noch einmal, schieß schnell noch einmal, das tut er dann auch und endlich bricht das edle Tier zusammen und liegt keine 60 m weiter im Schnee.

So eine verdammte Bärensch.........., denke ich mir in meinem Kanadisch. Aber ich bin ja nur der Handlanger hier. Waidmanns Heil und Waidmanns Dank, das hat man nicht verlernt im Ausland, den letzten Bissen darf ich dem Hansi auch in den Äser schieben, denn das interessiert den Horst schon gar nicht mehr so. Dann hieven wir das ganze Tier mittels Seilwinde hinten in den Wagen, denn Aufbrüche im Gatter selber will der Jagdherr nicht gerne liegen lassen, wegen der Sauen. Das wundert mich, denn die würden doch schnell damit aufräumen, oder?

Am nächsten Tag gehen wir den großen Keiler an, der kommt uns natürlich auch wie bestellt. Das Gatter ist groß, man kann von keiner Kanzel einen Zaun sehen, aber durch die Regelmäßigkeit des Fütterns ist das Wild schon halb zahm geworden. Bis auf eine alte, blöde Sau. Die hat mich immer verfolgt, wenn ich meine Pirschgänge durchs Revier machte, die hat mich zweimal auf einen Baum getrieben, weil sie mir zu nahe kam, um noch toleriert zu werden.

Der Keiler kommt, genau wie ich es mir dachte, von der Suhle, geht über den breiten Weg in Richtung Kastanienhaufen. Wenn er dort keine mehr findet, dann biegt er meistens nach rechts ab, um unter den Eichen entlang der Donau zu wühlen. Einen Sitz gibt es in dieser Ecke nicht, also biete ich Horst meine Schulter zum Auflegen an, aber so einfach ist das eben nicht. Da liegt, und das will ich jetzt ganz vorsichtig und nicht verletzend erwähnen, da liegt doch ein Unterschied zwischen den amerikanischen Schützen und einem Europäer, der es gewohnt ist, von seinem Sitz in Ruhe zu zielen und zu schiessen. Der Ami, der wirft seine Waffe hoch, schießt viel freihändig, und wenn er gar eine Schulter angeboten kriegt, dann ist er im siebten Himmel. Aber mein lieber, verehrter Gast, der konnte mit meiner Schulter gar nichts anfangen. Die drei Schüsse gingen alle fehl, der Keiler stellt den Bürzel auf und verschwindet im Schweinsgalopp in der nächsten Dickung. Jetzt kann meine Schulter zum Ausweinen geliehen werden.

Ja, das ist nun schon so viele, viele Jahre her und irgendwann ist es mir einfach arbeitsmäßig, kräftemäßig zu anstrengend geworden. Sommer und Herbst hier im Norden Kanada, den Winter in Österreich, die Enkel und die Kinder, die wollten auch mehr Zeit mit mir verbringen und darum hab ich es dann einfach sein gelassen, es wird sich jemand anders finden, der diese Arbeit macht. Vielleicht nicht mit so viel Begeisterung und Freude, aber er macht sie.

Und ich, ich passe doch viel besser hierher in meine kanadische Wildnis, das wurde mir damals auch glasklar!

Schnee, Schnee, Schnee …

Schnee, viel zu viel Schnee

Im Zeichen des Steinbockes oder der Schneegans geboren, kann mir der Winter eigentlich nie zu kalt sein, der Schnee nie zu viel. Meine Kinder und Enkelkinder machen sich immer über mich lustig und meinen, ich sei in einem früheren Leben wahrscheinlich einmal ein Eisbär gewesen, denn wenn alle jammern und nicht wissen, wo sie sich verkriechen sollen, weil es soooo schneit und soooo kalt ist, da wirds für mich erst richtig spannend. Ein bisschen halbgefroren hält man sich länger, sage ich dann immer, ziehe meine warmen Sachen an und mache mich auf in den Wald.
Denn jetzt erst, jetzt, wenn der erste Schnee liegt, da erfährt man wirklich erst was „los" ist da draußen in der Natur. Man sieht die Fährten und Trittsiegel deutlich in der weißen Pracht stehen, man sieht, wer von wo wohin gewandert ist und was sich für Tragödien abspielen, wenn ein Bussard die Maus aus dem Schnee holt und seine Schwingen deutliche Spuren im Pulverschnee hinterlassen. Der Elchfährte kann ich folgen bis in den tiefsten Hochwald, dort verliere ich sie dann aber leider zwischen den Bäumen, und auch der Hirsch hat seinen Wechsel seit der Herbstbrunft nicht viel verändert. Er wandert immer noch den Bach und das abgeerntete Feld entlang, springt dann über den Zaun und verschwindet in einem tiefen, steilen Graben, in dem ich ihn wegen Verletzungsgefahr meinerseits nicht nachklettern möchte. Aber irgendwo da unten, da liegt er unter einer dicken Fichte, verdaut seine Zweige und die letzten Haferreste, die er am Feldrand gefunden hat und rührt sich sicherlich nicht mehr bis zum Morgen.
Jetzt kommen auch alle fliegenden Gäste an meine Futterhäuser, die ich den ganzen Sommer nicht gesehen habe. Entweder weil sie im Wald genügend gefunden haben oder weil sie weiter oben im Norden ihre Jungen aufgezogen haben und nun auf der Durchreise in den Süden sind, wo sie den Winter verbringen werden. Die Kolibris, die kommen immer Mitte Mai und bleiben bis Mitte August, aber die wunderschönen Seidenschwänze, die bringt der erste Schnee ans Haus, die holen sich die letzten, schon vertrockneten Beeren von den Sträuchern. Ihre riesigen Schwärme, bis zu 50 und 60 Vögel auf einmal, umstreichen das Haus und die anschließenden Hänge. Wie Christbaumschmuck hängen sie in den Ästen, und dann so plötzlich wie sie gekommen sind, so plötzlich sind sie wieder verschwunden, bis sie das nächste Frühjahr wieder vorbeifliegen lässt.
Wenn die ersten Flocken so supersanft vom Himmel fallen, jede ein kleines Kunstwerk für sich, dann kann man doch nicht missmutig im Hause sitzen bleiben. Für mich ist der Winter, der erste Schnee, DIE Jahreszeit die ich am meisten liebe. Und die sagenhafte Stille, die einen dann im Wald umgibt. Es raschelt kein dürres Laub mehr, die Vögel singen nicht, es knistert und knackst nichts mehr. Die Füße pflügen lautlos durch den herrlichen Pulverschnee und wir hinterlassen plötzlich auch unsere Spuren. Jetzt, in dieser herrlichen Pracht. Während man im Sommer und Herbst ganz selten Fußabdrü-

cke im Gras oder nassen Laub findet, schon eher in Wasserlöchern oder am Rand vom Sumpf, so steht nun die eigene Spur ganz deutlich in die Welt geschrieben. Manchesmal ist es gut so, denn wenn man sich verrennt, da drinnen im Busch, dann kann man seiner eigenen Spur wieder nachgehen und findet schnell nach Hause, aber so weit wage ich mich dann allein im Schnee ohnehin nicht von zu Hause fort. Der nächste Sturm braut sich schon am Horizont zusammen und kann gut und gerne wieder einen halben Meter Schnee bringen. Aber noch regt sich kein Lüftchen hier im Märchenwald, noch pirsche ich mich wie am allerersten Tag durch meine bekannten Reviergänge und genieße die Stille um mich. Wie taub könnte man sich vorkommen, aber man weiß, dass in wenigen Monaten der Wald wieder zum Leben erwacht und sich dann ein Konzert ganz besonderer Art abspielt.

Die Jagd ist aus, offen sind nur noch Kojote und Wolf, aber das Schießen und Jagen, das ist auch vorbei für dieses Jahr, jetzt will ich nur erkunden, den Geheimnissen des Wildes rund um unser Anwesen auf die Spuren (im Schnee) kommen. Dass wir wieder so viele Schneeschuhhasen haben, das ist mir den ganzen Sommer und Herbst über nicht aufgefallen. So scheu und vorsichtig hausen die kleinen Nager in den dichten Büschen, aber jetzt sehe ich ihre Spuren kreuz und quer. Zwischen dem Garten und den Garagen, über den Fahrweg, überall sind plötzlich kleine Wechsel zu beobachten. Dort sollte man eine Drahtschlinge aufhängen, dann finge man sicher einen. Aber ich lasse sie lieber laufen, denn der „Zweisprung", also der Marder ist auch wieder irgendwo im alten Holzschuppen eingezogen und der ist sicherlich hinter ihnen her. Die große Ohreneule streicht auch spät abends im Dämmerlicht tief über die Gräben und holt sich ihren Teil weg, da muss ich nicht auch noch einen wegnehmen.

Der letzte Jagdtag auf Elch, also der 26. Oktober, brachte uns eine ganz außergewöhnlich große Ladung dieses herrlichen weissen „Zeugs", das ich so liebe. Wir waren auf dem Nachhauseweg, da ging irgend etwas an Heinrichs Quadrunner kaputt. Ein lauter Knall, der sich wie eine Fehlzündung anhörte und dann aus, er machte keinen Muxer mehr und wir standen noch etliche Kilometer von zu Hause entfernt. Also blieb mir nichts anderes übrig, als ihn mit meiner wesentlich kleineren Maschine abzuschleppen. Erst meinte ich, lassen wir ihn halt bis morgen hier, es wird ja schon dunkel, aber davon wollte der Meister nichts wissen. Die ersten Flocken taumelten schon vom Himmel, nein, mir ist wohler wenn wir ihn zu Hause haben.

Und wie er wieder einmal recht hatte, hätten wir sie erst am nächsten Morgen abholen wollen, dann wäre nichts mehr gegangen, dann hätte sie bis zum Frühling da draußen stehen bleiben müssen. Also gut, hinten angehängt und langsam über Berg und Tal zog ich die große Maschine mit dem großen Mann darauf in Richtung Heimat. Stellenweise schaffte es meine „Hummel" gar nicht mehr, dann musste der große Mann absteigen und fest mit anschieben. Endlich auf der Straße angekommen fuhren wir verbotenerweise gleich weiter, um kein Risiko einzugehen und auf dem letzten Stück noch irgendwo hängen zu bleiben. Endlich stand die kaputte Maschine unter Dach und Fach.

Und es schneite und es schneite so wunderschön, dass ich noch eine Runde wandern musste, im Mondschein mit dem Hund, weils gar so „geil" war, sagen die Kinder in so einer Situation. Am Morgen brachte Heinrich das Gerät noch schnell in die Werkstatt, denn dieser Quadrunner ist unser wichtigstes Vehikel, um Schnee zu schieben. Als er mittags nach Hause kam, schaffte er es fast nicht mehr über den letzten steilen Hang vor das Haus zu kommen, so tief lag der Schnee schon auf der Straße. Er hatte die Nase voll von der schlechten Fahrt aus dem Dorf, denn auch dort war noch kein Schneepflug unterwegs und das Fahren alles andere als lustig. Heute nicht mehr, morgen fangen wir an zu schieben. Und über Nacht, da kam doch fast über ein Meter von der weißen Pracht vom Himmel. Sage und schreibe 1.20 m hat es seit gestern abends geschneit, auf der Terrasse lag er so hoch, dass er bis an das Geländer hinauf reichte. Die Türen von den Schuppen konnten wir nur mühsam frei schaufeln, der Quadrunner mit Schneepflug versehen, dem war das alles zu viel. Also müssen wir uns auf eine längere Zeit vorbereiten, eingeschneit zu sein. Winterschlaf wie der Bär, herrlich! Der viele, schwere Schnee, der lag auch auf den Bäumen und Sträuchern, der lag so schwer auf den Ästen, dass er nach einigen Stunden die Stromversorgung abdrückte. Aus, wir saßen im Finsteren. Kerzen und Taschenlampen wurden hervorgeholt. Gemütlich, oder? Am ersten Tag, am zweiten Tag, ja da war es noch einigermaßen gemütlich. Auch das Schneeschaufeln, die Eimer füllen und am Holzofen auftauen, damit wir ein wenig Wasser zum Kochen und Waschen hatten. Am dritten, vierten und fünften Tag, da war es schon nicht mehr ganz so lustig, vor allem für die Familien mit kleineren Kindern und für die älteren Leute, die zum Doktor in das Dorf mussten.

Mit unseren Schneeschuhen stapften wir über unser Grundstück, um zu sehen, wie es mit unseren eigenen Strom- und Telefonleitungen bestellt war. Da fanden wir tatsächlich eine relativ dünne Pappel quer über der Zuleitung von der Straße zum Haus liegen. Die ist auch mit Schuld, dass wir keinen Strom haben, meint der Hausherr, die muss sofort weg. Wir überlegen hin und her, holen unseren kleinen Schneepflug mit dem Quadrunner und Hänger heraus, nehmen die längste Stehleiter, die wir finden können und eine lange, lange Baumsäge und wollen versuchen, die Spitze des Baumes abzusägen. Was für eine Wahnsinnstat, wenn die in diesem Moment versuchen, den Strom wieder einzuschalten und wir haben unsere Säge da oben an der Leitung, ich halte den Heinrich auf der langen Leiter fest, so gut es eben geht, naja, dann sind wir beide getoastet, dann tut uns nichts mehr weh! Also wurde diese Idee gleich wieder verworfen, das ganze Gerätezeug weggepackt und Heinrich holt sich seine Schrotflinte mit den dicksten Posten und 4 mm Schroten. Dann stellt er sich unter die Leitung, unter die Baumspitze und nach vier sehr genau gezielten Schüssen war der Stamm auch wirklich abgeschossen und fiel zu Boden. Die Leitung schnellte in die Höhe und aller Schnee, der darauf lag, rieselte leise auf uns herab. Bei genauerer Betrachtung des Baumes sahen wir, dass dieser bereits schwarz angekohlt war. Also an unserer Leitung sollte es nun nicht mehr liegen, wenn den anderen das Licht nicht „aufgig". Aber es kam kein Schneepflug, war einfach keiner zu sehen. Als wenn wir auf dem Mond leben würden, unsere Straße, 25 Kilometer außerhalb des Dorfes, hat man einfach vergessen. Im Radio kam die Bürgermeisterin zu Wort, denn es wurde in ganz British Columbien über diesen außergewöhnlichen Schneefall im Lakes District berichtet, und erzählte allen, die es hören wollten, wie gemütlich die Burns Laker alle beim Kerzenlicht Karten spielen! Da hätte ich aber bald mein gutes Benehmen verloren.

Ich schrieb an die Dorfzeitung einen Brief mit einer vollkommen anderen Meinung. Und auf einmal ging es, auf einmal hörten wir unten auf der Straße eine schwere Maschine arbeiten, ein Schneepflug und noch einer, dann kamen sie auch auf unsere kleine Straße hier den Hang herauf und dann konnten wir den Fahrer überreden, bis zum Haus zu schieben. Was er eigentlich nicht durfte, wofür er auch einen Anpfiff bekam, aber wir haben uns herzlich bedankt und so war der unliebsame Zwischenfall bald vergessen.

Im Nachhinein fand man dann heraus, dass man die Pflüge nicht eher in Einsatz bringen konnte, weil die Tanksäulen für die Fahrzeuge über den Sommer nicht ordentlich gewartet wurden und nicht funktionierten. Man musste erst neue Zapfstücke einbauen und sich erst vom Nachbardorf Diesel ausleihen. Und selbstverständlich waren erst die Straßen im Dorf selber und rund ums Krankenhaus zu räumen. Eigentlich hätte man wissen müssen, dass man nicht noch drei Monate Zeit hat, um sich auf den ersten Wintereinsatz vorzubereiten, denn es war schon Ende Oktober.

Unsere Gefriertruhen waren gefüllt, der Keller voller Gemüse und Obst und Konserven, wir konnten also ruhig singen ....let it snow, let it snow, let it snow! Aber bei vielen anderen Haushalten war das nicht so. Und so starteten wir eine Rundfahrt um die besonders alten und gebrechlichen Bewohner zuerst zu besuchen und nachzusehen, wie man helfen konnte.

Der Nachbaroutfitter im Tweedsmuir Park hatte noch eine späte Gruppe von Elchjägern aus Amerika hier. Der musste mittels Satelitentelefon einen Hubschrauber anfordern, damit er und die Gäste ausfliegen konnten. Es gab einfach keine Möglichkeit mehr, mit den eignen Fahrzeugen aus den Bergen zu kommen. Alles erlegte Wild musste man im Camp lassen, die Fahrzeuge wurden, so gut es eben ging, abgedeckt und man war froh, lebendig und gesund heraus zukommen. Erst im Frühling, als die ganze weiße Pracht weggetaut war, ließ er sich wieder einfliegen und konnte sein Equipment bergen und nach Hause transportieren.

Eine Gruppe von Jägern, die ein Los für eine späte Elchjagd gezogen hatten, war ebenfalls vom Schnee in der Wildnis eingeschlossen. Als sie nicht zu Hause erschienen, da fuhren Polizei und Game Warden mit den Motorschlitten los, um sie zu suchen. Gott sei Dank wusste man, wo sie ihr Lager aufgeschlagen hatten und fand sie dann auch dort. Ziemlich kalt und hungrig, aber gesund. Auch sie konnten nur das lebensnotwendige mitnehmen, denn auf den Motorschlitten war nur wenig Platz.

Viele Tiere sind in diesem Winter eingegangen, vor allem die Hirsche, die konnten sich durch die riesigen Schneemengen nicht so einfach durchkämpfen, wie ein Elch mit seinen überlangen Läufen. Viele Elche wurden von der Eisenbahn überfahren. Es lief sich so einfach und gut auf dem gepflügten Schienenstrang. Die seitlichen Schneewände waren so hoch, dass ein Entkommen vor einem ankommenden Zug meistens nicht mehr möglich war. Trotz Gehupe und langsamer Fahrt, liefen die Tiere kilometerweit vor den Lokomotiven her und konnten nicht ausweichen. Es war kein besonders guter Winter, der von 2006, aber heute hat sich das Wild wieder erholt und gut vermehrt, bis irgendwann wieder ein besonders schneereicher Winter kommt, dafür sind wir ja hier in Kanada bekannt. Das gehört einfach hier zur Natur! Wo sich die globale Erwärmung wirklich abspielt, habe ich auch noch nicht so richtig herausgefunden, hier bei uns auf jeden Fall nicht! Und trotzdem wird's mir nicht so schnell zu viel, wenn überhaupt. Was ist lustiger und schöner, als dampfend aus der Sauna zu kommen und sich in herrlich frischgefallenem Schnee zu wälzen, wo kann ich das noch in Europa!

PS. Seit meinem etwas ruppigen Brief an die Zeitung sind wir in den letzten Jahren fast immer die ersten, zu denen der Schneepflug in die Straße kommt! Zivilcourage schadet also nicht!

Das Verkehrsmittel Nummer eins

Beim Haareschneiden

Freunde zu Besuch

Seit der Schulzeit sind Atta und Heinrich gute Freunde und Jagdkameraden, die auch in Deutschland viel gemeinsam durch Wald und Flur gestrichen sind und geschossen haben. Dann fuhren sie viele Jahre gemeinsam im Herbst nach Kanada zur Jagd. Vor allem in den Osten, Ontario hauptsächlich.
Damals noch als komplette Selbstversorger, wurde sogar in einem großen Seesack ein zerlegbares Kanu und ein 3,5 PS Außenbordmotor mitgeschleppt. Zelte und Planen, Kochgeschirr und die Gewehre natürlich auch. Das Ganze spielte sich so vor ungefähr 35 bis 40 Jahren ab, da war es auch noch leichter, viel leichter, bei den jeweiligen Fluggesellschaften so außergewöhnliches Gepäck unterzubringen. Heute wäre das undenkbar.
Aber dann vergingen die Jahre und es wurde nicht mehr so viel gemeinsam gejagt, wie das Leben so spielt. Heinrich wanderte nach Kanada aus, Atta blieb bei seiner Familie in Deutschland und nur die seltenen Besuche Heinrichs in der alten Heimat haben die Freundschaft aufrecht gehalten. Gemeinsam suchten sie sich eine Jagd im ehemaligen Ostdeutschland und Günther, der hiesige Jagdaufseher, wurde auch bald zum Freund und Jagdkameraden. Als Heinrich dann sein Revier hier in Kanada an seinen Sohn abgetreten hatte und mehr Zeit für sein Privatleben hatte, da beschlossen die drei Freunde, es in diesen Breiten mit einer gemeinsamen Jagd auf Frühlingsbären zu versuchen. Stefan als Outfitter buchte die ausländischen Gäste und Heinrich bekam eine Führerlizenz. Damit war dem Gesetz Recht getan und es konnte los gehen.
Es war ein herrlicher Frühling damals, die Bären waren schon relativ früh aus der Höhle gekomen und man konnte an den Hängen des Francois Lakes im satten Grün die tiefschwarzen Kerle beim Fressen antreffen. Löwenzahn, Schachtelhalm und frische Triebe der Weidenröschen gab es in Unmengen, es regnete sehr wenig, alles, was ein Bär so liebt. Mit einem Streichholz wurde gezogen, wer von den beiden Jägern den ersten Schuss auf einen Bären frei hat. Günther war der Glückliche, also ging es jeden Tag fast gemütlich los ins Revier von Stefan. Die Bären sind zu anfang auch noch keine wirklichen Frühaufsteher, so dass auch wir unsere Alarmuhren nicht schon um vier Uhr morgens läuten lassen mussten. Hunderte Kilometer von alten Forststraßen, zum Teil noch befahren, die meisten aber schon „außer Dienst", durchziehen das Revier südlich des großen Sees. An diesen Straßenrändern sprießt das neue Grün nun ganz besonders gerne und recht ueppig und wird dort, der Einfachheit halber, auch von den Bären gerne gesucht und genomen. So fuhren wir erst einmal „Bestand aufnehmend" viele der alten Wege ab und fanden auch eine gute Anzahl von Bären beim Äsen vor. Aber sie alle waren dem Günther aus dem Osten zu klein. Gerne hätte Atta den einen oder anderen doch selber schon erlegt, aber er hatte ja nicht den Vortritt. Als dann endlich eines Tages der „Richtige" am Straßenrand äste, wir uns langsam zuerst mit dem Auto und

dann die beiden, Heinrich als Führer und Günther als Jäger anschlichen, da überkam den alten Jagdaufseher das „Bockfieber", da konnte er seine Waffe fast nicht in Anschlag bringen. Seine ganzen Erzählungen, mit welcher Bravour er in Deutschland seine Übersauen auf die Schwarte gelegt hatte, wie er seine Rehböcke nur fest anschauen musste, da fielen sie schon um, seine ganze Bravour war wie weggeblasen. Heinrichs gutes Zureden (er hätte auch Pfarrer werden können) half nichts. Bevor der Bär dann aber durch den Graben in den Wald zu verschwinden begann, ließ Günther die Kugel doch fliegen. Der Bär machte einen zirkusreifen Salto, kam wieder auf die Beine und verschwand im Wald. Wir alle aus dem Auto und gleich hinterher. An der Anschußstelle fanden wir hellen Wildbretschweiß und einige Knochenteile. Den hast hoch am Lauf erwischt, sagt der Führer, der kann noch weit rennen, bis wir den finden, wenn überhaupt. Das Gesicht des Gastes wurde natürlich jetzt so lang, dass er sich fast selber daraufsteigen konnte. Wir munterten ihn aber auf und nahmen die Nachsuche in Angriff. Auch Atta kam mit. Zuerst war er natürlich ein wenig auf der beleidigten Seite, weil er doch auch diesen Bären gern gehabt hätte und er sicherlich einen viel, viel besseren Schuss angebracht hätte. Aber Fairness muss sein, so schloss er sich der Nachsuche auch an. Nun muss ich dazu sagen, dass unser guter Freund Atta eine „Wucht" von einem Menschen ist. Nicht nur, dass er ein riesengroßes Herz hat, nein, er hat auch einen riesengroßen Umfang und etliche „Rucksäcke" vorne als Bauch mitzuschleppen, die ihm das Laufen und Steigen nicht immer einfach machten. Sein Blutdruck bewegte sich zwischen 180 und 200 zu 100, was mir oft Angst um sein Leben machte, aber er war so gut drauf, wie er selber sagte und macht sich darüber keinerlei Gedanken.

Wie ein Schweißhund mit tiefer Nase bin ich der Fährte gefolgt. Ich habe mir diesen Ruf in den vielen Jahren hier hart erarbeitet und auch verdient. Da wir selber keinen Hund führen, wegen der vielen Reisen, habe ich oft diese Aufgabe übernommen. Mit Freude muss ich sagen, Bellen oder Standlaut geben, das kann ich nicht, auch bin ich kein Bringselverweiser, aber meistens finde ich mein Wild auch so, die Hexe in mir hilft mir dabei!

Zu Beginn fanden wir auch noch genügend Schweiß auf den frischen grünen Blättern, dann im Hochwald auf den dunkelbraunen Nadeln, da wurde es schon magerer und als wir dann gar einen Steilhang mit Felsen vor uns hatten, da wurde es ganz mager. Einmal blieben wir alle wie angewurzelt stehen, weil wir ein heftiges Schnaufen und Prusten gleich hinter uns hörten. Hatte uns der Bär umschlagen und kommt jetzt von hinten? Nein, keine Bange, Atta war's, dem der Steilhang doch ordentlich die Luft genommen hatte! Heinrich meinte, wenn der Bär so steil bergauf davonrennt, dann hat er nicht viel, ein schwer getroffenes Tier, das geht immer den einfachen Weg, auf einem alten Wechsel und das meistens bergab, irgendwo zum Wasser, um sich die Wunde zu kühlen. Dieser Bär wurde aber zum reinsten Kletterer auf den mit Flechten bewachsenen Felsen, da verloren wir seine Spur völlig. Nun war Günthers Gesicht noch länger und zerknirschter geworden. Das bringt nichts mehr, wir finden den in 10 Tagen nicht, sagte der Führer und brach die Nachsuche ab und wir gingen langsam zum Auto zurück. Dort angekommen, wiederholten wir den Schussablauf ein ums andere Mal, denn er sei ja so gut abgekommen, kein Strauch war im Wege, der die Kugel hätte ablenken können. Es war einfach wie verhext, der große Jäger aus dem Osten verstand die Welt nicht mehr. Nein, wirklich, es war nichts im Wege, vollkommen frei hatte er angestrichen an seinem langen Bergstock schießen können. Was ihm im Weg war, und das passiert so vielen ausländischen Jägern, das waren die Nerven, schlicht und einfach die Nerven, die dann doch nicht halten, denn zwischen einem Rehbock, einem Wildschwein und einem ausgewachsenen Schwarzbären, von dem man weiß, dass er auch attackiert und Menschen angreift, wenn er verwundet ist, da gibt es einen kleinen Unterschied. So hat der arme Günther von dieser herrlichen Frühjahrsbärenjagd nur ein paar Stücke Knochen des Bärenlaufes mit nach Europa nehmen können.

Jetzt kam Attas große Zeit, jetzt war er der Schütze und wieder fuhren wir zuerst die alten Forststraßen ab. Aber da war das frische Grün schon nicht mehr so frisch und nicht mehr so lecker für die Bären. Diese folgen ja bekanntlich immer dem ganz frisch aus der Erde kommenden Pflanzen, weil diese die meisten Nährwerte haben. Aber weil dieser riesige Mann nicht stundenlang pirschen konnte, haben wir es zuerst mit dem Auto versucht. Sind auch noch mehrmals an jener Stelle vorbeigefahren, wo Günther seinen Schuss abgegeben hatte, fanden aber nie Anzeichen, dass der Bär hierher zurückgekehrt wäre. Als dies nach zwei Tagen keinen Erfolg brachte, orientierten wir uns in Richtung See.

Dort gedeiht in den feuchten Senken das schönste Grün, ein Schlemmerparadies für die Bären. Heinrich ging mit ihm einen alten Wechsel entlang, den er schon viele, viele Male gegangen ist, nicht zu steil und nicht zu weit, hatte er uns doch oft schon zum Erfolg verholfen. Auch diesmal sollte es so sein.

Man kommt durch einen lichten Pappelwald auf eine versteckte Wiese, durch die ein kleiner, glasklarer Bach rinnt und am Rande dieses Gewässers, da sprießt's und treibt es, da steht der Schwarze und frisst sich seinen Bauch voll. Zu dieser Zeit sind die Bären noch am Abnehmen. Während des Winterschlafes haben sie mindestens ein Drittel ihres Körpergewichtes verloren und das Grünzeug ist für Vegetarier zwar herrlich, gibt dem alten Petz aber noch keine wirkliche Kraft und vor allem kein neues Fett, das wächst erst im Herbst mit den Beeren und Fischen.

Sein wunderschön glänzendes Fell schimmerte wie Seide in der Sonne, groß war er auch und von unserer Anwesenheit hatte er keine Ahnung. Am Stock angestrichen, die Kugel flog, der Bär brach auf der Stelle zusammen und machte keinen Muxer mehr. So soll es sein, das lieben wir!

Vorsichtig ging Heinrich mit seinem Freund den Bären jedoch von hinten kommend nochmals an, man wollte keine unliebsame Überraschung erleben, der Alte könnte ja nochmals hoch werden. Sie stießen ihn mit dem Bergstock an, aber da rührte sich nichts mehr. Waidmanns Heil und Waidmanns Dank, der Bruch, ein Rücken- und Schulterklopfen, dass es nur so durch das Tal schallte und hallte. Dann wurde der Bär aus der Decke geschlagen und nun könnten wir eigentlich nach Hause gehen.

Diese Jagd fand zu einer Zeit statt, in der man den Kern eines Schwarzbären noch nicht bergen musste, ihn einfach im Wald den anderen Aasfressern überlassen durfte. Aber Atta, der hatte da andere Vorstellungen. Der wollte unbedingt wenigsten ein paar Braten und Leckerbissen von seinem Bären verkosten. Wir selber essen nie Bären, auch jetzt nicht, wo man den Kern mit nach Hause nehmen muss. Wir haben im Dorf eine Indianerfamilie, die sich närrisch freut, frisches Fleisch zu bekommen. Wir scheuen uns wegen der Trichinen, die diese Tiere in sich haben können.

Aber Atta, Atta meinte, wenn die Heide mir den gut und fest durchbrät, dann kann doch nichts passieren. Also nahmen wir die Rückenstreifen und vor allem die beiden Keulen mit nach Hause. Wie Packeseln schleppten wir das alles durch den Wald zum Auto. Günther hatte an dem Tag ein Problem mit dem Kreuz, der konnte leider nichts tragen. Ach, der Arme.

Zu Hause angekommen, las ich mir noch einmal einige Kochrezepte aus dem alten indianischen Kochbuch durch und entschloss mich, ganz einfach eine gebratene Bärenkeule mit Senfhonigkruste zu machen. Da muss das Fleisch am längsten in der Bratröhre bleiben und dann werden etwaige „Mitbewohner" sicherlich auch voll durchgebraten.

Wir hatten einmal versucht Kontakt mit dem Game Warden wegen des Bärenfleisches aufzunehmen, weil ich den Gästen gerne rohen Bärenschinken als Delikatesse serviert hätte, aber da hätte man eine Probe des Zwerchfelles in ein Institut nach Vancouver schicken müssen, die hätten dann wahrscheinlich wochenlang nach Trichinen gesucht und nach Wochen wäre eine Antwort gekommen. Zu spät für unseren Freund, um seinen Braten zu genießen.

Knusprig und herrlich duftend stand dann die Keule durchgebraten, mit Kartoffeln und Rosenkohl garniert vor dem Atta und er wollte mal ein Stückchen davon nehmen. Ein Glas Rotwein dazu auf sein Waidmannsheil und uns allen lief ehrlich gesagt der Speichel im Mund zusammen, so gut hat es gerochen und ausgeschaut. Aber stur wie wir nun einmal sein können, nein, Bären essen wir nicht, das gehört alles dem lieben Atta. Und der fing dann an mit einer Scheibe Braten, einer zweiten und nach einer halben Stunde war die ganze Keule von diesem riesigen Bären im doch sehr stattlichen Bauch dieses riesigen Mannes verschwunden, von nichts kann eben nichts werden, oder!

Ihm hat es geschmeckt, keine Probleme gab es mit der Verdauung mit der Gesundheit, also Wohlbekomm's Atta, es war eine Freude, Dir bei der Jagd und dem anschließendem Schmausen zuzusehen.

Waidmanns Heil lieber Freund, vielleicht gibt's davon eine Wiederholung!

Shopping-Tour auf kanadisch

Unendliche Weite, unendliche Schönheit, unendlich gefährlich ...

Wo bist Du geblieben?

Freunde findet man hier in diesem Lande schnell, wenn man nicht die echte, tiefe Freundschaft sucht, wie wir sie aus Europa kennen. Freunde, die durch dick und dünn gehen, sich über Jahrzehnte schreiben oder in Kontakt bleiben. Hier gehts eher schnell, ein lustiger Abend am Lagerfeuer und schon ist man ein „friend", dem man tüchtig auf die Schulter hauen kann, nachdem man einen urigen Witz erzählt hat. Sie leben halt ein bisschen oberflächlicher hier im Norden, die Menschen ziehen auch viel mehr herum und ziehen um, leben nicht so verwurzelt und ortsansässig, wie wir aus der alten Welt. Kevin, ein wirklich netter Mensch, ein super Guide, der lange Zeit für Heinrich gearbeitet hat, ist in diesen 10 Jahren mindestens fünf Mal umgezogen, von einem Ort in den nächsten, in die Stadt, aus der Stadt, irgendwas hat ihm oder seiner Frau in der Gegend nicht gefallen, hat der Nachbarschaft nicht gepasst, schon packt man seine Koffer und zieht wieder weg. Jetzt wohnt er in Quesnel, das ist ca. 400 km von Burns Lake entfernt und kommt doch jeden Frühling und Herbst, um hier zu arbeiten. Diese Entfernungen machen einem Kanadier auch nichts aus, auch nicht die Tatsache, dass er dann für Wochen und Monate seine Familie nicht sieht, das ist eben „the way of life" hier. So lebt man eben. Man geht dort hin, wo man Geld verdienen kann, gefällt es einem, dann zieht die ganze Familie mit, wenn nicht, dann pendelt man eben mal so 400 bis 800 Kilometer, je nach dem!

Einen guten Freund haben wir durch die Jagd in Prince George gefunden. Harry war ein Guide von Heinrich, hat sich aber auch privat dann mehr an uns angeschlossen und als er seine Familie in Prince George gegründet hat, da kamen sie dann alle oft und regelmässig zu Besuch. Jagdlich, würde ich sagen, war er ein Besessener. Es gab nichts, hinter dem er nicht her gewesen wäre. Jung und kernig, durchtrainiert von seiner schweren Winterarbeit als Holzfäller im Busch, war das Jagen dann sein Ausgleich, meinte er. Vom Grizzly über Schwarzbären, alle Hirscharten, Schneeziegen, hinter allen stieg er steil in die Berge und war sehr erfolgreich.

Vom vielen, viel zu vielen Schnee im Jahre 2006, der auch noch viel zu früh kam, hatte ich schon berichtet. Ja, und dieser viele, frühe Schnee, der sollte dem Harry zum Unglück werden. Wir haben ihn verloren in diesem Herbst, auf Nimmerwiedersehen, im wahrsten Sinne des Wortes. Wie vom Erdboden verschwunden ist er und wird es auch bleiben, außer, eines Tages stolpert ein anderer Jäger da oben in den Bergen über seine Reste, was hin und wieder auch schon passiert ist.

Er hatte in diesem Herbst 2006 das große Los gezogen und freute sich darüber wie ein kleiner Junge. Er bekam die Erlaubnis, auf ein Steinschaf im Spatsizi Nationalpark zu jagen. Aber es war kein Gruppenlos, für das man sich auch bewerben kann, er musste alleine los, keiner seiner anderen Freunde hatte das Glück im Limited Entree Verfahren gezogen zu werden. Keiner seiner anderen Freunde war so gut durchtrainiert, um es mit ihm da oben aufnehmen, bzw. mit ihm Schritt halten zu können. Wir schon lange nicht, wir sind fast doppelt so alt, aber wir drückten ihm die Daumen, dass er seinen Erfolg hatte.

Seinen 30 kg schweren Rucksack begann er gleich im Frühling zu packen und schleppte ihn jedes freie Wochenende durch die Berge, er musste gut durchtrainiert sein, meinte er, keine Anstrengung durfte zu viel sein. Ein Scheitern dieser Jagd durfte vor allem nicht an seiner Kondition und Einstellung liegen. Und so plagte er sich bei 30 Grad im Schatten mit dem schweren Rucksack durch die Wälder, seine Familie sonnte sich derweilen am sandigen Strand des West Lakes. Man hatte Verständnis für ihn, man würde ihm auch nichts ausreden können. So war er halt und so musste man ihn nehmen. Seine Ausrüstung war vom Feinsten, beste Qualität und alles schön camouflage, damit die Schafe, die Augen wie Vergrößerungsgläser haben, ihn nicht erspähen konnten.

Der Plan war folgender, er wollte mit seinem Wagen den Cassiar Highway Nr. 37 bis hinter Iskut, 40 Mile Flats fahren, dort dann abzweigen auf die alte Schienentrasse der Eisenbahn, von der ich auch schon berichtete, und bis zum Ende dieser Trasse entlang des Klappan River fahren. Am Trailhead bei Eaglenest Creek, dort wo Heinrich und ich damals bei unserer Jagd auf Karibu umgekehrt sind, dort wollte er seinen Wagen abstellen und in die Berge steigen. 20 Tage hatte er sich frei genommen. Proviant für die ersten 10 Tage wollte er sogleich mitnehmen, dann wieder zum Auto zurückkehren, falls er noch kein Jagdglück hatte und die restlichen Lebensmittel für die nächsten 10 Tage abholen. So der Plan, er wollte ganz, ganz tief in den Park hineinwandern, ganz, ganz hoch hinauf, dort, wo die Superwidder ihren Einstand haben, denn es sollte ja nicht irgendein Steinschaf sein, wenn er schon eine Lebenstrophäe erjagen kann, dann sollte diese auch etwas ganz Besonderes sein. Zuletzt sah man ihn lebend in dem kleinen Restaurant am Tatogga Lake Resort, dort verbrachte er die letzte Nacht in der Zivilisation. Dann fand man seine Unterschrift am Trailhead, wo er sich in das Parkverzeichnis eintrug, dann fand man nichts mehr von ihm, bis heute nicht.

Seine Frau war keine Jägerin, aber sie teilte aus Liebe Harrys Begeisterung zur Jagd und in den wenigen Jahren, die sie nun verheiratet waren, kam er auch immer pünktlich, ja sogar überpünktlich wieder nach Hause zurück. Wenn er plante, eine Woche auf Jagd zu sein, dann konnte man Gift darauf nehmen, dass er nicht erst einen Tag später, sondern schon einen Tag früher zu Hause war. Das war immer sehr beruhigend für die Familie. Oft ließ er eine Trophäe einfach sausen, beendete seine Jagd darauf früher, nur um rechtzeitig nach Hause zu kommen. Als er nun nach dem 20. Tag nicht erschien, da wurde seine Frau unruhig. Sie hatte im Wetterbericht gehört, dass es in den Bergen einen frühen, ersten Schneefall gegeben hatte, obwohl im übrigen Land ein sehr warmer, trockener September herrschte. Als er am 21. Tag noch nicht erschien, da gingen ihr Millionen Fragen durch ihren Kopf und sie verständigte erst einmal die Freunde, horchte sich um, ob er eventuell bei dem einen oder anderen erschienen war. Am 22. Tag dann verständigte sie die Polizei und die Suchmannschaften in Dease Lake. Diese fuhren auch gleich die Straße ab, die Harry genommen hatte, fanden das Auto am Waldrand geparkt und im Auto noch die Lebensmittelration für die 10 Tage, die er später abholen wollte. Also war ihm irgendetwas zugestoßen, bereits in den ersten 10 Tagen seiner Jagd. Gordon, George und noch einige Onkel und Verwandten fuhren sofort los, um bei der Suche zu helfen. Flugzeuge und Hubschrauber wurden eingesetzt, um aus der Luft zu erkunden, ob man irgendwo ein einsames Zelt, einen Rucksack oder gar einen verletzten Menschen sehen kann. Bergsteiger machten sich auf, um am Boden nach Spuren von Harry zu suchen. Man fand nichts, wirklich nichts, wirklich wie vom Erdboden verschluckt. Keine alte Feuerstelle, kein altes Lager. Zelt, Ausrüstung und Rucksack, alles war in Tarnfarbe, aus der Luft konnte man schon gar nichts sehen, am Boden leider auch nicht. Das Gelände hier ist derart zerklüftet, hat tiefe Schluchten, dichte Waldstücke und eine Größe von vielen, vielen Quadratkilometern. Noch dachten wir alle nicht an einen Toten, den wir da draußen suchten, noch dachten wir an einen schwerverletzten Jagdkameraden, der irgendwo in einer Felswand hängt oder in einer Doline liegt und sich selber nicht mehr helfen kann. Den wir im Sturm, der zeitweise aufkam, bis zu 100 km/h, nicht rufen hören, den wir nicht sehen, weil er gar zu gut getarnt ist. Noch war die Hoffnung groß, ihn lebend aus den Bergen zu bringen. Er war immer schon hart im Nehmen gewesen, warum sollte es diesmal anders sein.

Die Suche wurde täglich fortgesetzt, bis zum 8. Oktober, als ein Blizzard mit über 100 km/h durch die Berge fegte, das Land mit einer dicken Schicht Schnee bedeckte und alle Hilfsaktionen abgebrochen werden mussten. Die in der Luft und auch die am Boden, denn niemand konnte sich der Gefahr aussetzen, unter diesen Bedingungen durch die Berge zu steigen. Die Polizei und Suchmannschaften versprachen gleich im Frühling nach der Schneeschmelze mit der Suche nach der Leiche von Harry zu beginnen. Langsam musste sich nun die Familie mit dem Gedanken vertraut machen, dass man Harry verloren hat, dass er nicht mehr lebend aus diesen Bergen herauswandern wird, dass er sein Ende bei der Jagd gefunden hat, die er so über alles geliebt hat.

Im Frühling dann trafen sich nochmals mehr als 30 Leute, die zum Teil mit Hubschraubern in den Bergen abgesetzt wurden, um die Suche nochmals aufzunehmen. In Gruppen aufgeteilt durchkämmten sie die Landschaft so gut es ging, um wenigstens Ausrüstungsgegenstände oder sonstige Anzeichen seines Hierseins zu finden. Aber auch das war erfolglos und wurde nach 10 Tagen abgebrochen.

Dutzende von Dingen hätten hier schief gehen können, sind es auch, nur was, das werden wir nie erfahren. An seiner Kondition konnte es nicht gelegen haben, wahrscheinlich war sie sogar zu gut und hat ihn zu hoch in die Berge geführt. Dort kann er dann einem Schaf in die Wände nachgestiegen sein, abgerutscht und in einer der tiefen Rinnen verschwunden sein. Oder er hatte Jagdglück, schlug seinen Widder aus der Decke und zerwirkte ihn, wurde dabei von einem Grizzly überrascht und von diesem getötet. Dann hätte man aber seine Ausrüstung finden müssen, oder? Am wahrscheinlichsten erschien es allen, dass er im Schneesturm schnell seine Utensilien einpackte, sich von den freien Felsenflächen tiefer in den Wald zurückziehen wollte, um Schutz zu suchen, und dabei irgendwo zu Fall kam, eine Felswand im Sturm übersah und abstürzte. Die Möglichkeiten sind so vielfältig und Harry ist ja auch kein Einzelfall. Jährlich verschwindet der eine oder andere Jäger in den Bergen, oder aber auch in den tiefen Wäldern in der Ebene und ward nicht mehr gesehen. Das gehört mit zur Jagd hier in der Wildnis von Kanada, selbst die neuesten technischen Hilfsmittel wie GPS oder Cellphone können manchesmal nicht helfen. Es gibt keinen Empfang im tiefen Wald, die Batterien haben in der Kälte den Geist aufgegeben, der Grizzly war schneller und hungriger als man dachte! Es kann dem Besten von uns passieren. Und Harry war wirklich einer der besten Wildnisjäger, den wir kennen lernen durften.

Ein abgestürztes Flugzeug in den Casscade Bergen in Californien hat man erst nach Jahren gefunden, durch Zufall blitze ein Blechteil in der Sonne, gerade im richtigen Moment, als eine andere Maschine darüber flog.

In den Bergen rund um Atlin, British Columbien, ist bis heute die kleine Piper noch unauffindbar.

Der alte Indianer, der schnell noch einen Elch auf der Südseite des Sees schießen wollte, den hatten Suchtrupps über einen Monat täglich gesucht, bis heute nichts gefunden.

Ein Wanderer stürzte bei seiner Tour in der Nähe von Vancouver, am Grouse Mountain, vom Wege ab, es lag Schnee und erst im Frühling, als das Schmelzwasser die kleinen Bäche zum Steigen brachte, da schwemmte es seinen Körper auf eine offene Lichtung und er wurde von einem Hubschrauber entdeckt.

Irgendwo da draußen, auf dem riesigen Felsplateau des Spatsizi da liegt ein Zelt, da liegt ein kleiner Gaskocher, da liegt vielleicht noch ein Jagdmesser und ein Kochtopf, da hängt ein Rucksack in der Wand. Irgendwo da draußen auf dem riesigen Felsplateau des Spatsizi, da hat ein guter Freund seinen Tod gefunden, ob es uns ein Trost ist, dass er starb bei dem, was er am liebsten machte, das weiß ich auch nicht. Ich weiß nur eines, das habe ich daraus gelernt, dass man noch so gut vorbereitet in die Wildnis ziehen kann, wenn die Mutter Natur zuschlägt, dann ist man als kleiner Mensch hilflos ihren Gewalten ausgesetzt und dann hilft nicht einmal mehr zu beten.

Seine Frau und die Familie, die konnten noch keinen Frieden finden, die bitten jedes Jahr wieder und wieder alle bekannten Jäger, die in den Spatsizi zum Wandern, Klettern oder Jagen gehen, Ausschau zu halten nach irgendwelchen Gegenständen von Harrys Ausrüstung, nur eine Kleinigkeit meinen sie, um abzuschließen und mit dem Leben weiter zu machen.

Wir fahren des Öfteren in diese Richtung, ab in den Norden, das ist mir das Liebste! Oft fragen wir in Willow Creek bei Marc und Lisa nach, ob je irgend ein Gegenstand von Harry gefunden wurde, oder ob man gar ihn selber entdeckt hätte, aber nichts, bis heute nicht der geringste Hinweis, was aus ihm geworden ist. Und wenn ich dort oben in die Berge schaue, dann kann ich immer wieder nur denken .... Wo bist Du geblieben?

Vielfältig, die kanadische Tierwelt

Pfui, so grauslich

Wenn etwas gar nicht schön ist, dreckig, stinkig, unangenehm, verdorben, ekelhaft, ekelerregend, unansehlich, verrottet, dann sagt man auf gut Österreichisch, … es ist grauslich…!
Und gerade in der Jagd und hier im Busch in Kanada, da sind mir so etliche wirklich grausliche Sachen untergekommen, davon hätte ich vor 25 Jahren in der alten Heimat nie geträumt, oder es wäre ein fürchterlicher Albtraum gewesen.
Obwohl ich seinerzeit als Kind schon die abenteuerlichsten Dinge mitgemacht habe, die mir mein großer Bruder eingeredet hat. Meine kleine Schwester war da schlauer, die hat nicht mitgemacht. Mein Bruder und seine Freunde, drei waren es, die brauchten damals natürlich zum Indianerspielen eine „Squaw", die ihnen die ganze Dreckarbeit gemacht hat und ich fands spaßig und hab' mich fast freiwillig dafür gemeldet. Wir wohnten auf dem Lande. Die erste für mich 5-Jährige, grausliche Sache war, immer die toten Mäuse aus den Fallen zu räumen. Die hat sonst in meiner Familie keiner angerührt. Ich hab' sie halt am Schwanz gepackt, die Klammer gelöst und ab ins Gebüsch mit ihnen, was war das schon. Dann fanden wir eines Tages auf der Straße eine totgefahrene Ringelnatter. So ein Fund, diese schön gezeichnete Schlange, die fand ich vorerst gar nicht grauslich. Auf Befehl des Häuptlings habe ich ihr denn die Haut abgezogen, das war schon mehr grauslich. Als sich dann herausstellte, dass es ein Weibchen war und ich eine Unmenge kleiner Eier in ihr fand, das fand ich dann schon wirklich recht grauslich. Aber pflichtgetreue hat die „Squaw' die Haut abgezogen und mit unzähligen Stecknadeln auf ein Brettchen gespannt. Mein Bruder, der Häuptling, wollte sich ein Uhrband daraus machen. Weil sie natürlich nicht präpariert war, ist nach zwei Wochen die schön aufgespannte Schlangenhaut in ihre einzelnen Schuppen zerfallen und nichts war's mit dem Uhrband. Jedesmal wenn ich damals auf diese Schlange angesprochen wurde, und vor allem als ich meinem Vater dann die Geschichte „beichten" musste, da wurde mir so richtig grundübel und das hat sich bis heute nicht gelegt. Sehe ich irgendwo eine Schlange, dann graust mir so viel, dass ich davonrennen könnte.
Dann kamen wir auf die glorreiche Idee, unseren Speiseplan, so kurz nach dem Krieg war der ja nicht so abwechslungsreich wie heute, mit frischen Froschschenkelchen zu bereichern. Wie gesagt, wir lebten da auf dem Lande und in den Auen gab es Frösche ohne Ende. Die „Squaw" musste wieder her und sich einen Schlachtplan überlegen. Erst einmal musste die Tiere in die ewigen Jagdgründe befördert werden, was wir mit einem gut gezielten Steinhieb auf das Haupt auch schafften. Dann schnitten wir den armen Tieren mit unseren etwas stumpfen Taschenmessern die Hinterhaxen ab und träumten schon von dieser Delikatesse zum Abendessen.
Als wir dann pünktlich wie immer zu Hause erschienen, denn wehe, wer zu spät kam, das war in meiner Familie total verboten, und meiner Großmutter die Froschschenkel-

chen zum Kochen vorlegten, da bekamen wir erst einmal alle unsere Ohrfeigen, das war damals noch so Brauch. So eine Blödheit wurde mit Ohrfeigen, auch Watschen genannt, bestraft und hat uns sicherlich nicht geschadet. Aber da die Tiere nun einmal in den ewigen Jagdgründen waren, und die Haxerl wirklich sehr appetitlich aussahen, hat sich die liebe Oma dazu überreden lassen, diese in der Pfanne zu braten. Sie schmeckten ausgezeichnet, fast wie Hühnerkeulen, aber es blieb bei dieser einmaligen Aktion, denn diese halben Frösche, ohne Hinterkeulen, die wir in der Au zurück gelassen hatten, die schauten dann doch zu grauslich aus für mich, um mich nochmals überreden zu lassen, weiteren Nachschub zu besorgen. Ich hoffe, dass sich die Störche, die es damals bei uns noch gab, die armen Leichen dann zum Fraß geholt haben.

Bei der Jagd gibt es ja vieles, was nicht sehr delikat und angenehm ist. Sobald das Stück Wild gestreckt ist, geht die sogenannte „rote Arbeit" los. Die kann auch grauslich werden, wenn man einen schlechten Schuss anbringt z.B. und einem die Gedärme schon entgegenkommen, ohne dass man den ersten Schnitt gemacht hat. Wenn man ein Stück, das schlecht beschossen wurde, stundenlang im heißen Sonnenschein suchen muss, es dann, Gott sei Dank, findet, mit aufgeblähtem Bauch und so, das stinkt dann schon, da mag man schon gar nicht mehr gerne aufbrechen, weils so grauslich ist. Man muss es aber, weil der Jäger sein Fleisch mit nach Hause nehmen will, weil man das Wildbret bergen muss. Aber grauslich ist es doch und es schüttelt einen oft nicht nur innerlich, manchesmal kommt dann das Frühstück auch wieder hoch.

Im Yukon hat der Toni aus dem Salzburgerland einen sehr, sehr starken Elch geschossen. Wir haben uns alle wahnsinnig mit ihm gefreut. Das Wetter war schon nicht mehr das Beste, die Brunft aber im vollen Gange. Man hat sie im ganzen Tal kämpfen gehört, diese Giganten der Wildnis. Wenn da die beiden Schädel aneinander prallen, da bebt einem der Boden unter den Füßen. Als wir dann an den gestreckten Elch gingen, da sahen wir, dass dieser eine schwere Forkelverletzung mitten am Stirnbein hatte. Der hat vor lauter Eiter am Stirnknochen schon seine Augen nicht mehr richtig aufgebracht, auch aus zwei tiefen Wunden an den Rippen hat es gestunken wie die Pest. Aber es war eine edle Trophäe, also da mussten wir durch. Der alte Guide und ich, da gab es nichts, wir mussten wenigstens das Haupt abtrennen und feldpräparieren, d.h. auskochen, damit wir es dann reisefertig in die Stadt schicken konnten. Vom Fleisch selber haben wir nur vorsichtig die Filets herausgeholt und einen Rückenstreifen mitgenommen, dem anderen „Braten" trauten wir nicht mehr so recht. Dann musste das „Fell über die Ohren gezogen" werden, um das Haupt auszukochen. Man kann sich vorstellen, wie unendlich grauslich diese Arbeit war und ich musste wirklich zweimal hinter den Büschen verschwinden, weil es mir den Magen ausgehoben hat. Dabei bin ich, so glaube ich wenigstens, schon recht hart im Nehmen geworden, hier im Norden, so fernab der Zivilisation. So schnell haut mich nichts mehr um, aber dieser Schädel, der war fast zu viel für mich.

Aus dem Nisling River Gebiet brachte mir der Pilot Gordon eine Ladung Elchfleisch in mein Camp am Kluane Lake. Schon als er die Tür des Flugzeuges öffnete, da kam mir so ein „Wiff" in die Nase und ich dachte mir oh je, da ist nicht mehr viel zu retten. Ausgepackt und aus den Tüten dann an den Strand gelegt, war das ganze herrliche Fleisch mit einer hellgrünen, schleimigen Schicht überzogen und der Duft hat die Grizzlybären und Wölfe im Umkreis von 100 km ins Laufen gebracht, das waren genau die Gourmetstücke, auf die sie gewartet hatten! Total verdorben, nicht ordentlich abgehängt und ausgekühlt, in Plastiktüten einfach an den Strand geworfen, dort lag's dann tagelang in der Sonne, bis das nächste Flugzeug kam. So schnell hatte ich noch nie das kleine Motorboot gestartet, die stinkige Ladung darin verstaut und raus auf den See zum Fische füttern. Grauslich, oder nicht?

Ich weiß genau, wer die beiden Übeltäter waren, aber was hilft es denn, wenn ich ihnen was sage, die Uber Guides, die wissen doch eh immer alles besser. Ich find's eine Schande, mit Lebensmitteln so umzugehen und letztendlich sind es Lebensmittel, diese herrlichen Wildfleischstücke, mit denen wir da arbeiten.

Eine dicke Seeforelle hat meine Tochter Barbara im letzten Sommer aus dem Francois Lake gezogen. Beim Ausnehmen sind dann die lieben Kinder und Enkelkinder gar nicht so gerne in meiner Nähe, aber diesmal hab ich sie mir alle wieder herangerufen. Da, da schaut her, was ich gefunden habe! In der ca. 60 cm langen Seeforelle lag eine ungefähr 30 cm lange, halbverdaute Forelle im Magen, das muss man gesehen haben, das sieht man nicht jeden Tag, auch wenn's grauslich war! „Urgrauslich" haben die Kinder gesagt und wollten so schnell nicht wieder fischen gehen. Aber so ist es in der Natur eben, fressen und gefressen werden. Viel lieber „finden" sie dann das versteckte Dollarstück im Magen einer kleineren Forelle, das jemand in den See geworfen hat, weil er wiederkommen wollte. Wie der Trevi Brunnen in Rom, so schmeißen auch wir in jeder Saison einen Dankesgroschen in unsere Seen.

Auch so eine herrliche grausliche Angelegenheit gab's in der Muskwa, da wurde mir mit einer Kolonne von Packpferden verschiedenes Fleisch aus den Außencamps ins Hauptlager gebracht. Ich arbeite eigentlich sehr gerne mit Wild, ich zerlege mir die Keulen und Rücken nach meiner Art, damit ich genau weiß, was ich meinen Gästen dann als Braten oder Rouladen oder Gulasch vorsetzen kann. So wurde es Brauch, dass ich die erste Wahl an Fleisch hatte, der Rest wurde dann nach Fort St. John zum Fleischer geflogen. Nun, diese eine Ladung, die war auch zu lange im heißen Wetter auf den Pferderücken unterwegs und als ich die Säcke öffnete, in denen das Fleisch verpackt war, da kam mir die Hälfte schon von selber entgegengekrochen, grauslich! Maden, ich hasse Maden über alles, nichts finde ich so widerlich, so ekelerregend wie einen Haufen Maden, der da wurlt und kriecht, der im Fleisch sitzt, ja, wie eben eine Made im Speck. Und weil es gar so grauslich war und ich so viel Fleisch wegschneiden hätte müssen, da dachte ich mir, nimmst Du halt den Wasserschlauch und spritzt mit aller Kraft einmal die oberste Schicht dieser Viecher herunter. Das war ein großer Fehler, wie sich herausstellte. Denn sie ließen sich nicht so einfach herunter waschen, der Druck des Wassers presste sie noch tiefer und tiefer ins Fleisch und die Wirkung war gerade umgekehrt, als ich sie erhofft hatte. Pfui Teufel, so grauslich! Also blieb mir nichts anderes übrig, als Stück für Stück mit großer Brille genauest zu untersuchen, alle Madennester und auch die einzelnen Krabbler herauszuschneiden, um an das gute, unverdorbene Fleisch zu kommen. Natürlich hatten die Stücke schon einen herrlichen Duft, das liebt der Franzose besonders, aber bei dem Gedanken an die vielen Mitesser, da musste ich meine Braten alle zu Sauerbraten machen und tagelang in Essig und Gewürze einlegen. Dann hat's geschmeckt und wenn ich nicht daran dachte, dann war es auch nicht mehr ganz so grauslich.

Gleich zum Aufgang der Hirschjagd in diesem Jahr, Anfang September, da war es noch herrlich heiß in B.C., Badewetter, wir schwammen jeden Tag noch im See, aber morgens und abends saß ich geduldig auf meinem Spezialsitz und wartete auf den Maultierhirsch, der mir da kommen sollte. Und er kam mir auch, so am frühen Nachmittag, ihm war wahrscheinlich auch heiß und er war auf dem Weg zum Wasser. Schnell war seinem Leben ein Ende gesetzt, schnell wurde er geborgen und zu Hause in einem besonders dafür errichteten Fleischhaus aufgehängt, damit er auskühlen und das Fleisch reif werden kann. Herrliche Braten habe ich abgeschnitten und an der frischen Leber, die der Heinrich besonders liebt, haben wir uns wirklich satt gegessen. Das Haupt habe ich aber einfach abgetrennt und vorerst in eine Ecke geworfen. Die gute Trophäe musste einfach warten, bis ich nicht mehr so viel schwimmen konnte, bis wir für den Heinrich auch einen passenden Hirsch gefunden hatten. Und da lag sie dann fast einen Monat in der Ecke, bevor ich dazu kam, sie mir herzurichten. Oh je, Sie wissen sicherlich was kommt, oder. Irgendwo haben sich ein paar Fliegen in das sonst so dichte Fleischhaus geschlichen und sich in meinem Hirschhaupt breit gemacht, wirklich breit und fleißig haben sie sich vermehrt mit ihren Eiern, aus denen dann die Maden kamen. Hundertmal musste ich schlucken, so kann ich den nicht bearbeiten, denke ich mir, den lege ich halt erst einmal ein paar Tage ins Wasser, dann gehts besser. Naja, das Resultat, pfui grauslich, war auch nicht viel besser. Natürlich sind die Maden aus allen Löchern und Ecken geschlüpft, im Wasser ertrunken und schwammen nun in dicker, weißer Schicht oben auf dem Fass. Das ist ja noch grauslicher als vorher, sag ich zum Heinrich, der aber grinst nur, und meint, ist ja dein Hirsch, also da musst Du schon durch. Ich kippe das ganze Fass mit Schwung um, fische mir das Haupt heraus und beginne das Fell abzuziehen. Nur nicht denken, nur nicht denken, was sich da so alles in den Ohren und Nasenlöchern, in den Backen und unter dem Lecker bewegt, noch bewegt, obwohl tagelang im Wasser gelegen und eigentlich schon ersoffen hätte sein müssen. Dann war das Schlimmste getan, dann kochte das Haupt friedlich für einige Stunden vor sich hin, damit ich den Rest der Hautreste und die „Innereien" der Nase gut auskratzen kann. Wasserstoff zum Bleichen gleich ein wenig mitkochen, vielleicht krieg ich die letzten Maden dann auch noch kaputt. Aber alles hat nicht viel geholfen, als ich dann mit meinem Spezialwerkzeug an die endgültige und gründliche Reinigung des Hauptes ging, da hingen bis tief ins Hirn hinein noch die Maden, zum Grossteil schon tot und gekocht, aber grauslich sag ich ihnen, grauslich war's immer noch zum Anschauen.

Jetzt hängt er strahlendweiß an der Wand und ich arbeite daran, zu vergessen, was ich alles aus diesem „Knochen an der Wand" herausholen habe müssen.

Ja, da ist so ein kleiner aufgeblasener Rehbock auf der grünen Sommerwiese, bei dem einem schon die Gedärme entgegenschauen gar nichts dazu, im Vergleich.

Der Gast aus der Schweiz hat einen Schwarzbären angeflickt, hat ihn leider ganz schlecht, weidwund getroffen und nun rennen wir schon etliche Kilometer hinter dem Bären her. Auch ihm hängen die Eingeweide aus der Wunde, er steigt sich immer wieder darauf und da und dort finden wir bis zu einem Meter lange Stücke des Darmes. Warum in aller Welt lassen wir denn den armen Kerl nicht einfach in Ruhe und suchen dann morgen, der überlebt das doch sowieso nicht. Wage ich vorzuschlagen, aber die Jäger und Guids haben „Blut" geleckt und wollen unbedingt versuchen, den Bären mit einem weiteren Schuss von seinem Leiden zu befreien. Was ja sehr gut wäre, aber irgendwie kriegen wir ihn nicht zu Gesicht. Er bleibt in den dichten Erlengebüschen, drückt sich durch die dicksten Himbeerstauden. An den Ästen hängen wieder ein paar Teile des Darmes, es ist einfach ein Riesenjammer und grauslich ist es auch.

Dann endlich erblickt Heinrich einen kleinen schwarzen Fleck zwischen den Erlen, lässt fliegen und die „dicke Berta" (9,3 x 74) setzt dem unendlichen Leiden ein Ende.

Wenn ich mir das jetzt so noch einmal selber vorlese, dann könnte ich auf der Stelle mit dem Jagen aufhören, dann graust mir so viel vor all diesen Dingen, dass ich mir denke, nein, nie wieder. Aber ich kenne mich viel zu gut, kommt die nächste Saison, dann ist das alles vergessen, dann gehe ich wieder los und hoffe nur, dass alles gut und glatt geht und ich nicht zu viel so grausliche Sachen erleben muss.

Der Alte vom Helen Lake

Der Alte vom Helen Lake

Vielleicht kommt es dem einen oder anderen Jagdkameraden oder Jagdkameradin so vor, als ob ich in diesem Buch etwas zu viel „gejammert" habe.
Wir Wiener sind ja weltberühmt für's Jammern. Das wollte ich nicht, aber es ist eben auch kein Schlaraffenland, das herrliche Kanada, wo in jedem See der Elch schwimmt, die Bären an die Hüttentüre klopfen, die Hirsche auf der Straße stehen bleiben und warten, bis eine Kugel sie trifft. Die Jagd ist nicht mit einer Safari oder Jagd in Afrika zu vergleichen. Unsere Wilddichte ist bei weitem nicht so groß wie in Deutschland oder Ungarn zum Beispiel, schon gar nicht wie in Afrika. Aber wir haben genügend Wild, um uns alle glücklich zu machen. Wenn man es zu suchen weiß, wenn man es findet und sich entsprechend darauf einstellt, dass Wind und Wetter genauso mitspielen, wie die Hitze, die Waldbrände und Kahlschläge, die das herrliche British Columbien überziehen.
Seit Jahren herrscht eine unglaubliche Plage mit dem Borkenkäfer, der vor allem die Föhrenwälder „auffrisst" und gut 2/3 von British Columbien sind davon betroffen. Das Wild stellt sich somit auch um, das Nahrungsangebot, der Schutz, das alles verändert sich mit den toten, abgestorbenen Bäumen. Die Wissenschaftler haben noch nicht genügend Zeit damit verbracht, dieses geänderte Verhalten des Wildes zu studieren. Die müssen viel zu viele Formulare für die Regierung ausfüllen und haben dadurch kaum Zeit, vor Ort, also mitten im Wald nach dem Rechten zu sehen.
Und so kommt es, dass Heinrich und ich uns jedes Frühjahr, sobald der Schnee weggeschmolzen ist und die alten Forststraßen wieder befahrbar sind, auf den Weg machen und erkunden, wo man im letzten Winter wieder eine neue Straße geschoben hat, wo es wieder neue Kahlschläge gibt, wie es heute da draußen in der Natur aussieht. Denn es wird nicht so sorgsam geholzt wie bei uns in Europa, es werden mit riesigen Maschinen kilometerlange Straßen quer durch den Busch geschoben. Dann wird mit noch riesigeren Maschinen alles abgeschnitten oder überfahren und nur die ganz guten Stämme werden geladen und abtransportiert. Der Rest wird auf riesige Haufen zusammengeschoben und angezündet. Nun, da jammere ich ja schon wieder, aber einem Europäer tut einfach das Herz weh, wenn er diese Verschwendung sieht und die Narben, die jahrelang dann in der Natur verbleiben. Klar, nach zwei bis drei Jahren dann ist so ein neuer Kahlschlag der beste Äsungsplatz für jede Wildart, weil die neuen Sträucher und Büsche, die Kräuter und Pflanzen, die in Windeseile anfliegen und zu wachsen beginnen, einfach einen gedeckten Tisch bereiten.
So fahren wir, wie jeden Muttertag, das ist mein größter Wunsch, eine Runde zu unseren beliebtesten Jagdplätzen, um nachzusehen, ob und was sich verändert hat. Manche Jahre gar nichts, Gott sei Dank, dann aber wieder ist ein Platz kaum noch zu erkennen, ja zu erreichen, weil so viele neue Stichstraßen geschoben wurden, dass von der

herrlichen Wiese, vom Sumpf nichts mehr erkennbar ist. Unsere Fahrt geht über Burns Lake in Richtung Babine Lake, vorbei am Coop Lake, wo wir im Winter immer Eisfischen, dann weiter zum Augier und Taltapin. Am Taltapin, da gibt es drei riesige neue Kahlschläge, auch die alte Straße, die man Grizzlyroad nannte, ist unbefahrbar, weil sie von den schweren Maschinen zu zerpflügt ist. Am Henrietta Lake und River, da ist alles in bester Ordnung und dann zweigen wir ab zu unserem geliebten Helen Lake. Dort wird im Sommer nicht nur nach Herzenslust gefischt, dort gibt es im Herbst Elche und Hirsche und im Frühling die ersten Bären. Das geschützte, feuchte Klima rund um diese vielen kleinen Seen lassen das Gras schneller wachsen, wie es mir scheint, und bringen die Bären schneller aus den Höhlen. Als wir um die letzte Kurve vor dem See kommen, am kleinen Bach entlang, da kommt uns der große, starke Schwarzbär entgegen, der auch schon länger auf der Wunschliste stand.

Heinrich bleibt sofort am Straßenrand stehen, stellt den Motor ab und nimmt seine Kamera zur Hand. Ich richte mein Gewehr und die Munition und dann warten wir ab, was der Alte im Sinne hat. Schnurgerade kommt er mitten auf der Straße auf uns zu, das Auto, das interessiert ihn überhaupt nicht. Was er in der Nase hat, das wissen wir auch nicht. Der Wind scheint es mit uns gut zu meinen, der kleine Bach trägt ihn in die andere Richtung. Und er kommt und kommt genau auf uns zu. Wir machen einige wirklich tolle Fotos, dann steigt der Kerl keine zwei Meter vor dem Wagen in den Straßengraben und fängt zu äsen an, frisst sich durch, neben uns, bis er hinter unserem Gefährt wieder auf die Straße steigt und seinen Weg fortsetzt. Uns bleibt der Mund offen stehen, sowas haben wir doch noch nicht erlebt. Die Ranz ist noch lange nicht im Gange, da werden sie schon des Öfteren unvorsichtig, so verschlafen schaut er auch nicht mehr aus, also ist er der Hauptbär hier in dieser Ecke und fürchtet sich vor nichts und niemanden. Dass er noch nie ein Auto gesehen hat, das glaube ich auch nicht, hier fahren schon viele Fischer und auch Jäger durch die Gegend. Also war er sich seiner Überlegenheit so sicher, dass wir ihn nicht aus der Ruhe gebracht haben. Aber ER uns, das ist eine andere Geschichte! Da verschwindet er aus meinem Blickfeld im Rückspiegel, ich mache langsam und leise die Tür auf, steige noch langsamer aus, nehme das Gewehr heraus, lade und im Zeitlupentempo gehe ich den Wagen entlang. Ich schleiche ihm nach, den will ich haben, der fragt ja gerade danach, so ein Selbstmörder! Am hinteren Aufbau des Pickup Trucks lege ich an, ganz, ganz ruhig bleiben, das ist ein großer, ein dicker, meine Kugel ist ziemlich schwach, aber rasant und giftig. (7 mm 08 Remington, 10 gramm, Hornady Interbond) Und dann habe ich ihn genau im Kreuz, fahr ein Stückchen hinters Vorderblatt und lasse fliegen. Ein Satz über die Kante und er verschwindet im Straßengraben und im anschließenden Wald. Psst, jetzt ganz still bleiben, damit man hört, was er macht. Einige Zweige brechen, dann kommt der tiefe, gurgelnde, erlösende Atemzug, an dem man erkennt, das war's dann. Mitten ins Leben ist die Kugel gegangen und er kam keine 50 m weit. Nun, dieses letzte Aufstöhnen ist auch etwas, das mir durch Mark und Bein geht, aber zu einer erfolgreichen Jagd dazugehört.

Heinrich und ich klettern den sehr, sehr steilen Graben von der Straße hinunter und die wenigen Meter in den Wald. Alles liegt kreuz und quer und mitten im ärgsten Durcheinander liegt mein Schwarzer. Was wir im Alter nicht mehr mit der Kraft bewältigen, das machen wir mit der Technik. Hinten am Pickup haben wir eine Seilwinde eingebaut, das Stahlseil schleppe ich jetzt in den Wald und lege dem Bären eine Schlinge um den Hals. Die vielen PS des Autos werden uns das Tier langsam auf die Straße ziehen und wir brauchen uns nicht zu Tode quälen. Hin und wieder muss man nachhelfen, indem man das Haupt anhebt, oder eine Prante unter verzwickten Ästen hervorholt, aber schnell haben wir unsere Beute am Straßenrand liegen. Dann wird einmal Luft geholt, durchgeatmet und sich bei der Mutter Natur für ihr Kind, das sie mir heute so einfach und fast freiwillig gegeben hat, bedankt. Waidmanns Heil, Waidmanns Dank, der letzte Bissen, das alles fehlt nicht. Meine stumme Andacht, die ich vor diesen majästetischen Tieren halte, die geht mir heute besonders unter die Haut. Muttertag ist, meine Kinder sind im fernen Europa und ich konnte hier so ein Geschenk entgegen nehmen. Die „Jagarei" der Muttl ist nicht so ganz ihre Welt, aber meistens freuen sie sich doch sehr mit mir, wissen sie doch, dass ich aus Liebe zur Natur und ihren Geschöpfen nach Kanada ausgewandert bin, und jagen gehört eben auch zu meinen Aufgaben.

Als ich mir den Alten dann genauer ansehe, dann merke ich, wie zerkratzt und zerschunden der arme Kerl wirklich war. Das linke Auge war blind, das rechte Ohr fast abgebissen, Nase und der ganze Kopf waren mit tiefen, frischen Kratzwunden nur so übersät. Der musste sich einen ordentlichen Kampf geliefert haben, entweder hatte er sich doch schon um ein Weibchen gestritten oder es ist ein noch stärkerer Bär in dieser Ecke eingezogen und hatte ihn vertreiben wollen. Zerbissen und zerkratzt wie er ausschaute, scheint er den Kampf verloren zu haben und war vielleicht auf dem Weg, sich ein neues Revier zu suchen, davon sollte und konnte ihn nichts aufhalten, auch wir mit unserem knallroten Auto da mitten auf der Straße nicht.

Nach dem Präparieren des Felles zeigte mir der Präparator auch noch die vielen Bisswunden, die er über seinen ganzen Körper verteilt abbekommen hatte.

Das ist nun wirklich eine alte, reife Trophäe für mich und so einfach kann es dann auch gehen, wenn's passt, dann passt's!

Als die Welt den Atem anhielt …

9/11

Wissen sie, wo sie sich am 11. September 2001 befunden haben, als die Welt den Atem anhielt und zusehen musste, wie Flugzeuge, voll besetzt mit Menschen, ahnungslosen Reisenden, in die WTC-Türme von New York flogen?
Ich glaube fast jeder weiß, was und wo er an diesem Tag war. Vor allem wir hier in Nordamerika, wie es in Europa war, darüber weiß ich nicht genau Bescheid. In Europa war es spät abends, fast nachts, aber bei uns im Hauptlager in der Muskwa, da war es früher Vormittag, als uns über Telefon die fürchterliche Nachricht erreichte. Wir hatten kein Radio, kein Fernsehen, nur Funkgeräte und Gott sei Dank das Telefon im Lager, sonst hätten wir gar nicht erfahren, was sich da draußen in der Welt abspielt.
Sean, der Sohn des Outfitters sollte gerade an diesem Vormittag seine letzten Flugprüfungen und Flugstunden in Californien ablegen, bevor er die staatliche Fliegerlizenz bekommen sollte. Da wurde das totale Flugverbot verhängt und er konnte seine Termine nicht einhalten. Er war es auch, der uns über diese Attacke sofort informierte.
Im Hauptlager und in den Außenlagern hatten wir zu dieser Zeit fast nur Amerikaner als Jagdgäste, ungefähr 10 davon aus New York selbst. Die Stimmung war entsprechend angespannt. Wie eingesperrte Löwen im Käfig liefen die Männer herum, wollten und mussten Kontakt mit der Familie zu Hause aufnehmen, aber das war auch nicht so einfach, denn die Telefonzentralen waren alle überladen oder zum Teil blockiert.
Hier saßen wir, im strahlenden Sonnenschein, ein wunderschöner Indian Summer Tag, wie es ihn schöner nicht mehr geben kann, zum Teil hatten die Jäger schon Jagderfolg gehabt, einige waren so tief in die Berge geritten, um nach einem Steinschaf zu suchen, dass wir sie selbst über das Funkgerät nicht erreichen konnten. Wir selber lauschten angespannt den Nachrichten die wir über ein Kurzwellenradio empfangen konnten und Sean hielt uns übers Telefon auf dem Laufenden. Die Verzweiflung, aber auch das Unverständnis und dann die heilige Wut über so einen irrsinnigen Anschlag war auf allen Gesichtern groß geschrieben. Die einen schwiegen sich selbst fast zu Tode, andere mussten ständig reden, reden, reden um mit der innerlichen Angst fertig zu werden.
Ich, als Europäerin, noch im Krieg geboren, ich hatte noch einige Erinnerungen an zerbombte Häuser und Kirchen, ich konnte mir gar nicht vorstellen, wie tief die amerikanische Seele hier verletzt worden war. Über Funk verständigten wir alle Außencamps und ließen das Personal dort wissen, dass man vorschlagen würde, die Jagden abzubrechen und die Gäste, die zurück nach Hause wollten, jederzeit ins Hauptlager kommen konnten um von dort dann den Heimweg anzutreten. Wer es aber vorzog weiter auf Jagd zu bleiben, der könne dies auch tun. Es gab aber keinen, dem die Jagd jetzt noch was bedeutete, selbst Menschen aus dem Süden der Staaten, weit weg von dem grauenhaften Geschehen, selbst diese wollten nach Hause, so schnell es eben ging.
Aber da war der Haken des Flugverbotes, selbst wir hier in Kanada durften keine Ma-

schinen mehr in die Luft steigen lassen, für fast eine Woche waren alle Flughäfen lahm gelegt. Spät abends „schlichen" wir uns mit einer kleinen zweisitzigen Supercub von einem Camp ins andere, um die Gäste aus den entfernt, tief in den Bergen gelegenen Lagern ins Hauptcamp herauszuholen. Der andere Weg wäre ein tagelanger Ritt, den man so manchem Gast eben ersparen wollte, aber einige mussten ihn trotzdem auf sich nehmen.

Einer davon war George, er war ein New Yorker, hatte das Büro seines Unternehmens im Südturm des Trade Centers, seine Familie lebte nicht weit davon weg, mitten im Stadtteil Manhatten. Er ritt drei Tage und zwei Nächte fast ununterbrochen, um aus dem entfernten Lager am White River, hierher in die Muskwa zu kommen. Er hatte einen guten Elch und einen noch besseren Wapiti gestreckt, aber er nahm auf seinem Pferd nur mit, was er unbedingt brauchte. Die Trophäen, das Fleisch, seine Waffen, alles, alles blieb im Lager zurück und sollte dann später nachgeschickt werden. Er wollte nur an ein Telefon, um mit seiner Frau, seinem Sohn und den Eltern zu sprechen. Es dauerte lange, bis wir eine der gewünschten Verbindungen herstellen konnten, aber als er erfuhr, dass die Familie wohlauf ist, aber man von seinen Angestellten, die irgendwo im 50. Stockwerk des Turms im Büro saßen, nicht wusste, ob sie ins Freie gelangt waren, oder was geschehen war, da wurde dieser sonst so lustige und fröhliche Mensch zu einer versteinerten, leidenden Kreatur, die kein Wort mehr sprach und nur noch stumm vor sich hin sinnierte.

Und dann hatte ich sie alle hier im Hauptlager, wir platzten aus den Nähten, denn für so viele Gäste waren wir auch nicht eingerichtet. So schliefen manche einfach im Heuschober oder in der Sattelkammer, die meisten schliefen sowieso nicht, man war froh, einfach hier zu sein.

Da wir keine Bilder über das Fernsehen geliefert bekamen, wussten wir nichts von dem wirklichen Ausmaß der Katastrophe, es war halt nur das, was man sich im eigenen Hirn ausmalen konnte. Und das war schon schlimm genug. Erst Wochen später brachte uns eine Maschine aus Fort St.John einige Magazine mit den Bildern der brennenden Türme mit und wir konnten schwarz auf weiß lesen, was sich abgespielt hatte.

„Lets go on a man hunt", das waren die ersten Gedanken dieser tapferen Männer, die hier um uns herum saßen, deren Welt in wenigen Stunden zusammengefallen, zerbrochen und verbrannt war. Sie wollten alle Jagd auf den Urheber dieser Anschläge, Bin Laden, machen. Wie konnte man sie beruhigen, wie konnte man versuchen, sie mit ihren Familien in Verbindung zu bringen, wenn man sie nicht aus dem Lager, das mitten in den nördichen Rocky Mountains liegt, bringen konnte und wo kein großes Flugzeug hinfliegen durfte. Es waren durchwachte Nächte, stundenlange tiefsinnige Gespräche. Es war eine unglaublich irreale Stimmung im Lager. Nie in der Geschichte Amerikas, im Leben dieser Menschen, waren sie im eigenen Land, im eigenen „Nest" angegriffen worden. Einige der Jäger hatten selbst im Krieg gekämpft, in Vietnam oder im ersten Krieg gegen den Irak, man hat überlebt, man weiß wie gut die Amerikaner mit Waffen ausgestattet sind, wie führend sie weltweit darin sind. Aber hier saßen sie hilflos, diese Helden und konnten nur weinen und zittern, weil sie nicht genau wussten, was sich da draußen wirklich abgespielt hatte.

Mir blieb nichts übrig, als Tag und Nacht Hektoliter von Hühnersuppe zu kochen. Meine Großmutter, die gute böhmische Wirtin und Köchin, von der ich die Liebe zum Kochen wohl geerbt habe, hat immer gesagt, eine gute heiße Hühnersuppe ist das Heilmittel für viele Leiden! Nun hoffte ich auch, dass sie das seelische Leiden etwas lindern konnte.

Drei Tage vergingen, dann kam die Nachricht, dass wir mit einer kleinen Sportmaschine die Gäste nach Fort St. John ausfliegen durften. Dort mussten sie dann warten, bis das allgemeine Flugverbot wieder aufgehoben wurde und sie in die Staaten, in ihre Heimat, zu ihren Familien, weiterfliegen konnten. Die Umarmungen waren endlos, die Tränen auch, keiner dieser Männer schämte sich dafür, sie waren bei uns gut aufgehoben gewesen. Jetzt hieß es so schnell wie möglich zurück zu den Ihren, um zu sehen, wie und wo man helfen konnte.

Tröstlich waren dann die vielen Anrufe und Faxe in den nächsten Tagen, in denen wir erfuhren, dass es bei den meisten nur der Schock war, den die Familie miterlebte. Einige meldeten sich sofort als Freiwille zum Einsatz in Afganistan, sie wollten den Verbrecher suchen und wenn möglich selber erledigen. Aus dem Schock war ein tiefer Zorn und Hass geworden, jetzt hat man den Vereinigten Staaten den Krieg erklärt, jetzt hieß es handeln. Drei unserer Gäste, die direkt aus New York angereist kamen, hatten Familienmitglieder verloren und unsere tiefe Anteilnahme ging zu ihnen. Die Angestellten aus Georges Büro konnten sich über die vielen Treppen noch ins Freie retten, bevor die Türme in sich zusammen brachen.

Kurz hatte auch ich meine Momente. Meine beiden Söhne müssten womöglich auch einrücken und zum Militär, falls sich die ganze Welt an einem Krieg beteiligen sollte. Aber wir Österreicher haben Gott sei Dank unsere Neutralität und so hoffte und betete ich, dass es nicht zu einer wirklich großen militärischen Auseinandersetzung, einem dritten Weltkrieg womöglich, kommen würde.

Und so wie sich die Rauch- und Staubwolken über New York wieder verloren und auflösten, so löste sich auch in unserem Lager die unwirkliche Stimmung auf, die Jagd, das Wild, die wunderbare Natur und Wildnis des nördlichen British Columbiens, kam wieder in den Vordergrund und mein riesiger, riesiger Suppentopf verschwand in der Speisekammer und bis zum Ende dieser Saison 2001 hatte ich keine Hühnersuppe mehr auf meinem Menü stehen.

Das Erlebte, die Angst, die Trauer und das Leiden dieser stolzen Menschen, das hat uns alle verbunden zu einer großen Familie und noch heute bekomme ich Briefe und Karten von den Gästen aus diesem Herbst, aber diesmal mit freudigeren Mitteilungen und Grüßen.

Heinrich, zu Hause in Burns Lake, war mit einer Gruppe von Jägern aus Deutschland in den Tweedsmuir Bergen. Auch dort gab es weder Fersehen noch Radio, aber er hatte sein Satelitentelefon mit und als er abends am 11.9. zufällig seine Tochter in Deutschland anrief, da sagte diese ihm „Papi, die Welt ist im Krieg, man hat die Amerikaner attackiert." Jetzt kann man sich vorstellen, dass auch hier kein Gedanke mehr an Jagd war. Ilse, Walter und Horst wollten so schnell wie möglich zurück nach Deutschland, weil man ja nicht wusste, wie sich alles noch entwickeln würde. Rolf, der Pilot, hatte von einem Flugverbot in Kanada noch nichts gehört, denn auch er saß mit seiner Sportmaschine in den Bergen und so konnte er vorerst einmal sofort den Heinrich und die drei Jäger ausfliegen. Thomas, der Outfitter, wollte noch einige Tage bleiben, um die Lager winterfest zu machen, da keine weiteren Gäste mehr erwartet würden.

Von zu Hause aus hatte Heinrich dann natürlich alle Möglichkeiten der Kommunikation, man sah im Fernsehen die beiden Türme zusammenbrechen, man wusste, dass es auch in Kanada ein Flugverbot gab, man konnte die Familie in Deutschland verständigen, man war nicht so abgeschnitten von allem wie wir da oben in den Rocky Mountains. Schnell wurde der Plan geschmiedet, die Gäste mit dem Auto nach Prince George zum Flughafen zu bringen, dort sollten sie sofort ihre Flüge umbuchen und mit der ersten Maschine, die Starterlaubnis erhielt, einmal wenigstens bis nach Vancouver zu fliegen. Sobald dann der gesamte Luftraum wieder geöffnet wurde, sollten sie die ersten in der Reihe sein, die einen Flug nach Deutschland bekamen. Man richtet sich auf den Flughäfen ein, so gut es ging, keiner wollte in ein Hotel, denn man wüsste nie, wann das OK für die Fliegerei aus Amerika kam. Und nach einer Woche waren die Drei dann auch wirklich gesund und gut zu Hause angekommen. Jagderfolg hatten sie leider keinen, aber doch eine unglaubliche Geschichte zu erzählen.

Bis heute hat sich die Welt nicht von diesem Drama erholt, bis heute macht mir fliegen keinen so großen Spaß mehr, wie es mir einmal gemacht hat, als ich als Reiseleiterin, drei, viermal jährlich durch die Welt kurvte. Heute sitze ich immer mit einem Knoten im Magen in der Maschine zwischen Kanada und Europa. Man kann sich noch so einreden, dass es wahrscheinlich nie eine Wiederholung so einer Wahnsinnstat geben wird, schon gar nicht mit europäischen Fluglinien, aber sicher, sicher weiß man gar nichts. Es gibt noch viel mehr Wahnsinnige da draußen, als man sich ausmalen und vorstellen kann. Die Enkelkinder, die mit zarten 7 Jahren schon allein den Flug von Österreich nach Kanada antraten, stolz ihre gelbe Plastiktasche mit den notwendigen Papieren und Kontakten um den Hals, die lassen wir nun auch nicht mehr alleine um die halbe Welt fliegen. Man kann nicht wissen…

Ja, leider, dieser Spaß ist keiner mehr, aber mein Leben hier in der weiten Wildnis, fast menschenleer und in weiten Teilen noch so unberührt wie vor Tausenden von Jahren, das hilft mir dann die schrecklichen Erinnerungen schnell zu vergessen. Hätte es das Telefon und das Kurzwellenradio dort oben im Lager nicht gegeben, die halbe Welt hätte in Flammen stehen können und wir glücklichen Menschen in der Wildnis bei der Jagd hätten davon nichts gewusst.

Und in den darauf folgenden Jahren hatten wir pro Saison mindestens einen, manchesmal auch mehr, Soldaten zur Jagd hier, die einen Einsatz in Afghanistan und im Irak mit schweren Verletzungen überlebt hatten.

Eine amerikanische Jagdzeitung schrieb eine Art Wettbewerb aus, für Soldaten mit besonderen Erlebnissen, der Preis war dann immer eine Gratisjagd bei einem Outfitter in Amerika, aber auch mein Arbeitsgeber hat sich daran beteiligt. Nicht nur, dass sie bei der „Wish Foundation" mitmachten, wo sich krebskranke Kinder noch einen letzten großen Wunsch erfüllen konnten, auch hier hatten wir jahrelang Jugendliche, die begeistert auf Jagd auf Wapitis oder Elch gingen, begleitet von ihren Eltern oder Betreuern, die im Rahmen dieser Aktion eine freie Jagd im nördlichen British Columbien gewonnen hatte. Mit unglaublicher Ausdauer und Mut waren sie bei der Sache. Viele noch kahlköpfig von der letzten Chemotherapie, oder amputiert an Beinen und Armen, weil der Krebs in den Knochen saß, aber immer mit leuchtenden Augen den neuen Tag begrüßend, dem neuen Abenteuer entgegensehend. Da merkte man erst, wie glücklich man selber ist, wie wenig man eigentlich zu klagen hat, wie gut es einem selber und der eigenen Familie geht. Die Freude und Dankbarkeit dieser Kinder, die macht einen fast verlegen und beschämt einen, wenn man selber nicht so gut drauf ist.

Nun kamen die Soldaten, blind auf einem Auge, fehlende Arme oder Beine, immer fiel uns etwas ein, um sie doch auf einen guten Platz zu bringen, damit sie ihr Jagdglück hatten. Für einen Rollstuhlfahrer wurde eine besondere Vorrichtung auf einem alten Traktoranhänger gebastelt, damit der Rollstuhl dort festgezurrt werden konnte und gleichzeitig eine Art Anschusstisch vorgebaut, damit eine gute Auflage vorhanden war. Denn Dennis war nicht nur querschnittgelähmt, ihm fehlte auch ein Arm, der rechte, sein Schussarm. Aber mit viel Übung und Ausdauer hatte er sich das Schießen mit dem Linken beigebracht. So fuhr ihn der Traktor täglich auf dem Anhänger geschnallt zu „Babes Meadow", dort wurde der Anhänger gut getarnt in der kleinen Christbaumlichtung abgestellt. Der Führer blieb bei ihm, der Traktor fuhr wieder nach Hause und holte die beiden dann in der Dunkelheit wieder ab. An diesem herrlichen Platz in den Bergen hatte auch ich Jagdglück zu meinem 60. Geburtstag und konnte einen reifen Wapiti 6 x 6 strecken. Nun drückte ich Dennis die Daumen, dass auch ihm ein passender Hirsch vor den Lauf kam. Und es klappte auch, wie bestellt erschien eines Tages der Gehörnte mit seinem Harem auf der heimlichen Wiese und mit einem gut gezielten Schuss lag er im Feuer. Die Freude war natürlich unbeschreiblich groß. Die Dankbarkeit dieser Menschen noch größer. Nach all ihren furchtbaren Erlebnissen, all dem Horror und Terror, den sie im Krieg mitgemacht haben, die Stille in der Natur, die Verwöhnung im Hauptlager, die Bewunderung der Menschen rund um sie, das alles musste ihren Seelen hoffentlich gut getan haben. Und als Krönung dann noch ein reifer Abschuss.

So lange diese tapferen Männer da draußen für Amerika ihr Leben aufs Spiel setzen, so sagen Victoria und Kevin, solange werden wir versuchen ihnen diesen Wunsch einer Wildnisjagd zu erfüllen.

PS. 1. Mai 2011   Ich sitze mit tränenverschmiertem Gesicht vor dem Fernseher in unserem gemütlichen Heim in Burns Lake, und gerade sprach der Präsident der Vereinigten Staaten im Fernsehen, dass man den Urheber und Anführer dieser Attacken auf die USA nach fast zehnjähriger Suche gefunden und erschossen hatte.

Noch kann ich es nicht fassen, aus allen Winkeln und Ecken kommen die Erinnerungen an diesen fürchterlichen 9/11 in den Bergen in mir hoch. Tränen, was für Tränen sind es eigentlich? Traurig bin ich sicherlich nicht, dass diese Bestie von Mensch nicht mehr lebt, glücklich kann man in diesem Augenblick ja auch nicht sein. Es sind das Tränen der Erleichterung, dass nun für die vielen Familienmitglieder, die jemanden in 9/11 verloren haben, ein Abschluss gefunden werden kann. Waidmanns Heil an das Seal Team Nr. 6 möchte ich rufen, sie haben den Alpha-Wolf der fürchterlichen Meute gefunden und gekillt. Nun kann man nur hoffen, dass sich das Rudel nicht so schnell wieder formiert oder sich ganz auflöst und die Welt wieder zu einem friedlicheren Platz wird. Meine lieben amerikanischen Jagdkameraden und Freunde haben aber endlich ihre Rache bekommen, werden jetzt ihren innerlichen Frieden auch finden lernen, aber vergessen, vergessen wird man diesen Tag damals im sonnigen September nicht, so lange man lebt.

Elchkuh beim Grasen im Wasser

Warten auf den Elch …

Wie ich nach 23 Jahren endlich meinen Elch bekommen habe!

Da lebe ich also jetzt schon 23 Jahre mitten im Herzen von British Columbien, dem Jagdparadies von Kanada und bemühe mich Herbst für Herbst einen Elch zu erlegen. Nichts, nichts und wieder nichts war's. Dabei hatte ich diesen herrlichen Traum von einer Elchjagd an einem der vielen kleinen Bergseen, im Oktober, im letzten Sonnenlicht, mit einem kleinen Boot die Ufer abfahren, und dann steht er da, der schwarze Riese im goldgelben Sumpfgras und dann muss ich nur noch „bumm" machen und er ist der Meine. Aber wie gesagt, 23 Jahre war's nichts.

Am 17. Oktober 2011 wurde dieser Traum jetzt endlich wahr, so wahr, wie man ihn sich besser gar nicht erträumen oder ausdenken kann. Ich habe durch das Losverfahren „Limited Entree" einen frühen Jagdbeginn gewonnen, sonst geht hier in dieser Ecke von B.C. die Elchjagd erst am 20. Oktober auf.

Heinrich und ich sind mit unserer kleinen Expedition, 2 Autos, Camper, Boot und 2 Quadrunner, in die Berge auf der Südseite des Francois Lake, ca. 60 km von zu Hause entfernt, gefahren und wollten dort vier bis 5 Tage unser Glück versuchen.

Wir richten unser Camp her, wir lassen das Boot ins Wasser und fangen zu jagen an. Der Tag ist ungewöhnlich warm und sonnig, der kleine See liegt wie ein Spiegel zwischen den Bergen, umrahmt von dichten, schwarzen Wäldern und mit einem Saum von goldgelben Sumpfgras, wie ein Gemälde, kitschiger gehts schon gar nicht mehr!

Und unser kleiner Elektromotor bringt uns lautlos den See entlang ... und dann steht er plötzlich da, der schwarze Koloss im goldenen Gras und frisst sich seinen Bauch voll. Da zucken die Nerven, da schlägt das Herz schon einige Takte schneller. Langsam fahren wir weiter, sehen aber selbst in den guten Ferngläsern noch nicht, ob es eine Elchkuh ist oder ob er doch „etwas auf hat". Das Tier muss gegen die Sonne schauen, die sich auf dem See spiegelt, hört und riecht uns nicht, hat keine Ahnung, was sich da bewegt. Bei ca. 200 m Entfernung sehen wir dann endlich, dass er doch was auf hat, es also der so lange erwartet und gesuchte Elchbulle ist. Kein Riese vom Geweih her, aber das ist mir wurscht, ich brauche keine großen Knochen an der Wand, ich will zartes, köstliches Fleisch in der Truhe haben. In Österreich würde man so ein Geweih schlicht einen „Fahrradllenker" nennen! *„Jetzt mach dich fertig"*, sagt der Heinrich. In all meinen Jahren hier in B.C. habe ich noch nie aus einem fahrenden Boot schießen müssen, auch etwas absolut Neues für mich. Also lege ich eine Schwimmweste auf den zugeklappten Sitz, meinen Wetterfleck darauf, dann knie ich mich dahinter und suche eine gute Auflage. Näher, immer näher fahren wir dem Ufer, dem Elch entgegen.

Bei ca. 170 Meter sagt mein Oberjäger, wenn Du meinst Du bist gut drauf, dann schieß. Also nehme ich mir den Elch ins Visier, habe ihn auch gut im Fadenkreuz, aber da kommt leichter Wind auf, und das Boot fängt zu schaukeln an. Bumm, der erste Schuss ist draußen und eine Wasserfontaine spritzt vor uns auf, verflixt, zu kurz, ins Wasser geschossen. Da zucken die Nerven dann noch viel mehr. Aber ich atme fest durch, halte die Luft an und als das Boot dann ruhiger wird, dann fliegen die nächsten zwei Kugeln und finden das Ziel, vorne in der Kammer, im Leben, wo sie hingehören. Der zähe Bursche zuckt zwar zusammen, geht dann aber ganz langsam am Ufer weiter. *„Schnell, schnell, gib mir bitte Deine Waffe, die ist schwerer, meine kleine Kugel scheint ihm nichts auszumachen."* Also schnell Heinrichs „dicke Berta" durchgeladen und angelegt, während der Elch friedlich da am Ufer steht, als ob ihn keine Mücke gebissen hätte. Dann lasse ich nochmals zwei schwere Kugeln fliegen, auch die finden das Leben und mit einem riesigen „Platscher" im Wasser fällt er um und verschwindet im hohen Gras unserer Sicht.

Ich schieße eine 7mm x 0,8 Remington mit 139 GR Interbond von Hornady, Heinrich eine Bockdoppelbüchse von Blaser, 9,3 x 74 R mit 18,5 gr Nosler Partition. Noch heute habe ich eine blaue Schulter von der schweren Waffe.

Hurra, halleluja, horrido, endlich, endlich hab ich es geschafft. Ich weiß nicht, welche Schutzengel ich alle anbete und wo ich mich im Geiste gleich einmal bedanke, es ist fast zu viel … alles wie erträumt, wie gewünscht und erhofft.

Da haben wir aber einen schlauen Spruch in Kanada, der da heißt… be careful what you wish for. … also sei vorsichtig, was du dir wünscht!

Na ja, ihr werdet schon noch hören, warum.

Wir fahren also mit dem Boot bis an das Ufer heran und finden heraus, dass dieses herrliche goldgelbe Ufergras total unter Wasser steht und Sumpf ist und da mitten drinnen steckt jetzt der Bulle, den wir da sofort aufbrechen müssen, weil sich die Sonne langsam hinter den Bergen verabschiedet. So viel Wasser haben wir hier nicht erwartet, muss ich mir ehrlich eingestehen, aber schnell spring ich aus dem Boot und in die „Drecksuppe" und kämpfe mich mit dem großen Messer bewaffnet auf den Elch zu, um ihn aufzubrechen. Aber der steckt so tief im Sumpf, dass ich ihn alleine gar nicht umdrehen oder bewegen kann. Das ist mit ca. 350 bis 400 kg Körpergewicht auch kaum möglich, aber wenn er auf der Seite läge, dann könnte ich schon irgendwie hineinschneiden. Also muss der arme Heinrich auch in die „Schmötke", mit viel Hauruck und Kruzitürken drehen wir den Elch auf den Rücken, brechen ihn auf, holen seine Innereien heraus, die guten und die „Schweinereien", nehmen die Leber in meiner Jacke gleich mit und stapfen triefend nass bis zum Boot zurück. Heinrich über die Knie zum Auswinden, ich bis zum Po nass wie eine getaufte Maus. Jetzt weiß ich auch, warum die Elche hier im Lande den Spitznamen „Swamp Donkey", also Sumpfesel haben. Steht da im Sumpf wie ein Esel und rührt sich nicht!

Im Camper dann gleich umziehen, was Warmes trinken und Essen und tausendmal über das tolle, schöne, einmalige Jagderlebnis reden. Dann eine kurze, sehr unruhige Nacht. Für mich, weil ich einfach nervlich total aufgedreht bin, weil endlich, endlich nach 23 Jahren der Bann gebrochen ist, der Heinrich, weil er sich Gedanken macht, wie wir das riesige Viech aus diesem Sumpf ins Boot bekommen. Vor dem Schlafengehen dann, als wir unsere Tessa noch einmal an die Luft lassen, da rutscht der Heinrich mit seinen neuen Schuhen am Camper aus, fliegt rücklings aus dem Wagen und landet mit seinem Allerwertesten auf dem Reserverad das Anhängers, auf dem die Quadrunner geladen waren. Keinen Zentimeter daneben stehen zwei dicke, lange Schrauben heraus, mit denen der Reifen montiert ist und er hatte so ein Glück gehabt, sich nicht das Steißbein gebrochen oder den Rücken verstaucht zu haben oder einen „zweiten Ausgang" gebohrt zu haben, dass uns, jetzt, so im Nachhinein ganz schlecht wird, wenn wir denken, wie schief das ausgehen hätte können. Die Nacht war entsprechend unruhig und von Angsträumen geplagt.

Der Morgen kommt strahlend schön und warm und sonnig herauf. Ungewöhnlich zu dieser Zeit in diesen Breiten, aber wir sind dankbar, ach so dankbar dafür, denn bei eisigen Wind und Schnee, da wäre die Sache nicht so gemütlich, oder wie oder was. Wir fahren also wieder mit dem Boot zur Abschussstelle, nachdem wir vorher aus dem Wald vier trockene Baumstämme mitgenommen haben und Heinrich daraus einen Drei/Vierbein bauen will, über den wir dann das Seil der Motorwinde laufen lassen, um die Kräfte umzulenken, damit wir den Elch dann ins Boot ziehen können.

Gut, wenn man immer einen Techniker an seiner Seite hat, der sich gleich immer was Tolles einfallen lässt. Denn was man im Alter mit der Kraft nicht schafft, das muss man mit dem Hirn machen und beim Heinrich klappt das immer noch ganz gut.

Also montieren wir die Winde am Boot, stellen das Vierbein auf, ich habe heute meine langen Watstiefel an (hätte sie gestern auch schon dringend benötigt!) und schleppe das Eisenseil durch den Sumpf bis zum Elch hin, lege es ihm um den Hals und los kann das Abschleppen gehen. Während Heinrich die ersten Zentimeter in Angriff nimmt, grabe ich noch in dem Aufbruchhaufen herum und suche mir Herz und Nieren heraus, alle die guten Dinge lasse ich nicht da draußen im Busch liegen, die schmecken viel zu gut. Und mit viel Geduld, in kleinen Etappen, rutscht der riesige Körper aus dem Sumpf langsam dem Boot entgegen. Dann aber bewegt sich das Boot dem Elch entgegen und wir stecken fast im Sumpf fest, also muss diese Motorwinde wieder ummontiert werden, damit sie nun den Elch nach vorne und das Boot wieder zurück in den See zieht, was auch gut gelingt. Ich stehe mittlerweile schon über eine Stunde in dem eiskalten Wasser, aber durch die Stiefel doch relativ trocken, der Heinrich soll heute gar nicht nass werden, der soll alles nur aus dem Boot machen.

Dann bohren sich das kleine Geweih und die lange Nase aber doch immer wieder in das lange, lange Sumpfgras, bis es mir zu blöd wird und ich dem Heinrich sage, er soll mir doch die Motorsäge starten, ich schneide dem Viech einfach den Kopf ab, schärfe das Haupt ab, sagt man in der Jägersprache wohl, denn dann wird die Sache auch gleich um etliche Kilos leichter. Zu diesem Zeck haben wir eine kleine Motorsäge, die mit Gemüseöl läuft und nicht mit normalem Motoröl.

Gesagt getan, wie eine waschechte Kanadierin stehe ich fast bis zum Bauch im Sumpf

Kräftezehrende Elchbergung

Heinrichs Vierbein zur Elchbergung

und säge das Haupt ab, später dann auch noch die beiden dicken schweren Keulen, vorsichtig darauf bedacht, kein Stück Fleisch zu ruinieren. Mit viel Hauruck wuchten wir die Keulen ins Boot, der restliche Wildkörper lässt sich dann leichter mit der Winde ins Boot hieven, dann noch schnell ein paar Fotos von dem ganzen Unternehmen gemacht. Ich kriege eines mit dem Schädel schön im goldenen Gras im vollen Sonnenschein, ach Herz, was willst du mehr. Und dann sind wir fertig und könnten nach Hause fahren. Aber da wir nichts in der Landschaft zurücklassen, was nicht hingehört, zerlegen wir auch das Vierbein wieder, ich hätte es ja der Gaudi halber stehen lassen, sollen sich die „Nachkommen" darüber den Kopf zerbrechen, was da wohl passiert ist, aber nein, mein gründlicher Deutscher, der will Ordnung im Busch und so wird das Trumm zerlegt. Schön trocken und sauber wie er ist, turnt er nun auf der einen Bank des Bootes herum um die einzelnen Reepschnüre zu zerschneiden, mit denen wir die Stämme zusammen gebunden haben. Und als er das letzte Stück zerschneidet, da fällt nicht nur die Motorwinde ins Boot, die Stämme alle ins Wasser, da haut es auch den Heinrich rücklings vom Boot in den See … wie eine Schildkröte liegt er auf dem Rücken, bewegungslos, die Beine und Arme in die Luft gestreckt, aber bis zum Kopf unter Wasser und pitsch, patsch nass … da hätte ich ja auch gleich hineinsteigen und dir helfen können … sagt er nur. Steht mühsam wieder auf, zieht geistesgegenwärtig sofort seine Brieftasche aus der Hose, damit nicht alles nass und unbrauchbar wird. Dann windet er die Ärmel und Hosenbeine aus, so gut es eben geht, startet den Motor und wir wollen nach Hause fahren. Aber noch stecken wir vorne mit dem Bug zu tief im Schlamm und Gras, also muss ich wieder raus, und schiebe und schauckle das Boot frei, bis es mir fast davon schwimmt, weil er so viel Gas gibt, mache einen Hechtsprung über den Elchkörper ins schwankende Gefährt und endlich kann die Fahrt beginnen.

Und weil der Tag gar so schön und sonnig und warm ist, und die Fischlein im See so herrlich springen, da fange ich uns noch schnell zwei herrliche Forellen fürs Mittagessen, ich kann halt nicht genug kriegen, oder!!!

Nach 24 Stunden sind wir wieder zu Hause … und dafür der ganze Aufwand, fragen die Kinder, naja, aus nichts kann nichts werden.

So habe ich nun nach 23 Jahren endlich meinen Traumelch bei einer Traumjagd bekommen und ein Erlebnis dazu, wie es manche Menschen nicht einmal zu träumen wagen, bei uns ist's Wirklichkeit geworden.

Den nächsten Elch, den träume ich mir aber vielleicht doch im Neuschnee, irgendwo am Rande eines Kahlschlages oder einer alten Forststraße, auf jeden Fall mit den Läufen auf festen Boden, denn mittlerweile werden wir beiden Großeltern bzw. Urgroßeltern für solche „Kneippanwendungen" im Oktober etwas zu alt!

Auf zur Elchjagd

Dieses war der erste Streich …

Drei auf einen Streich.......

Da gibt es das Märchen vom tapferen Schneiderlein, das da sieben Fliegen auf einen Streich erledigt hat … und dann gibt es das tapfere „Großmütterlein", die da drei in einer Saison erledigt hat.
Elche nämlich, und das kam so … und ist kein Märchen!!

Die Jagdsaison 2013 war eine überaus erfolgreiche für uns hier im nördlichen British Columbien, obwohl das Wetter nicht immer so mitgespielt hat, wie man es sich erhoffte. Am 1. September ging die Bogenjagd auf Maultierhirsch auf und gleich hat der Hausherr Glück auf einen wirklich stattlichen Achtender, in vollem, makellosen Bast, was zwar in Europa nicht so gern gesehen wird, hier aber eine Glückssache ist und auch dementsprechend präpariert wird.
Dann kam das Angebot auf eine Elchjagd im Nachbarrevier vom Outfitter selber, der dem Heinrich damit ein Geburtstagsgeschenk machen wollte. Da Stefan selber noch mit seinen Gästen beschäftigt war, hatte ich die Ehre, ich, das „alte Großmütterlein" eine Guide Lizenz zu bekommen und den Heinrich in Stefans Revier auf einen Elch zu führen. Welch eine Freude!
Wir zwei jagen schon über 25 Jahre gemeinsam, aber jetzt kann ich ihm wirklich helfen, einen Bullen zu bekommen, denn seine Jagdzeit, konform gehend mit denen der Jagdanbieter, vom 10. September bis 15. November, liegt voll in der Brunft, und da wird es uns schon gelingen, einen Elch heranzurufen.
Aber der Wettergott war uns nicht so gesonnen. Es war zu warm, einfach viel, viel zu warm, um eine ordentliche Brunft in Gang zu bringen. Am 10. Oktober sind wir dann doch wieder los, eigentlich schon etwas spät für die Hauptbrunft, aber weil man in diesem warmen Herbst ohnehin keine Antwort auf sein Rufen bekam, war das egal. Wir fuhren an einen kleinen, versteckten See, saßen stundenlang an und riefen und lockten, aber nichts war's. Auf der Fahrt nach Hause, der Tag war lang und warm und anstrengend, sind wir dann noch neben der alten Forststraße an einen anderen kleinen See stehen geblieben. Heinrich bleibt im Auto sitzen, ich wandere ans Seeufer und lasse so einen wirklich „liebeskranken" Kuhruf hinaus, schlage mit einem Holzknüppel noch ein paar Mal in die Uferwellen, so, als ob eben eine Elchkuh hier spazieren ginge. Aber da wir beide schon recht müde waren, wollten wir nicht eine Stunde auf Antwort warten, die dann doch nicht kommt und so ging ich zum Auto zurück und Abfahrt in Richtung Heimat.
„Da, da, da steht ein Bulle, mitten auf dem Kahlschlag", schreie ich den Heinrich an, „bleib stehen, sofort stehen, den musst Du schießen, schnell, schnell, raus mit Dir!" Schnurgerade, wie von einem Seil gezogen, marschiert der Elchbulle über den Kahlschlag in Richtung See, wo ich vor wenigen Minuten noch meine Liebesklage in die aufsteigende Dämmerung gejammert habe. Raus aus dem Auto, das Gewehr laden und

die kurze, steile Böschung zum Kahlschlag hinauf, das war eins. Mit 75 und krankem Bein nicht mehr so einfach, weil auch alles kreuz und quer lag, aber schon kurz darauf war der erste Schuss draußen. Wo er abgekommen ist, das konnte ich, der Guide, leider nicht sehen. Aber weil halt sonst beim Heinrich mit einem Schuss gleich alles liegt und jetzt auf einmal nicht, da mache ich die Autotür auf, steige aus und schaue mit dem Fernglas, was los ist. Der Bulle dreht sich Richtung Hochwald und will abhauen, hat die Rechnung aber nicht mit mir gemacht. Gleich lasse ich nochmals so einen liebeskranken Jammerer hinaus in die langsam kühler werdende Nachtluft und siehe da, der „brunftdepperte" Elchbulle dreht um und kommt schnurstracks auf die Straße, direkt auf das Auto zu, dorthin halt, wo er die Kuh vermutet. Jetzt hat ihn Heinrich aber voll im Visier, „brettlbreit" zieht er langsam an ihm vorbei, ca. 140 m und schon kracht die dicke Berta (Blaser Bock-Doppelbüchse 9,3x74 R) zweimal auf und der Bulle bricht mitten auf dem Kahlschlag zusammen.

Horrido und Waidmanns Heil, das war eine tolle Sache, knapp war's, eine halbe Stunde später hätten wir ihn schon nicht mehr richtig ansprechen können.

Nun aber schnell zur Beute, sie aufbrechen, abdecken und mit einigen richtig stinkigen (nach Schweiß von mir, haha) Kleiderstücken versehen, damit uns nachts „niemand" an die Beute kommt, denn zum Bergen war es einfach zu spät.

Am nächsten Morgen um vier Uhr früh gleich wieder hin und mit der Elektrowinde am Allradfahrzeug und einem großen schwarzen Schlitten konnten wir den Elch dann bergen, in einen Anhänger ziehen und glücklich nach Hause fahren. Diese Abschussquote war also erfüllt, das Geburtstagsgeschenk nach Hause gebracht und gut versorgt. Dieses war der erste Streich … doch der zweite …

Dann kam vom 20. bis 26. Oktober die allgemeine Jagdzeit für die Einheimischen in dieser Ecke von British Columbien, in der wir leben. Nur 6 Tage und nach der Brunft, meist schon mit Eis und Schnee, das ist nicht immer so einfach. Heinrich hat sich eine Wirbelsäulenverletzung zugezogen und fiel als Begleiter und Helfer aus. Also machte ich mich, 70 und kein bisschen leise, am allerletzten Tag der Saison am 26. Oktober alleine auf den Weg.

In stockdunkler Nacht verließ ich das Haus und fuhr mit meinem kleinen, getreuen Allradfahrzeug über eine Stunde durch die Wälder an einen kleinen See, von viel Sumpf umgeben, an dem wir vor einigen Wochen einen Hochsitz errichtet haben. Dort wollte ich die letzten Stunden der Jagd verbringen und einmal abwarten, was Diana oder Hubertus für mich bereit hielten.

Kurz vor sieben, es war noch völlig finster, kam ich an und bevor ich auf den Sitz kletterte, ließ ich – so zur Übung – wieder den Ruf einer liebeskranken Elchkuh durch die Stille schallen. Man weiß ja nie! Noch war ich nicht auf dem Sitz oben, als schon aus den Weiden der gegenüberliegenden Seeseite ein riesiger Bulle herausrannte, wie von der Tarantel gestochen. Ha, da ist noch Eine, die hatte noch Keinen, da muss ich hin!! Oder so ähnlich hat er sich wohl gedacht und marschierte die Weiden entlang auf und ab und auf und ab, kommt aber nicht auf die Lichtung in den Sumpf heraus, dass ich ihn genau ansprechen kann. Er war zwar stattlich, das konnte ich mittlerweilen sehen, aber er stand immer zwischen den Weidenbüschen und Erlen halb versteckt, ein klares Schussfeld war einfach nicht auszumachen. Es war auch noch viel zu dunkel und da bleibt dann halt der Finger doch lieber gerade und das „Monster" wurde pardoniert. Mit Gewalt geht halt gar nix bei der Jagd. Der Bulle verschwindet im Hochwald, ich denke mir, na jetzt wird er mich vielleicht umschlagen und von hinten kommen wollen, aber nein, so wild war er doch nicht mehr auf eine Kuh und ist eben „unbefriedigt" wieder verschwunden.

Dann kam der Tag. Es ist mit das Schönste hier draußen in der Wildnis, langsam wird es heller und heller, die ersten Vögel fangen ihr Morgengebet an, die Schatten werden immer kürzer, verschwinden dann ganz und endlich kann man sehen, was die Nacht aus dem Sumpf und kleinen See gemacht hat. Rauhreif hängt an den Büschen, an den langen Gräsern, ein kleiner Eisrand, zart wie eine Häkelspitze, hat sich am Seeufer gebildet. Man wird ganz andächtig, denn da geht dann wirklich leise, auf seine Weise der liebe Herrgott durch den Wald!

Und so sitze ich, warm eingewickelt in meinen uralten Lodenwetterfleck und warte und warte und warte. Und dann kommen sie … die beiden Bullen, direkt aus dem Hochwald auf die Sumpfwiese heraus. Es platscht und planscht, viel Wasser steht in der Wiese. Sie äsen gemütlich an den Weidenästen, naschen an den Tannenspitzen. Ein Kleinerer ist immer vorne weg, der etwas Größere ist immer hinter dem Kleineren versteckt. Schlau sind sie, die Alten, die zeigen sich kaum frei und suchen immer Deckung hinter einem Artgenossen. Aber dann stellt sich der Kleine doch mehr nach rechts, bleibt dort in den Weiden und der große Bruder zieht mehr nach links und steht dann zwischen den Erlen und Weiden frei vor mir. Vier Mal hat's „kabumm" gemacht und dann war das Frühstück für ihn vorbei! Nach einem etwas wackeligen Schritt fiel er vornüber und lag im Sumpfgras, vielleicht 120 m von mir weg.

Das hat den Anderen aber nicht gestört und ruhig hat er noch weiter gefressen. Da ich aber meinen Elchbullen schon so gerne in Besitz nehmen wollte, habe ich dann laut in die Hände geklatscht, um ihn zu vertreiben, geh, geh weg, hab ich geschrien, wachse weiter für das nächste Jahr, hau ab hier, aber es hat dann doch über eine viertel Stunde gedauert, bis er sich im Zeitlupentempo aufmachte und im Hochwald verschwand …

Darauf hatte ich nur gewartet! Ich runter vom Hochsitz, quer durch den Sumpf, bis zu den Knien im Wasser, zwei tiefe Gräben musste ich überspringen … da waren aus 70 plötzlich doch wieder 17 geworden … und hin zu meinem Bullen. Gelacht, geweint, gebetet, gejubelt, alles saß in „meinem kleinen Häferl" so eng beisammen, die Freude war einfach überwältigend. Ich, ich „damische alte Grossmutter" hab's geschafft, in meinem Alter noch ganz mutterseelen alleine einen recht braven Elchbullen zur Strecke zu bringen, vor allem ganz, ganz allein!! Halleluja und Waidmanns Dank

Dieses war der zweite Streich … doch der dritte …

Zum Bergen musste ich dann doch den Heinrich herbeiholen, ihn bitten einige Schmerztabletten mehr zu schlucken. Mit ATV, dem Anhänger und Schlitten und Seilwinde dauerte es doch fast sechs Stunden, bis wir das Urvieh aus dem Sumpf hatten. Zwei Brücken mussten wir uns bauen, denn die tiefen Gräben voll Wasser, die ich so locker übersprungen hatte, da wären wir mit den Fahrzeugen und der schweren Ladung einfach nicht rüber gekommen. Aber auch das haben wir geschafft, es war unglaublich anstrengend, dadurch jedoch umso befriedigender, als der Bulle dann gut versorgt zu Hause im Fleischhaus hing. Ja, und weil es drei auf einen Streich waren, noch die letzte Aktion dieser Saison.

Die Outfitter haben, wie bereits einmal erwähnt, eine Jagdzeit bis zum 15. November und weil der Stefan selber nicht zum Jagen gekommen ist wegen der Arbeit mit seinen Gästen und er auch als Outfitter laut Gesetz nicht alleine jagen darf, so haben wir meine Guidelizenz ausgenutzt und ich bin mit ihm noch einmal los auf Elch.

Es gibt da ein paar herrliche Stellen in seinem Revier und eine haben wir uns vorgenommen und sind einmal auf Spurensuche losgefahren. Frische Trittsiegel im Schnee, Weiden und Erlen frisch verbissen, da haben sich ein paar Bullen zum Winter eingestellt. Nach der Brunft denken sie ja nur noch ans Fressen, um den Winter zu überleben.

Also hier ist ihre Speisekammer, hier müssen wir morgen ganz, ganz früh hin. Und so geschah es auch. Noch in der Dämmerung stellen wir den Wagen etliche hundert Meter auf der alten Forststraße ab und pirschen langsam und vorsichtig durch die wenigen Zentimeter frisch gefallenen Schnees auf den Kahlschlag zu. Langsam wird es hell und wir kommen dem ausgesuchten Platz immer näher, nur noch um eine Kurve, dann ein Stück in den Kahlschlag hinein, damit wir Blick in die Senke und auf die Hänge rund um den See haben.

Und dann steht er auch wirklich schon da, den Kopf tief in den Büschen, nur noch mit Fressen beschäftigt, hat er auch keinen Wind von uns bekommen. Nach zwei guten Schüssen bricht er zusammen, rutscht 10 m den Hang herunter … und das war der dritte Streich!

Ja, das Jagdjahr 2013 war recht erfolgreich für uns und wir sind dankbar, außerordentlich dankbar, so ein Jahr erleben zu dürfen.

Bei der Jagd ist nichts selbstverständlich und nichts kann garantiert werden. Man muss schwer arbeiten aber auch eine große Portion Glück muss dabei sein. Ich bedanke mich dann immer bei Mutter Natur für ihre Kinder mit einer großen Portion Tabak, den sie angeblich so liebt und verspreche alles erlegte Wild zu verwenden und zu verkochen, nichts verderben zu lassen.

Waidmanns Dank für so ein gelungenes Jagdjahr!

70 Jahre und kein bisschen leise …

Algae Lake, Yukon

Der Holzwurm bei der Arbeit

Und über allem die Natur pur!

Feuer, Wasser....... diese Urelemente prägen mein Leben hier in der kanadischen Wildnis wie sonst nichts. Ohne Wasser und ohne Feuer gibt es hier kein Überleben, würde mein Dasein vorbei sein. Aber neben diesen Urelementen der Erde habe ich hier auch die Lust neu entdeckt. Die Lust an allen kleinen und großen Dingen des Lebens, die Lust an der Natur teilzuhaben mit einer Intensität, wie ich sie in Europa nie erlebt habe, wie man sie nur hier in Kanada, allein auf sich gestellt, fühlen kann. Die Lust an der schweren Arbeit, ja, die Lust am Jagen, am Pirschen, am Finden und Suchen, die Lust am Leben selbst.

Und weil sich der Tag dem Ende zu neigt, ich heute keine Gäste im Lager habe, ich mit der weiten Welt und dem lieben Gott ganz alleine hier am See bin, da will ich mich voll der Lust eines heißen, schönen Bades hingeben. Lust auf dieses heiß-kalte, prickelnde, alles durchdringende Gefühl, der Nervenkitzel, der Höhenflug der Gefühle, das Behagen, Entspannung, Wärme, Weichheit, Befriedigung, Einssein und am Ende seiner Wünsche – für heute jedenfalls.

Ganz zart beginnt es, fast unschuldig und verspielt, an der Spitze der großen Zehe, genau dort, wo in der chinesischen Medizin alle Nerven enden und die Heilung beginnen kann. Alle Nerven des so angespannten, müden, geschundenen und gequälten Körpers enden hier. Dort beginnt die Lust, mit einem nassen, heißen Tropfen, einem feuchten, glühenden Kuss ähnlich. Die Liebkosung einer feurigen, glühenden Zungenspitze, die sich kaum fühlbar vorstreckt und in zitternder Begierde von Zehe zu Zehe züngelt. Gierig fordernd und doch so vorsichtig und scheu zugleich. Diese Sensation, diese Reaktion die davon ausgeht, ist fast unbeschreiblich. Erfasst dann den ganzen Fuß, kriecht warm und weich und feucht, kribbelnd das Bein hinauf, dringt vor bis zum Bauch, zur Mitte aller Gefühle. Schleier legen sich vor die Augen, Nebeldunst im Gehirn und Glockengeläut in den Ohren. Selbst die feinsten Härchen stellen sich senkrecht auf und kleine Schweißtropfen bilden sich auf der Oberlippe, die ich genussvoll mit der Zungenspitze ablecke. Sie schmecken salzig von der vorhergegangenen Anstrengung.

Aber nein, nein, noch ist es zu früh, dieses Spielchen weiter zu spielen. Noch ist das Wasser viel zu heiß. Ich muss mich beherrschen, ich will die ganze Palette der Gefühle auskosten, ausdehnen und hinausstrecken so lange wie es nur eben möglich ist. Auch wenn der Körper schon nach Erlösung, Erfüllung stöhnt und sich sehnt, so sehnt und schreit danach, noch ist es zu früh, ich kann mich noch nicht fallen lassen, auch wenn nur dieser eine Gedanke im Kopf hämmert und sich alle Poren und Sinne danach sehnen – eintauchen in dieses herrliche Badewasser!

Durch meine doch strenge Erziehung lernte ich, dass erst die Arbeit und dann das Spiel kommt. Und es wartet noch jede Menge Arbeit auf mich, bevor ich mich dem Spiel, der Lust hingeben kann, darf, will, möchte, muss!

Endlich bin ich wieder zu Hause, nach einem tagelangen Marsch durch die Täler und

Wälder, über die Bergrücken wieder zu Hause am kleinen See im Yukon. im Blockhüttenlager am einsamen Wolfs Lake, das für diese Sommerwochen mein zu Hause ist.
Hier verbringe ich die Saison in absoluter Wildnis und Einsamkeit und versuche meinen Gästen aus allen Teilen Europas die Schönheiten der Natur wieder näher zu bringen. Alle 10 Tage wird mir eine Gruppe von Gästen mit dem Wasserflugzeug eingeflogen. Das Lager liegt mindestens 400 km vom nächsten Ort und der Zivilisation entfernt, keine Straße, kein Weg, kein Steg, Wildwechsel, die wir zum Wandern benutzen. Hier verbringen viele zivilisationsgeschädigte Europäer ihren Urlaub, wollen zurück an die Wurzeln des Daseins, wollen abschalten und wieder lernen zu leben. Ein primitives, raues Leben und so mancher schafft es nicht mehr, schafft es nicht abzuschalten und mit den wenigen Mitteln, die wir hier zur Verfügung haben, ein Auslangen zu finden.
Ich bin ihre Gastgeberin, Wegbegleiterin, Köchin, Führerin auf den Wanderungen und der Kapitän für die Bootsfahrten. Ich bemühe mich um jeden Einzelnen, will helfen, ihnen die Schönheit, die Einmaligkeit dieser unberührten Landschaft und die Besonderheit an einem so naturnahen Leben nahe zu bringen und wünsche mir so, dass sie es auch wenigstens nur halb so genießen können wie ich das tue. Manch einer wollte seinen Urlaub verfrüht abbrechen und nach Hause fliegen, weil er mit der Stille der Einsamkeit dieses Lebens nicht mehr zurecht kam, ja regelrecht Angst vor der Einsamkeit und Abgeschiedenheit hier hatte. Er hätte die Prospekte genauer studieren sollen !
Mit fünf Gästen bin ich von einem langen Marsch aus dem weiten, endlosen Tal wieder an den See ins Lager gekommen. Rasch werden die Koffer gepackt und wenig später kommt schon das Wasserflugzeug und fliegt sie zurück in die Zivilisation, nach Whitehorse, der Hauptstadt des Yukons. Zurück ins Hotel, zum Fernseher und zum Telefon und einem Badezimmer mit laufendem Heiß- und Warmwasser!
Mir hat das Flugzeug keine neuen Gäste gebracht und hhhhhhhhaaaaaaaaa, ich genieße einige Tage absoluter Freiheit!
Das Lager, das Tal, der See, ja der ganze Yukon gehört für wenige Tage mir, mir allein. Bis hinauf zum Nordpol „krebsen" vielleicht 50 andere Jäger und Wanderer durch die Natur, irgendwo in den Bergen verstreut, bei anderen Jagdanbietern, das ist es. Kann man sich so eine Einsamkeit vorstellen, kann man ermessen, wie unendlich klein und unwichtig man sich da fühlt, und wie wunderbar dieses Gefühl durch die Adern rinnen kann, mir jedenfalls.
Der See liegt spiegelglatt zwischen den Bergen, seine Farbe wechselt von Türkisgrün bis zum tiefsten Smaragdgrün und er gehört heute mir ganz allein. Diese freien, einsamen Tage, an denen niemand meine Beschaulichkeit, meine Ruhe stört, wo auch ich wieder auftanken muss, um zu mir selber zu finden, diese Tage nenne ich meine Tage der Edelsteine und ich sammle sie, reihe mir eine wertvolle Kette davon auf, mit der ich mich dann schmücke, wenn ich im Winter wieder in Europa bin, um auf den Tourismusmessen neue Gäste zu werben und zu buchen. Dann muss ich von diesen Erinnerungen leben und meine gemachten Erfahrungen an die interessierten, möglichen Gäste weitergeben.

Feuer – Feuer ist das Nächste, was ich dringend in Angriff nehmen muss. Das ist nicht ganz so einfach hier, weil ich nämlich an Holzmangel leide, man stelle sich vor! Das in einem riesigen Land wie Kanada, das wegen seines Holzreichtums weltweit berühmt ist und dessen Haupteinnahmequelle aus dem Handel mit Holz besteht. Ja, manchesmal spielt die Welt schon ein wenig verrückt, aber mein See liegt schon über der Baumgrenze und die wenigen Zwergbirken und Büsche, Kriechkiefern und Weiden, die ums Lager wachsen, die müssen bleiben, die sind tabu für Brennholz. Zu Beginn der Saison wird jährlich eine Flugzeugladung mit Brennholz hierher eingeflogen – das soll man sich einmal bildlich vorstellen, eine riesige Otter voll Feuerholz. Das ist sehr teuer und man muss damit auch wirklich sorgsam und vor allem sparsam umgehen. Es steht vor allem den Gästen und zum Kochen zur Verfügung. Für meinen persönlichen Bedarf, da hole ich mir halt dann eine Portion von der anderen Seite des Sees, weg von den Fotolinsen der Hobbyfotografen, weg von den Augen der Naturliebhaber. Auch das ist eine Art Lust, mit der ich mich dann auf die Suche nach Treibholz mache, oder schnell mit dem Kanu über den See rudere und mit meiner kleinen Motorsäge ein paar Stämmchen abschneide. Langsam gleite ich mit dem Kanu übers Wasser. Der Tag geht dem Ende zu, zwar steht die Sonne noch über den Gipfeln, aber in den Schluchten haben sich schon lange, schwarzlila Schatten eingenistet. Ein nordischer Eistaucher schreit seinen einsamen Ruf in die aufsteigende Nacht, Enten und Kanadagänse ziehen ihre Bahnen auf dem Wasser und grundeln nach Nahrung am nahen Ufer. In einer kleinen Bucht tritt die Elchkuh mit ihrem Kalb aus den Uferweiden ins Wasser, um den Durst zu löschen. Friede, Stille, Harmonie umgeben mich, legen sich um mich wie ein wärmender Umhang. Und ich grauslicher, kleiner Mensch starte gleich meine Motorsäge und zerstöre diese Idylle, weil ich einfach ein wenig Brennholz haben muss, um mir mein Badewasser heiß zu machen! Aber ich arbeite schnell und bald kann sich der Friede wieder übers Tal senken. Auf dem Nachhauseweg tauche ich meine Paddel mit leisem Glucksen ins Wasser, mein Schatten liegt lange vor mir und es gelingt mir nicht, ihn einzuholen.
Ja, Feuer und Wasserr, hier für mich lebens-, ja überlebens notwendige Elemente, ohne die mein Dasein nicht möglich wäre, hier in meiner Bergeinöde, meinem abgeschiedenem Paradies hinter den Wäldern.

Wasser – Wasser aus dem See oder dem kleinen Fluss, der neben der Hütte aus den Bergen kommt, Wasser zum Trinken, Kochen, Waschen, Zähneputzen!
Feuer – Feuer, um die Hütten warm zu halten, wenn die Nächte kalt werden, um das Essen zu kochen für die Gäste und mich, um abends dann nach getaner Arbeit gemütlich zu einer Plauderstunde drumherum zu sitzen … und um auch ab und zu zu lügen, wenn's sein muss.

Wohltätig ist des Feuers Macht, wenn es der Mensch behüt', bewacht. Ja, so muss es auch hier im Yukon sein, das kleine Feuer im alten Blechofen verbreitet nicht nur angenehmste Wärme, es gibt mir auch Licht, es kocht mein Kaffeewasser, es bäckt mein Brot und erhitzt mein Badewasser. Hier kann ich es unter Kontrolle halten, in diesem kleinen Ofen, kann die Flammen je nach Lust und Laune (und Holzvorrat) entweder klein und langsam vor sich hin brennen lassen, gerade, um die beißende Kälte aus der Luft zu nehmen, wenn ich morgens aus dem Schlafsack klettern muss, oder kann ein loderndes, hell brennendes Feuer machen, indem ich viele große Scheite auflege. Ich bin die Herrscherin über das Feuer, hier in meinem kleinen Ofen im Küchenhaus, aber auch am Seeufer, wenn ich das Lagerfeuer entzünde, um abends dann daran zu sitzen und über den vergangenen Tag nachzudenken. Die Füße fest in den warmen Ufersand vergraben, Wurzel schlagen, ich halte die Flamme klein, weil ich direkt hineinschauen will, will die Feuerteufelchen tanzen sehen auf den glühenden Scheiten, die Funkenkäferchen in die Luft fliegen sehen. Meine Gedanken, die schlechten, die traurigen, die dunklen, die will ich in die Glut des Feuers legen, damit sie verbrennen und zu Asche werden, damit ich mich befreien kann von ihnen. Dieser glühende, rotleuchtende Punkt in dunkler Nacht ist mir auch wie ein zu Hause, ist mir heilig geworden, gibt Geborgenheit und Frieden.

Und dann ein Schluck glasklares, eiskaltes Wasser aus dem Bergbach, das ist Genuss pur. Ich bin sehr bescheiden geworden, in diesen Jahren hier in Kanada, vor allem in diesen einsamen Wochen in den Bergen, zwar keine ganze Minimalistin, aber es gibt Tage, da genügen mir eine handvoll Beeren direkt vom Strauch und der erfrischende Trunk aus dem Quellbach. Dann aber wieder muss jeder Tag wie eben für eine Urösterreicherin, mit einem „Häferl" duftenden, dampfenden, herrlichen Kaffees beginnen, in den ich mir mein „Kipferl" eintauche, das ich mir allerdings am Vortag selber habe backen müssen. Oft bedaure ich jene Menschen, die hier bei mir ihr Geld ausgeben, um für wenige Tage von meinem Glück zu naschen, es dann letztlich aber gar nicht finden, nicht verstehen oder genießen können. Sie kennen diese Art Leben nicht mehr, oder nur aus dem Fernsehen. Kennen kein offenes Feuer, ihre Villen und Wohnungen sind mit Zentralheizung versehen, in den marmorverkleideten Badezimmern fließt Tag und Nacht heißes und kaltes Wasser aus Leitungen, nach belieben. Die WC-Spülung funktioniert einwandfrei, Licht und Strom sind eine Selbstverständlichkeit. War ja bei mir auch nicht anders, damals, als ich noch in Österreich lebte, als Chaos ausbrach, wenn einem der Strom für einige Stunden ausgefallen ist. In mir hat sich jedoch eine große Wandlung vollzogen. Ich hatte schnell gelernt, mich mit den einfachsten Mitteln zu behelfen, es freut mich geradezu, wenn's richtig primitiv und einfach wird. Der Rest eines früheren Daseins vielleicht? Aber in der Mitte des zweiten Weltkrieges geboren, da waren meine „Anfangsjahre" auch eher karg und ärmlich, oft von Hunger geplagt und auf das Lebensnotwendigste beschränkt. Der Wohlstand, der fand dann erst später statt.

Ich will mir mein Feuer selbst entfachen, es sehen und riechen, die Wärme spüren und es knistern hören. Will das Wasser durch meine Finger gleiten lassen, die Zehen darin eintauchen, bis sie vor Kälte starr und blau werden, sich das Hirn zusammenzieht und alle Gedanken lahm legt, weil's gar so kalt wird.

Nun aber zurück zur Lust, zu dieser unbändigen Lust, die damit verbunden sein kann, hier alleine zu leben, wenn die Gäste und Bosse abgereist sind. Der Lust, mein Leben nach meinem Rhythmus zu gestalten, mich nach den Tageszeiten zu richten und nicht nach einer Stoppuhr und Fahrplänen. Meine eigenen Kräfte einteilen zu können. Von und in der Natur zu lernen was man braucht, um wieder unabhängig zu werden, von den vielen technischen Dingen des alltäglichen Lebens. Von den vielen Dingen wegzukommen, die man uns einredet haben zu müssen, aber die nur überflüssiger Balast sind und mit dem wirklichen, echten Leben und Daseinsbedürfnissen nichts mehr zu tun haben.

Ich brauche keine Elektrizität, nicht hier im Sommer, ich brauche kein Telefon, keinen Fernseher. Brauche auch nicht unbedingt das kleine Kofferradio, das ich mit habe, um meine Musikbänder zu hören, das ist schon Luxus. Die Vögel würden mir Arien genug vorsingen. Mir eröffnet sich jeden Tag eine neue Symphonie, wenn ich morgens an den See gehe, der Tag langsam heraufkommt, die Sonne ihre ersten Strahlen über die Gipfel schickt und die Natur erwacht. Oder abends, wenn die magische Stunde vor Sonnenuntergang alle Lebewesen dieser Welt noch einmal zum Singen und Jubilieren ermuntert, bevor sie sich für die Nacht zur Ruhe begeben – Herz, was willst Du mehr?

Naja, so ganz wunschlos, weiß ich nicht? Was ich nämlich noch mehr wollte , na ja, den absoluten Luxus hier in der Wildnis, das war eine verzinkte Badewanne, damit ich meinen Körper von Zeit zur Zeit voll Lust in dieses Schaumbad versinken lassen kann. Und eines Tages, da wurde mir das beste Stück mit einem Hubschrauber eingeflogen!!! Geburtstag, Ostern und Weihnachten waren am gleichen Tag. Und an Tagen wie heute, wo ich müde und abgekämpft aus den Bergen kam, die Gäste auf ihrem Weg zurück in die Heimat sind, wo außer mir und dem lieben Gott niemand in diesem Tal ist, an einem Tag wie heute, wo ich stolz auf meine Leistung bin und dankbar und glücklich, alle wieder gesund abgeliefert zu haben, an einem Tag wie heute werde ich mich der unbeschreiblichen, ja fast geilen Lust eines warmen, duftenden Schaumbades hingeben. Welch ein Luxus das für mich hier draußen ist, das kann sich niemand in der Stadt vorstellen. Hier, so ganz am Ende der Welt, wo sich nicht einmal mehr Fuchs und Hase gute Nacht sagen, da freue, da sehne ich mich jetzt schon seit Stunden darauf.

Glühend rot leuchtet das Feuer im kleinen Ofen, verbreitet eine angenehme, wohlige Wärme im Raum, knistert ab und zu ganz leise. Die kleinen Flammen züngeln an den Scheiten hoch, treffen auf einen kleinen Klumpen von Harz und der Knall einer Miniexplosion erfüllt den Raum. Es riecht nach Holz, nach Harz und ein wenig auch nach Rauch, denn der alte Ofen ist nicht mehr so dicht, wie er eigentlich sein sollte. Da und dort ist das Ofenrohr nicht ganz im Winkel und es rußt ein bisschen. Die Wassertropfen, die außen an den Blecheimern hängen, laufen herunter und verdampfen mit einem hellen Zischen auf der heißen Herdplatte oder explodieren mit einer kleinen Wasserfontäne. Immer wieder ein kleines Stückchen Holz nachlegen, mehr braucht es jetzt nicht mehr, denn die Wassereimer beginnen schon zu dampfen und nun soll es nur

noch richtig mollig warm in der Hütte bleiben. Diese Wärme, dieses sanfte Licht eines Holzfeuers ist so anders als die kalte, heiße, blaue Flamme eines Propangaskochers, zum Beispiel. Den verwende ich nur morgens, wenn es schnell gehen muss und die Gäste schon um ihren Frühstückskaffee anstehen.
Aber jetzt habe ich alle Zeit dieser Welt.
Und dann ist das Wasser in den Eimern heiß genug und ich kippe es vorsichtig in die Badewanne und spüre das lustvolle Prickeln, die angespannte Ungeduld, mich endlich ganz, ganz diesem Genuss hinzugeben. Langsam tippe ich die große Zehe wieder ins heiße Wasser, der elektrisierende Schlag auf die Nervenenden, das Zucken der verkrampften Wadenmuskeln, die sich nach tagelangen weiten Märschen mit schwerem Gepäck endlich, endlich nach Entspannung sehnen. Da draußen, auf den Wanderungen, da gibt es meistens nur Katzenwäsche an einem kleinen, kalten Bach, oder man taucht blitzschnell in den eiskalten See, um sich den Schweiß des Tages abzuwaschen. Hier und heute aber, da höre ich jede einzelne Pore stöhnen und ächzen – jetzt aber mach schon weiter, schneller, schneller – aber ich will jede Sekunde auskosten, diesen Luxusgenuss, diese neue Dimension der Sinnlichkeit und Lust auskosten und auf der Zunge zergehen lassen.
Lust, die ich mir schwer erarbeiten musste, die ohne die Urelemente Wasser und Feuer nicht möglich wären und daher für mich zu einem Gipfel der Vollkommenheit werden sollen.
Vorsichtig nehme ich den heißen, feuchten Kuss des Wassers von Zehe zu Zehe wieder auf, züngelt das Wohlbefinden über die Fesseln, die Waden bis hinauf zu den Knien. Die Wadenmuskeln lockern sich, die Knie werden endlich wieder weich und geben langsam nach unter mir. Feuchte, dampfende Streicheleinheiten ziehen die Beine entlang, dem Bauch, dem Rücken hinauf. Kleine Tropfen bilden sich auf der Haut und vorsichtig, ganz langsam und vorsichtig gleite ich in einer Art Schneidersitz endlich, endlich in das köstliche, heiß ersehnte, himmlische Nass des Bades. Je weicher die Beine werden um, so mehr kann ich mich nun entspannen und versinke, versinke in eine unbeschreibliche Lust und Wonne. Nach vielen Tagen schwerster Arbeit und Anstrengung einfach höchstes Wohlbehagen und Genuss, wenn die duftenden, prickelnden Schaumbläschen auf meiner Haut aufplatzen wie Champagnerperlen und meinen Körper liebkosen.
Die Nacht ist nun vollständig hereingebrochen. Absolute Stille herrscht im Tal und im Lager. Am Himmel stehen Millionen von Sternen und wenn ich meinen Kopf am Wannenrand ganz nach hinten lege, dann kann ich sie durch die kleine Dachluke über mir aufblitzen sehen. Neben mir im Ofen knistert das kleine Feuer und sein rosiger Schimmer überzieht meine Haut. Schweißperlen in den Nackenhaaren und auf der Oberlippe, die ich abermals mit Genuss ablecke, sie schmecken wie gesagt salzig. Dieses Salz braucht mein Körper jetzt nach den vielen Strapazen, die ich ihm zugemutet habe. Noch tiefer möchte ich in das herrliche Nass eintauchen, aber ich habe meine Grenzen erreicht, die Wanne ist einfach nicht größer, basta!

So schicke ich meine Gedanken auf die Reise, lasse meine Seele baumeln und gebe meinen Muskeln, ja dem ganzen Körper endlich die wohlverdiente Ruhe und Erholung, die er braucht. Meist segeln meine Gedanken nach Osten, nach Österreich, zu den Kindern, zur Familie ... wenn die mich alle jetzt so sehen könnten, die würden gar nicht verstehen, dass dies Lust, Lust in Reinkultur für mich hier im Yukon ist. (Sorry Männer, da könnt ihr alle nicht mithalten!)

Heide Schütz auf der Jagdmesse in Dortmund

Das Medizinrad

Die Indianer Nordamerikas teilen das Jahr in vier Zyklen des Mondes ein, die den vier Himmelsrichtungen zugewiesen werden. In jedem dieser Zyklen gibt es drei verschiedene Tiere, ähnlich den Horoskopzeichen in unseren Breiten. Diese Tierzeichen unterstehen dem selben geistigen Führer, haben aber andere Elemente als Grundlage, so z.B. der Donnervogel dem Feuer, die Schildkröte der Erde, der Schmetterling der Luft und der Frosch dem Wasser.

Norden
Waboose – Weißer Büffel
Nacht
Winter

Osten
Wabun – Adler
Morgen
Frühling

Süden
Shawnodese – Koyote
Mittag
Sommer

Westen
Mudjekeewis – Grizzlybär
Abend
Herbst

Ähnlich unseren Horoskopzyklen haben auch die Ureinwohner Nordamerikas, also die verschiedenen Indianerstämme, das Jahr in bestimmte Zeiten, die Welt in bestimmte Himmelsrichtungen eingeteilt.

Darüber hinaus gibt es noch die Einteilung nach Grundelementen, wie bei uns, in
Feuer = Donnervogel
   Erde = Schildkröte
   Luft = Schmetterling
   Wasser = Frosch

Ihr wichtigster Planet ist aber der Mond und nach den einzelnen Mondphasen richten sich die Charaktere der darin geborenen Menschen.

Das Jahr beginnt mit dem
   - Mond der Erderneuerung (22. Dezember bis 19. Jaenner) **Schneegans**
   - Mond der Rast und Reinigung (20. Januar bis 18. Februar) **Otter**
   - Mond der großen Winde (19. Februar bis 20. Maerz) **Puma**

Schneegans, Otter und Puma, gehören dem **Klan von Waboose** und dem **Weißen Büffel** an, der Norden ist ihre Himmelsrichtung, der Winter ihre Jahreszeit und die Nacht die Tageszeit.
Waboose, sie ist die Hüterin des Geistes aus dem Norden, sie ist die Kraft der Erneuerung und der Reinheit. Im Winter, wenn die Natur schläft, ruht sie sich aus und sammelt Kraft für den kommenden Frühling. Die Nacht, wenn der Mensch schläft, dann sammelt auch er Kraft für den kommenden Tag. Das Alter mit seiner Weisheit und den weißen Haaren wie Schnee, wenn der Körper einen langsameren Rhythmus annimmt, das ist die beste Zeit für Waboose Menschen.

   - Mond der knospenden Bäume (21. März bis 19. April) **Roter Habicht**
   - Mond der wiederkehrenden Frösche (20. April bis 20. Mai) **Biber**
   - Mond der Maisaussaat (21. Mai bis 20. Juni) **Hirsch**

Roter Habicht, Biber und Hirsch gehören dem **Klan von Wabun** und dem **Adler** an, der Osten ist ihre Himmelsrichtung, der Frühling die Jahreszeit und der Morgen ihre Tageszeit.
Wabun, ist die Hüterin des Geistes aus dem Osten, sie ist die Kraft der Erleuchtung und der Weisheit. Der Frühling bringt neues Leben hervor, die Morgendämmerung verkündet einen neuen Tag. Im menschlichen Leben ist Wabun vor allem die Jugend, die Zeit des inneren und äußeren Wachsens und Erwachens zugeteilt. Wabunmenschen streben nach irdischen Dingen und setzen dafür alle ihre Energien ein.

- Mond der kraftvollen Sonne (21. Juni bis 22. Juli) **Specht**
- Mond der reifenden Beeren (23. Juli bis 22. August) **Stör**
- Mond der Ernte (23. August bis 22. September) **Braunbär**

Specht, Stör und Braunbär gehören dem **Klan der Shawnodese** und des **Kojoten** an, ihre Himmelsrichtung ist der Süden, der Sommer die Jahreszeit und der Mittag ihre Tageszeit.
Shawnodese, die Hüterin des Geistes aus dem Süden, sie ist die Kraft des Wachstums und Vertrauens. Die Zeit des Sommers auch im Leben des Menschen, wenn er zur vollen Reife seiner Weisheit gelangt, besonders in den Mittagsstunden, wenn die Sonne im Süden steht und sich das Dasein auf der Erde voll entfalten kann.

- Mond der fliegenden Enten (23. September bis 23. Oktober) **Rabe**
- Mond der ersten Fröste (24. Oktober bis 21. November) **Schlange**
- Mond des langen Schnees (22. November bis 21. Dezember) **Wapiti**

Rabe, Schlange und Wapiti sind vom **Klan der Mudjekeewis** und des B**raunbären**. Ihre Himmelsrichtung ist der Westen, der Herbst ihre Jahreszeit und der Abend die Tageszeit. Mit ihnen schließt sich der Mondkreis. Die Mudjekeewis, sie ist die Hüterin des Geistes aus dem Westen, sie besitzt die innere Kraft und Stärke zur Selbstprüfung. Im Herbst des Lebens, in den Abendstunden bei Sonnenuntergang, wenn die Aktivitäten des Tages langsam nachlassen, dann kommt die beste Zeit für Menschen aus dem Mudjekeewis Klan. Der Mensch kennt den Pfad seines Lebens, den er als Jugendlicher eingeschlagen hat, sein Herz sucht nicht mehr nach neuen Abenteuern, er kommt seinen Arbeiten und Pflichten nach und lebt von den wichtigen Erfahrungen die er gemacht hat.

Schneegans = erster Mond des Jahres
22. Dezember bis 19. Januar
Mond der Erderneuerung

Die Birke ist ihr Gewächs, der Quarz ihr Mineral, die Farbe weiß, Nordwinde helfen ihr fliegen, sie gehört dem Schildkröten Klan an, ist also erdverbunden, zuverlässig und besonnen. Schneegans-Menschen sind mystisch veranlagt und wollen Perfektionisten sein. Mit viel Kraft und Energie verfolgen sie ihre Ziele. Im Umgang mit ihnen sollte man stets ehrlich und aufrichtig sein, denn wenn etwas nach Unehrlichkeit „riecht", dann verschwindet sie schnell.

Otter = zweiter Mond des Jahres
20. Januar bis 18. Februar
Mond der Rast und Reinigung

Die Zitterpappel ist der Baum der Otter, sein Mineral das Silber, wie auch seine Farbe. Er gehört dem Klan der Schmetterlinge an, ist also ein Luftmensch. Künstlerisch oft sehr begabt, unabhängig und oftmals extrovertiert. Er braucht immer Überraschungen, denn sonst langweilt er sich schnell, übernehmen aber oftmals Arbeiten, die sie nicht bewältigen können, finden jedoch immer gute Argumente, warum es nicht möglich war. Er hat einen ausgeprägten Familiensinn, ist freundlich und entgegenkommend.

Puma = dritter Mond des Jahres
19. Februar bis 20 . März
Mond der großen Winde

Der Puma ist das letzte Zeichen im Kreis von Waboose. Er ist im Flemente Klan des Frosches, also ein Wassermensch. Seine Pflanze ist der Wegerich, seine Farbe blau-grün und der Türkis ist sein Edelstein. Pumamenschen sind äußerst empfindsame Menschen, die sich oft zurückziehen um alleine zu sein. Harmlose Bemerkungen verletzen sie schnell und sie fühlen sich oft von der Außenwelt abgeschnitten. Geistig sind sie allerdings wie die königliche Katze, Langstreckenläufer, die ihre Ziele mit viel Hartnäckigkeit und Ausdauer verfolgen. Haben sie jedoch ihr inneres Gleichgewicht verloren, dann können sie mitunter unerwartet heftig auf jeden reagieren, der sie nach ihrer Meinung nach verletzen will. In die Enge getrieben fährt er seine scharfen Krallen aus und liefert einen starken Kampf.

Roter Habicht = vierter Mond des Jahres
21. März bis 19. April
Mond der knospenden Bäume

Der Rote Habicht ist der erste Mensch im Zeichen von Wabun und dem Donnervogel geboren. Er ist im Feuer geboren, seine Farbe ist gelb, der Feueropal ist sein Mineral, seine Pflanze der Löwenzahn.

Aktiv, kraftvoll und ungestüm ist er so voll Energien, dass er oft der „Antreiber" in seiner Gruppe ist. Arbeitsam aber ungeduldig, sollte jedes Projekt schon gestern fertig gestellt sein. Mit ihrem Optimismus und Entschlossenheit kommen sie aber auch über verschiedene Enttäuschungen gut hinweg. Es fehlt oft an Geduld und Ausdauer um begonnene Arbeiten zu vollenden, denn hinter der nächsten Ecke wartet schon ein neues, noch größeres Abenteuer. Sie sind unternehmungslustig, reisefreudig und schwingen sich in große Höhen, sowohl gefühlsmäßig als auch im Beruf. Wie der Löwenzahn sich oftmals durch Asphaltschichten quält, um an die Sonne zu kommen, so ist auch den Menschen im Zeichen des Roten Habichts selten eine Anstrengung zu groß.

Der Biber = fünfter Mond des Jahres
20. April bis 20. Mai
Mond der wiederkehrenden Frösche

Er gehört dem Schildkröten Klan an, ist also ein Erdmensch. Seine Pflanze ist die blaue Camasspflanze, eine Lilienart, die es nur in Nordamerika gibt. Der Chrysokoll ist sein Edelstein, seine Farbe ist blau. Bibermenschen sind außergewöhnlich praktisch veranlagt, zuverlässig, ja fast pedantisch. Sie halten an einer Sache fest, bis sie ihr Ziel wirklich erreicht haben. Ähnlich dem Biber, der ein Leben lang an seinem Damm und seiner Burg baut, um darin seine Familie groß zu ziehen. Sie sind häuslich und schätzen eine gewisse persönliche Bequemlichkeit. Ihre Einstellung ist konservativ und eher vorsichtig. Im Umgang mit ihnen sollte man mit zu vielen guten Ratschlägen eher vorsichtig sein, denn schnell empfinden sie diese als Einmischung in ihr Privatleben. Bibermenschen hassen alles, was nach Falschheit und Schwindel riecht, blühen jedoch bei Lob und Anerkennung richtig auf. Arbeitsam, willensstark und ausdauernd macht sie zu beliebten Mitarbeitern in jedem Unternehmen.

Der Hirsch = sechster Mond im Jahr
21. Mai bis 20. Juni
Mond der Maisaussaat

Der Hirsch ist das letzte Zeichen im Klan der Wabun, sein Edelstein ist der Moosachat, die Pflanze die Schafsgarbe, seine Farben sind weiß und grün und er gehört dem Elemente Klan der Schmetterlinge, also der Luftzeichen an.

Wie die Hirsche selbst, so sind Menschen in deren Zeichen geboren sehr aktiv und flink, wachsam, aber oft schwanken sie zwischen Selbstvertrauen und Entmutigung, Hochgefühlen und Depressionen. Ihre Konzentration lässt auch zu wünschen übrig, ihre Gedanken springen hin und her und sie unterbrechen Gespräche immer wieder. Nichts verabscheuen sie mehr als Monotonie und Eintönigkeit. Sie finden rasch Kontakt, können mit fast jedem über fast alles reden, aber am nächsten Tag ist alles schon wieder vergessen. Sie neigen zu vorschnellen Urteilen, weil sie Informationen nur halb aufnehmen und nicht richtig verarbeiten. Um sie zufrieden zu stellen muss man ein sehr, sehr guter Zuhörer sein.

Der Specht = siebter Mond im Jahr
21. Juni bis 22. Juli
Mond der kraftvollen Sonne

Der Specht ist das erste Totem im Zeichen von Shawnodese geboren. Die kraftvolle Sommersonne des Südens beflügelt sie, die Heckenrose ist ihre Pflanze, der Karneol oder Rosenquarz ihr Edelstein, die Farbe ist rosa bis rot.

Er gehört dem Frosch Klan an, ist also ein Mensch des Wasserzeichens. Mit seinem spitzen Schnabel und scharfen Krallen will er immer etwas festhalten, vor allem seine eigene Familie. Er ist ein überaus sensibler, verletzlicher und fürsorglicher Familienmensch. Sie entwickeln oft starke Bindungen und klammern sich wie Kletten an alles was ihnen wichtig scheint. Diese Bindungen aber verursachen im Spechtmensch tiefe Ängste und Stress, wenn er nicht lernt, endlich loszulassen. Es liegt in ihrer Natur, dass sie sich ständig Sorgen machen und ihre starke Einbildungskraft fördert dies noch mehr. Vorsicht! Spechtmenschen machen Probleme anderer Menschen gerne zu ihren eigenen und mischen sich so oftmals in Geschehnisse, die sie nichts angehen.

Der Stör = achter Mond im Jahr
23. Juli bis 22. August
Mond der reifenden Beeren

Obwohl er sein Leben im Wasser führt, gehört er doch dem Elemente Klan des Donnervogels, also des Feuers an. Seine Gewächs ist der Himbeerstrauch, seine Farbe ist rot, der Granat ist sein Edelstein.

Störmenschen werden als großmütige und zärtliche Wesen gesehen. Sie sind ausgeglichen, freundschaftlich und wohlwollender Art zu ihren Mitmenschen. Auf Grund ihrer Scharfsichtigkeit und ihres Einfühlungsvermögens haben sie die Fähigkeit, Dinge zu tun und zu sagen, die tief in die Herzen ihrer Freunde aber auch ihrer Feinde eindringen können. Sie geben daher gute Freunde aber auch beängstigend scharfe Feinde ab. Sie müssen sich vor ihrer eigenen Kraft in Acht nehmen, denn sie sind impulsiv und unberechenbar und können dadurch sehr verletzend werden. Es dauert Jahre, bis diese Menschen, genau wie ihr Zeichen der Stör, den Grad der Reife erlangen, dass man ihnen volles Vertrauen entgegenbringen kann. Sie können dominant und ausgesprochen aggressiv werden, unter behutsamer Leitung entwickeln sie sich aber zu hervorragenden Führern. Ermutigen Sie ihn mit Lob, nicht mit falschen Schmeicheleien, denn Unaufrichtigkeit durchschaut er schnell und dann verliert er jeglichen Respekt seinem Partner gegenüber.

Der Braunbär = neunter Mond im Jahr
23. August bis 22. September
Mond der Ernte

Der Braunbärmensch gehört dem Schildkröten Klan an, ist also ein Erdmensch und das letzte Zeichen unter der Obhut von Shawnodese. Seine Pflanze ist das Veilchen, der Amethyst sein Edelstein, purpur und violett seine Farben.

Die Zeit der reifen Ernte, die warmen Winde aus dem Süden, die tun ihm vor seinem Winterschlaf besonders gut. Der Braunbärmensch ist ein hart arbeitender, praktisch veranlagter, strebsamer und sorgfältiger Mensch. Nicht die großen Geschehnisse, nein, kleine Dinge sind es oft, die diesen riesenstarken Bären aus dem Gleichgewicht bringen können. Er ist ein Gewohnheitstier, sowohl in seiner Zeiteinteilung als auch in einem geordneten, routinemäßigen Ablegen seiner Dinge. Alles hat seinen bestimmten Platz! Ehe und Familie sind für sie ein extrem wichtiger Sicherheitsfaktor, zu viel Überschwang stößt sie eher ab. Unpünktlichkeit und Ungewissheit hassen sie, zeigen Sie Interesse für ihre Arbeit und die Familie, dann haben sie einen Freund fürs Leben gefunden.

Der Rabe = zehnter Mond im Jahr
23. September bis 23. Oktober
Mond der fliegenden Enten

Der Rabe ist das erste Klanzeichen unter Mudjekeewis, dem Hüter des Geistes im Westen. Am liebsten kreist der Rabe in der kühlen, herbstlichen Abendluft und erkundet sein Reich. Er ist im Schmetterlings Klan geboren, also ein Luftzeichen, seine Pflanze ist die Königskerze, der Jaspis sein Edelstein und braun seine Farbe.

Rabenmenschen sind gutherzige, gesprächige und künstlerisch begabte Menschen, lieben es von vielen Menschen umgeben zu sein. Alleinsein macht sie depressiv. Auf sich allein gestellt fühlen sie sich unsicher, obwohl sie über eine sehr große Intelligenz verfügen und allein oft mehr schaffen könnten, arbeiten sie lieber in einer Gruppe. Rabenmenschen haben, obwohl sie mit beiden Beinen fest auf der Erde stehen, ein tiefes Interesse an den Geheimnissen des Lebens und ein großes Feingefühl für spirituelle Dinge. Wird der laute, freche Vogel von den Menschen oft gehasst und verscheucht, so sollte man die Freundlichkeit eines Rabenmenschens nicht gleich für Freundschaft halten, dazu braucht dieser Mensch sehr lange, bis er sich echt bindet und eine Beziehung aufbaut.

Die Schlange = elfter Mond im Jahr
24. Oktober bis 21. November
Mond der ersten Fröste

Der erste Frost zieht übers Land. Schlangenmenschen sind im Zeichen des Frosch Klans, also als Wassermenschen geboren. Ihre Pflanze ist die Distel, orange die Farbe und Kupfer das Mineral.

Von den Menschen wird die Schlange meistens als ekelerregend und mit Abscheu begegnet. Der geheimnisvolle, ehrgeizige, impulsive und tiefgründige Schlangenmensch ist eine entschlossene Persönlichkeit. Sie können beachtliche Höhen in geistiger, materieller und spiritueller Hinsicht erreichen, neigen aber dazu ebenso schnell in plötzliche Abgründe zu fallen. Schlangen Menschen sind eigentlich nie am Ende, sie finden immer wieder ein Comeback. Man soll ihnen gerade und ehrlich entgegentreten, denn Unaufrichtigkeit mögen sie gar nicht. Wie die Schlange ihre Haut abstreift, so kann sich der Schlangemensch im Laufe seines Lebens auch mehrmals verändern, oder anderen Berufen nachgehen. Um seine Weiterentwicklung in vielen Hinsichten nicht zu behindern, muss er dies auch tun, sonst bleibt er in einer zu kleinen Haut und mit sich selbst unzufrieden stecken.

Der Wapiti = zwoelfter Mond im Jahr
22. November bis 21. Dezember
Mond des langen Schnees

Sein Gewächs ist die Schwarzfichte, der Obsidian sein Edelstein, schwarz seine Farbe und er gehört dem Klan des Donnervogels, also des Feuers an.

Es ist die Zeit der langen kalten Nächte, der Schnee der mit dem Westwind herangetragen wird. Wie die Schwarzfichte können Wapitimenschen zugleich weich oder kräftig sein. Dies ist eine innere Stärke, die es ihnen möglich macht, stets die richtige Richtung anzustreben und anderen auf Pfade zu lenken, die ihnen am meisten zusagen. Wapitimenschen sind gedankenvolle Menschen, die die Gabe haben sich in andere Menschen hineinzuversetzen. Hat er jedoch sich selbst einmal etwas in seinen Kopf gesetzt, dann ist es sehr schwierig, ihn davon wieder abzubringen. Er zeigt sich nach außen hin warmherzig und zugängig, verbirgt aber oft seine tiefsten Empfindungen. Sie können mitunter sehr rechthaberisch werden und oft mit Streitgesprächen beginnen. Bei Argumenten müssen alle Einwände hieb- und stichfest sein. Wapitimenschen wirken, wie ihr Tiertotem, geradezu wie eine königliche Familie. Sie haben ein stolzes und aufrechtes Auftreten und werden, wenn sie sich im inneren Gleichgewicht befinden, von einem Hauch von Würde und Anmut umgeben.

Ich bin zum Beispiel im ersten Mond des Jahres, dem Mond der Erderneuerung geboren, eine Schneegans mit Erdeinfluss. Meine Farbe ist weiss, der Nordwind mein Gefährte und der Winter die Zeit, um meine Kraft zu erneuern. Die Birke ist mein Baum, der Brombeerstrauch mein Gewächs, der Quarz mein Stein und Waboose, die Hüterin des Geistes aus dem Norden ist meine Beschützerin, ebenso wie der weiße Büffel.

Und darum kann ich arbeiten bis zum Umfallen, nichts ist mir zu anstrengend. Wie alle Schneegansfrauen bin ich meinen Kücken eine oftmals zu strenge Mutter und lasse sie nicht gerne los, habe ihnen jedoch bei Zeiten das Fliegen gelehrt, damit sie sich in die Welt aufmachen können. Wir Waboose Mond Menschen tragen die Fähigkeit in uns, in mystische Reiche vorzudringen und das Erlernen von verschiedenen Heilkünsten fällt uns äußerst leicht. Schwer fällt es uns, anderen Menschen Vertrauen entgegenzubringen, es dauert lange, bis wir uns öffnen und volles Vertrauen schenken.

Meine besten Jahre sind die des Alters, wenn die Haare weiß werden, der Körper langsamer arbeitet und dadurch der Verstand mehr Zeit hat sich zu reinigen. Darauf freue ich mich heute schon!

Ein Nachwort ...

Als ich auszog, um das Fürchten zu lernen!

Dies ist einfach ein Nachwort zu meinem doch etwas ungewöhnlichen Leben hier in der Wildnis von Kanada, nach mehr als 28 Jahren mit den tollsten, verrücktesten und wildesten Abenteuern, die man sich nur vorstellen kann ... Und bei vielen, sehr vielen davon da habe ich mich wirklich so richtig gefürchtet, wie nie zuvor in meinem Leben. Es klang zwar in dem einen oder anderen Artikel schon an, aber es ist hier tatsächlich der ganz normale Wahnsinn, der auch in einem so herrlichen erfüllten Leben, wie ich es hier in Kanada gefunden habe, tagtäglich allgegenwärtig ist.

Los ging es schon im ersten Jahr 1988 mit meiner ersten Großwildjagd auf einen Schwarzbären in British Columbien. Die Angst der meisten Jäger, da draußen in der Wildnis eine unerwartete Begegnung mit einem Schwarz- oder Grizzly-Bären zu haben, die ist ja fast sprichwörtlich. Und es wäre unverfünftig und naiv, wenn man sie nicht hätte. Denn so plump und pummelig sie auch aussehen mögen, sie sind schnell und oftmals aggresiv, und vor allem führende Weibchen können zu Mordmaschinen werden. Also stellen sich die Nackenhaare, die wenigen, einfach immer auf, wenn man im Wald verschwindet und weiß, dass man von unzähligen Bären umgeben ist. Das ist einfach so, dort wo ich arbeite und auch dort wo ich lebe. Ich habe die Schwarzbären bis an den Gartenzaun vom Gemüsegarten, im Garten zwischen den Johannisbeersträuchern, das war ein Schreck!! Habe sie hinter dem Haus am Hang in den Blaubeeren äsen, nicht einen, nicht zwei, nicht drei, nein, manchmal sind es bis zu sechs, die sich da die Bäuche vollstopfen. Wenn man sie gemütlich im Sonnenschein von der Terrasse aus beobachten kann, dann ist das eine wahre Freude, ein Erlebnis, für das so mancher europäische Jäger viel Geld hinlegen würde. Wenn ich aber spät abends von der Pirsch nach Hause komme und es liegt ein riesiger Haufen Losung fast vor der Haustüre und dampft noch ein wenig, oder ich mich morgens in noch stockdunkler Nacht auf einen Ansitz begebe, dann ist das schon nicht mehr ganz so gemütlich, da spannen sich alle Sinne an, da hört man auf jedes Knacken und Knaxen im nahen Wald, ein Rascheln in den Büschen, schwere Tritte auf dem Weg, da ist man in Alarmstimmung, immer und immer wieder und nach so vielen, vielen Jahren noch immer!
Die Schwarzen, die ich erlegen konnte, die waren ja weiter weg, die haben wir anpirschen müssen, da hatte ich Zeit, die Nerven gut unter Kontrolle zu bekommen, das war ein echtes Erlebnis, eine herrliche Wildnisjagd auf ein majestätisches Stück Großwild. Was die Nerven zum Zucken und Ausfransen bringt, das sind die unvorhergesehenen Begegnungen, die es ja eigentlich gar nicht geben soll, denn man weiß ja, dass man sich in ihrem Gebiet bewegt. Und trotzdem fällt das Herz fast in die Hose, wenn man um

die Kurve kommt am Waldweg und steht keine zwei Meter vor einem Bären. Wenn man das Flussufer entlang wandert, um einen besseren Platz zum Fischen zu finden und da steht schon einer halb im Wasser und wartet auf seinen Lachs. Das kann man, glaube ich, noch so oft erleben und wird sich nie daran gewöhnen. Die Angst wird weniger, aber man hat sie trotzdem noch, man bekommt einfach auch viel, viel Respekt vor der Kreatur, die da vor einem steht, in deren Revier man als ungebetener Gast eingedrungen ist. Ein Mensch halt, der meint, er kann alles machen was er will.

Es gibt jedes Jahr Unfälle mit Toten und Schwerverletzten, bei uns im Revier und auch Gott sei Dank zu Hause noch nicht. Einmal, da hat unsere Hündin dem Heinrich das Leben gerettet, denn er ist zwischen eine Bärin und deren Junges gekommen, da hat sich die Tessa wütend auf die angreifende Bärin gestürzt, sie an der Gurgel gepackt und dann in die Flucht getrieben. Herr und Hund haben noch lange danach gezittert, aber alles ist gut gegangen.

Ja, das ist die Angst, mit der man lebt, wenn man so lebt wie ich, mitten in den Wäldern, viel alleine in den einzelnen Jagdcamps in der Wildnis, da kommen die Grizzlys bis vor die Küchentür oder an die Pferdekoppel, weil sie Futter riechen. Da heißt es immer, aber wirklich auch immer vorsichtig sein, lieber dreimal umdrehen, stehen bleiben und horchen, ob sich da irgendwo etwas bewegt, etwas raschelt oder grunzt, nicht blind durch die Blumenwiesen streifen, wie man das von Österreich gewöhnt ist. Nicht blind nur die Pilze und Beeren sehen, die da so reichlich im Wald wachsen, nein, auch der Meister Petz hat einen Appetit auf Beeren und Pilze, Respektabstand ist da gefragt.

Also diese Angst hat sich nach fast 30 Jahren nicht gelegt, macht mich aber nicht so fertig, dass ich deshalb zu Hause bleiben würde, ich gehe fast täglich in den Wald, mache meine Pirschgänge, suche meine Pilze und Beeren, Kräuter und Blumen. Habe meine Waffe umgehängt oder einen Bärenspray am Gürtel. Vorsicht wird ganz groß geschrieben … und bisher hat's geholfen.

Man liest ja überall die Verhaltensregeln, die man unbedingt einhalten sollte, muss, wenn man einem Bären in die Quere kommt und wenn man sich daran hält, was ich jahrelang schon mache, dann kommt man sicher auch ohne einen „neuen Scheitel" wieder gesund von seinem Ausflug, seiner Jagd nach Hause. Hier kann ich also selbst etwas machen, um eine gewisse Sicherheit zu haben, hier kann ich der Angst sozusagen den Stachel ziehen, indem ich mich richtig und vernünftig verhalte, indem ich mich nicht wie eine Blinde durch die Wälder schleiche, so, als ob sie mir alleine gehören würden.

Was viel schlimmer ist, ist jene Angst, die einem sozusagen „aufgedrückt" wird, in die man verstrickt wird ohne eigenes Zutun und wo man sich nicht wehren kann, nichts an der Situation ändern kann.

Eine Angst gegen die ich nicht ankämpfen kann, in die ich hoffnungslos und hilflos verstrickt bin, ist die Angst des Fliegens mit den kleinen oft nur 2-sitzigen Supercub Maschinen, meist auf Schwimmern, von einem Lager ins andere, bei jedem Wind und Wetter – und was für Wetter wir oft hatten.

Das schlimmste Erlebnis war einmal im Herbst nach Ende der Jagdsaison, die ersten Herbst- und Winterstürme waren schon über den Kluane Lake im Yukon gefegt. Wir haben das Lager in der „Cove" winterdicht gemacht und waren zum Abreisen bereit. Eine kleine gelbe „Ente" Marke Supercub stand uns allen zum Abflug zur Verfügung, fünf Mann hoch und der Pilot, das kann dann schon dauern. Also erst einmal kommt die kleine Frau in den Flieger, zitternd und bleich, weil über dem riesigen See wahnsinnige Wolkentürme stehen und die Wellen schon weiße Schaumkronen hatten, was sicherlich nichts Gutes bedeutet. Derrek ist ein hervorragender Pilot, aber naja, für's Wetter kann er halt auch nichts. Die „Cove" lag in einer geschützten Bucht und so konnten wir noch problemlos starten, obwohl draußen auf dem See schon die Hölle los war (meiner bescheidenen Meinung nach). Entlang der Hügelkette wollte Derrek nach Westen, nach Burwash Landing fliegen, dort dann quer über den See, der hier die schmalste Stelle hat, um zu den abgestellten Autos zu kommen. Aber es ging dann doch gar nichts mehr! Der Anfang war zwar schon sehr, sehr unruhig aber sobald wir aus der geschützten Bucht herauskamen, da hat es uns nur so durch die Lüfte geschüttelt. Die Köpfe haben wir uns am Dach der Maschine angeschlagen, einmal ging's vorne hoch dann kam das Heck der Maschine hoch, dann hingen wir nach links, dann nach rechts, so fest konnten wir uns gar nicht anschnallen, dass wir ruhig sitzen hätten können. Und weil noch der lange, lange Arm des Sees vor uns lag und die Berge dann keinen Windschatten mehr spenden konnten, da hat der gute Derrek, Gott sei Dank, umgedreht und ist mit mir wieder zurück ins Lager geflogen. Nie, nie wieder wollte ich so einen Flug erleben, habe ich mir damals vor 28 Jahren geschworen. Heil sind wir wieder in der Bucht gelandet, aber ich war einfach unfähig auch nur gerade zu stehen, das war nun wirklich zu viel gewesen! Und die Männer, auch die starken Männer wollten nicht mehr in das Flugzeug steigen. Der Lageplan musste geändert werden, ein neuer Marschplan musste her, wie bei einem Katastropheneinsatz beim Bundesheer ging's da zu!
Der Heinz und der Hermann werden mit dem Boot losfahren und es doch versuchen auf dem Wasserweg ans andere Ufer zu kommen, die beiden Selbstmörder, bin ich froh gewesen als die gleich ohne mich losgefahren sind.
Derrek und Mike wollten es nochmals mit der Supercub über die Berge, direkt nach Whitehorse versuchen und so blieben nur der Chef und ich über und der lange Landweg dazu! D.h. wir wanderten das Seeufer entlang, so an die drei Stunden, um zu der Familie des Goldwäschers zu kommen, der am Gladstone Creek sein Lager hatte und uns von dort dann in einer sechsstündigen Schneckenfahrt mit seinem alten Pick Up Truck nach Silver City bringen wird. Immer lieber länger auf festem Boden unterwegs als so eine Schaukelei in der Luft. Mit etwas Geduld wäre nach zwei Tagen der Sturm durchgewesen und wir hätten alle sicher und fast bequem das Lager verlassen können, das nur so am Rande, aber es musste ja sofort und gleich sein.
Im Laufe der Jahre blieb es mir dann aber nicht erspart, dass ich noch etliche solche stürmischen Luftfahrten machen musste. Einmal im dicken Schneesturm auf einem Fluss

landete und nur beten konnte, dass wir am nächsten Morgen auch wieder starten und hoch kommen würden. Ich hab's überlebt, Gott Lob, andere nicht! Aber es ist doch mehr Angst als Freude beim Fliegen dabei. Wenngleich bei ruhigem Wetter und über herrlicher Alpenlandschaft es nichts Schöners gibt, als so frei wie ein Vogel über die Lande zu gleiten und sein Wild zu suchen. Oder direkt hinein in einen kitschig schönen Sonnenuntergang und unten am Flussufer, da stehen die Elchbullen und schauen herauf zu uns. Das sind Traummomente, die man ein Leben lang nicht vergessen wird. Da könnte man fast seine Angst vor dem Fliegen in den kleinen Buschmaschinen vergessen. Aber leider weiß man ja nicht, was der nächste Arbeitseinsatz bringt und wie der nächste Flug zwischen den Lagern sein wird. Ich hab' halt schon vieles erlebt, auch Negatives und Angst machendes.

Reißende Flüsse, stürmische Seen, raues Wasser, ein Wellengang, dass es das Boot nur so hin und herwirft, auch das ist nicht meine Welt, auch das macht mir wahnsinnige Angst, die mich jahrelang begleitet und immer noch unter der Haut sitzt, bis heute. Selbst am Francois Lake, vor der Haustür in British Columbien, wenn wir sommers mit den Kindern zum Fischen hinausfahren und plötzlich ein Gewitter über den See zieht, da kommt die Angst, dann wird der Hals ganz eng und das Schlucken fast unmöglich, dann schlägt das Herz so rasend schnell, dass es einem den Atem nimmt.

Angefangen hat es in meinem ersten Jahr in British Columbien, meinem ersten Wildniseinsatz. Wir mussten ein Lager für die Gäste aus Europa richten, das den ganzen Winter geschlossen war, am Sustut River in den Bergen hinter Smithers. Zuerst ging es mit dem Flugzeug, voll beladen mit Waschmaschine und Lebensmitteln für sechs Personen und 10 Tage in die Berge, dann wurde die Fracht auf einen kleinen Zug umgeladen, der vom Lodge Besitzer selbst gebaut war und auf einem Stück alter Bahntrasse Richtung Fluss fuhr. Alles noch wunderbar romantisch, aufregend, abenteuerlich, herrlich. Dann wurde alles vom Zug in ein grosses Frachtkanu umgeladen, das nur einen kleinen Motor hinten dran hatte, dann ging es den hochwasserführenden Sustut River hinunter in Richtung Lodge. Und dann fiel der kleine Motor aus, das schwerbeladene Kanu drehte sich nicht nur im Kreise sonder glitt ziemlich flott und schnell mit der Breitseite auf die Stromschnellen zu, die da plötzlich mitten im Fluss waren. Immer rasanter wurde die Fahrt, die Strömung zog uns unweigerlich auf diese gefährliche Passage zu. Wir hatten natürlich alle keine Schwimmwesten an, wir saßen wie Sonntagsausflügler im Boot und waren uns eigentlich der Gefahr nicht so richtig bewusst. In Sekundenschnelle konnte das Boot kippen, wir in den eiskalten Fluss fallen und abgetragen werden. Da kam die riesige Angst plötzlich schwarz aus dem Wasser auf mich zugekrochen. Die Kinder, die Familie, was mache ich wenn es mich wirklich hier „erwischt"? Zum Sterben bin ich noch nicht bereit und auch nicht vorbereitet, was mach ich also, kann ich im Wasser treiben auch ohne Schwimmweste, versuchen ans Ufer zu kommen, schaffe ich das mit der Angst im Nacken? Vorbei war's mit Lustig!! … aber dann irgendwie bekam der Kapitän den Motor doch wieder zum Laufen und wir konnten gerade noch wenige Meter vor den Stromschnellen den Bug des Kanus nach vorne bringen und durch die Passage fahren.

Wie habe ich die hohen Wellen im Meer vor Griechenland geliebt bei unseren Urlauben, habe in den Flüssen Traun und Ager bei Lambach das Schwimmen gelernt. Beides reißende, sehr kalte Gebirgsflüsse, nie war es mir zu wild oder zu wellig, aber das lag in der Vergangenheit. Hier in der kanadischen Wildnis mit einem Boot zu kentern ist eben doch kein Spaß und einfach lebensgefährlich. Die stürmischen Überfahrten mit dem kleinen Aluminiumboot über den geliebt-gehassten Kluane Lake im Yukon, mit Heinz dem Selbstmörder am Steuer, zwischen den Eisschollen durch, einmal hob es das Boot vorne aus dem Wasser, dann wieder hinten, dass der Motor im Leeren aufheulte. Ich nur noch vor der kleinen Bank kniete, mein Gesicht im Hut versteckt und nur betete, dass ich mit diesem Wahnsinnigen auch wirklich heil ans andere Ufer komme. Hilft mir gar nichts, dass auch er seine Momente der Angst gehabt haben muss und wie ein Irrer geschrieen hat, wenn es das Boot fast kopfüber wieder ins Wasser zurück geworfen hat. Ja, diese Angst, in der man so hilflos ist, nicht nur den Elementen ausgesetzt, nein auch Mitarbeitern, vor allem diesen Machomännern im Busch, die sich und vorallem dem Chef etwas beweisen wollen, etwas Unvernünftiges, etwas „Deppertes" eben, was man im normalen Leben nie machen würde, diese Angst ist für mich die schlimmste aber Teil meiner Jobbeschreibung!

Ich kann mich nicht wehren, ich kann nicht tatkräftig eingreifen und Dinge verändern, um mich aus so einer Situation zu befreien. Das ist fürchterlich für mich, diese Ohnmacht und Wut, die ich in solchen Momenten in mir aufsteigen fühle, die ist oft noch schlimmer als die Angst selbst. Mit solchen Aktionen, die meistens vermeidbar gewesen wären, wenn man nicht eben den Macho machen wollte, wenn man einen, zwei Tage mehr Zeit eingeplant hätte, dann wäre alles glatt und ruhig abzuwickeln gewesen, aber nein.......hauruck und durch, koste es was es wolle! Ja, mit solchen Aktionen hat man mir ein für alle mal die Freude am Bootfahren, am Fischen, am Fliegen genommen. Immer kommt da gleich ein Knoten im Bauch, im Hals, wenn ich an eine Seeüberquerung im Yukon denke oder daran, dass ich in wenigen Tagen wieder durch die Berge in ein neues Lager an einem kleinen See einfliegen muss. Schade!

Und so lebe ich halt nun schon viele, viele Jahre in meinem Paradies, in dem Land, in dem ich eine neue Heimat gefunden habe, sich meine Wünsche und Sehnsüchte gestillt haben, ich erleben durfte, was so viele Menschen nur erträumen. Ja, aber wie bei Adam und Eva, so ist auch in meinem Paradies eine Schlange, die sich von Zeit zu Zeit wie eine Kobra aufrichtet und mir direkt ins Gesicht züngelt, ihr Name ist ANGST!

Unser Lagerfeuer ist schon lange ausgebrannt, schnell werfe ich noch einige Schaufeln Sand und Erde auf die Glut, damit es sich nicht doch noch einmal entfacht, falls Wind aufkommen sollte.
Es riecht ein wenig mehr nach Rauch. Die Nachtluft ist kalt und klar, Millionen von Sternen stehen am Himmel und in wenigen Stunden werden vielleicht die ersten Nordlichter den Himmel mit ihre Farben verzaubern.
Mit den Taschenlampen suchen wir unsere Hütten auf und kriechen in die Schlafsäcke und hoffentlich träumen wir alle wunderbar und stundenlang von unserem freien, herrlichen Jägerleben in der Wildnis von Kanada!

Auf Wiedersehen und Gute Nacht!

Buchempfehlung

Karin Haß
Fremde Heimat Sibirien
Bärenspeck mit Pfeffer

War es Zufall oder Vorsehung? Im fernen Sibirien trifft die abenteuerlustige, lebensbejaende, mutige Endfünfzigerin aus Hamburg auf den Jäger Slava vom Volke der Ewenken.
Zwei Welten treffen aufeinander und die Liebe zum zwanzig Jahre Jüngeren wird auf harte Proben gestellt. In ihren authentischen Büchern beschreibt Karin Haß kuriose wie tragische Ereignisse Tausend Kilometer hinterm Ural.

cw Nordwest Media, 2010, 2012
je 216 Seiten, gebunden
Fremde Heimat Sibirien: ISBN: 978-3-937431-61-6   19,90
Bärenspeck mit Pfeffer: ISBN: 978-3-937431-77-2   19,90